30

叶紫研究资料

YEZI YANJIUZILIAO

叶雪芬 编

中国社会科学院
文学研究所 总纂

中国文学史资料全编

现代卷

知识产权出版社

内容提要：

叶紫，原名余昭明，我国现代著名革命作家。本书分生平和文学活动，研究、评介文章选辑，目录索引等三个部分，全面收集了关于叶紫的研究资料。

责任编辑：马　岳　　　　**装帧设计：**段维东

图书在版编目（CIP）数据

叶紫研究资料 / 叶雪芬　编．—北京：知识产权出版社，2010.1

（中国文学史资料全编·现代卷）

ISBN 978-7-80247-778-0

Ⅰ．叶…　Ⅱ．叶…　Ⅲ．①叶紫（1910～1939）—人物研究　②叶紫（1910～1939）—文学研究　Ⅳ．K825.6　I206.7

中国版本图书馆 CIP 数据核字（2009）第 200653 号

中国文学史资料全编·现代卷

叶紫研究资料

叶雪芬　编

出版发行：知识产权出版社

社　　址：北京市海淀区马甸南村 1 号	邮　　编：100088
网　　址：http://www.ipph.cn	邮　　箱：bjb@cnipr.com
发行电话：010-82000860 转 8101/8102	传　　真：010-82005070/82000893
责编电话：010-82000860 转 8171	责编邮箱：mayue@cnipr.com
印　　刷：北京市兴怀印刷厂	经　　销：新华书店及相关销售网点
开　　本：720mm × 960mm　1/16	印　　张：22
版　　次：2010 年 1 月第一版	印　　次：2010 年 1 月第一次印刷
字　　数：320 千字	定　　价：44.00 元

ISBN 978-7-80247-778-0 / K · 049（2626）

汇纂工作小组

名单

（按姓氏笔画排列）

王润贵　刘跃进　刘福春　严　平

张大明　杨　义　欧　剑　段红梅

编 辑 说 明

中国社会科学院文学研究所向来重视文学史料的系统整理与深入研究，建所50多年来，组织编纂了很多资料丛书，包括《古本戏曲丛刊》、《古本小说丛刊》、《中国现代文学史资料汇编》、《近代文学史料汇编》、《当代文学史料汇编》以及《文艺理论译丛》、《现代文艺理论译丛》、《古典文艺理论译丛》等。其中，介绍国外文艺理论的3套丛书，已经汇编为《文学研究所学术汇刊》9种30册，交由知识产权出版社出版。该书出版后，国内一些重要媒体刊发评介文章，给予充分肯定。为满足学术研究的需要，2007年初，中国社会科学院文学研究所与知识产权出版社商定继续合作，编辑出版《中国文学史资料全编》，将以往出版的史料著作汇为一编，统一装帧，集中出版。

这里推出的《中国文学史资料全编·现代卷》就是其中的一种。本卷主要以《中国现代文学史资料汇编》为基础而又有所扩展。《中国现代文学史资料汇编》的编纂工作启动于1979年，稍后列入国家第六个五年计划社科重点项目。该编分为《中国现代文学运动、论争、社团资料丛书》、《中国现代作家作品研究资料丛书》、《中国现代文学书刊资料丛书》即甲乙丙3种，总主编陈荒煤，副主编许觉民、马良春，编委有丁景唐、马良春、王景山、王瑶、方铭、许觉民、刘增杰、孙中田、孙玉石、沈承宽、芮和师、张大明、张晓翠、杨占陞、陈荒煤、唐弢、贾植芳、徐迺翔、常君实、鄂基瑞、薛绥之、魏绍昌，具体组织主要由徐迺翔、张大明负责。此项目计划出书约200种。至 20世纪末，前后20多年间，这套书由数家出版社陆陆续续出版了80余种，还有数十种虽然已经编就，由于种种原因，迄今尚未出版。“现代卷”包括上述已经出版的图书和若干种当时已经编好而尚未出版的图书。

这项工作得到了中国社会科学院文学研究所和知识产权出版社的高度重视，为此成立了汇纂工作小组。杨义、刘跃进、严平、张大明、刘福春等具体负责学术协调工作，于2007年11月，向著作权人发出《征求〈中国文学史资料全编·现代卷〉版权的一封信》，很快得到了绝大多数编者的授权，使这项工作得以如期顺利开展。为此，我们向原书的编者表示由衷的谢意。为尽快将这套书推向社会，满足学界和社会的急需，除原版少量排印错误外，此次重印一律不作任何修改，保留原书原貌，待全部出齐，视市场情况出版修订本。为此，我们也诚挚地希望广大读者能给予充分谅解。

《中国文学史资料全编·现代卷》出版后，我们将尽快启动“古代卷”、“近代卷”和“当代卷”的编纂工作，希望能继续得到专家学者的大力支持和热心参与。

现代卷汇纂工作组

目 录

生平和文学活动

研究、评介文章选辑

目录索引

生平和文学活动

叶紫小传

叶紫，我国20世纪30年代革命作家。原名余昭明，又名余鹤林、余繁、汤宠、余自强。叶紫是他发表成名处女作《丰收》时用的笔名。取名叶紫，大有深意：“叶”是他祖母的姓；“紫”是血的象征，叶紫曾说过，他是从血泊中爬过来的人。此外，他还用过叶子、阿紫、紫、阿芷、阿止、杨镜清、陈芳、杨樱、柳七、黄德、辛卓佳等笔名。1910（庚戌）年夏历十月十四戌时，生于湖南省益阳县月塘湖乡余家垸（今属湖南省益阳县天成垸公社新茶坊大队）。6岁到离余家垸约三四华里的兰溪镇，进益阳县第七学区兰溪高等小学校读书。为此，父母和两位姐姐迁居兰溪，全家主要靠父亲余达才串乡卖布为生。后来，不知因何关系，余达才到马迹塘镇当上团防局长。叶紫12岁赴省城长沙，用余繁名考进座落在长沙城南的湖南妙高峰中学。15岁考取位于长沙油铺街的湖南华中美术学校。1926年，湖南掀起轰轰烈烈的农民运动。由于叶紫的满叔、益阳著名的共产党人余璜的推动，叶紫全家主要成员都投入了革命斗争。余璜先后任益阳县总工会会长、益阳县农民协会会长，并兼农民自卫军大队长、司令。余达才任益阳县农民协会秘书长。叶紫的二叔余寅宾任月塘湖乡农民协会会长、天成垸清丈委员。叶紫的大姐余裕春任兰溪女子联合会会长，“马日事变”前夕，当了三天副县长。叶紫的二姐余也民任益阳县女子联合会会长、共青团负责人。余也民的未婚夫孙剑仁任兰溪共青团区委书记、少共先锋队队长。北伐军攻占武汉后，叶紫在余璜引导下，离开湖南华中美术学校，进中央军事政治学校武汉分校学习。1927年5月，许克祥在长沙策动“马日事变”，残酷屠杀共产党人和革命群众。湖南各县的地主武装卷土重来，反攻倒算。叶紫的父亲和二姐被益阳县团防局长曹明阵捕杀。母亲刘氏因陪斩精神失常。大姐女扮男装，东躲西藏，得夫家曹姓族爹（即族长）和群众保护，幸免于难。二叔带领全家老小，夤夜驾渔船逃到洞庭湖中心华容县罗家洲。在苦难生活中，叶紫的祖母叶氏、余寅宾的妻子徐氏、余璜的前妻李氏及其五个孩子，先后病死、饿死、淹死。余璜与妻子、共产党员郭雄，率领农民自卫军残部，转移湘西，再转洪湖，坚持武装斗争。1932 年，在洪湖突围时，夫妻双双壮烈牺牲。孙剑仁转移到沅江草尾一带继续从事革命活动，1928 年 4 月，牺牲在沅江公鸡咀。“马日事变”刚发生，叶紫惊闻家乡变故，从武汉赶回益阳。父亲、二姐牺牲后，叶紫在益阳处境危险，幸得岳父汤汉卿掩护，改名汤宠，化装逃出白色恐怖的家乡。不久潜回，冬初十月，再度离家。此后，在长江中下游的一些城乡流亡飘泊。为了寻找报仇雪恨的道路，他学过道，当过兵，要过饭，做过苦力……饱尝人世艰辛。约在 1929 年底或 1930 年初，流浪到上海。总结数年流浪教训，决定停留下来，干一番事业。抵沪不久，通过同乡志士的中介，与党发生关系，随即加入中国共产党。1930 年上半年，随同入党介绍人（据分析可能是兰溪高等小学校的发蒙老师、湖南华中美术学校的同学卜息园）回湖南开展革命活动，卜息园不幸在湘阴被捕，1930 年 5 月 10 日，被反动派杀害于长沙浏阳门外。叶紫得到卜息园化名王世昌从狱中寄出的信，及时转移，回到上海。接着，又奉党的派遣，到浙江温州玉环岛去搞枪组织红军师，未果。1931 年，在上海被捕，在龙华警备司令部坐牢八个月，被党营救出狱。此前，母亲与未婚妻汤咏兰先后来到上海，叶紫出狱后遂组织家庭，生活担子从此加重。他当过警察、弄堂学校的教员、女子书店的职员、函授学校的雇员等，也曾一度在西林寺为和尚抄写签条，间或也写点文章发表。到处找职业，为生计奔波。

1933 年春，与陈企霞一道，相继创办《无名文艺》旬刊和月刊。在 1933 年 6 月 1 日出版的《无名文艺月刊》创刊号上，第一次以叶紫笔名发表短篇小说《丰收》，引起文坛注目。同月，由谭林通、胡楣（即女诗人关露）介绍，加入中国左翼作家联盟。从此，踏上文学道路。主要以他自己的身世和经历为题材，写了一系列小说和散文，反映大革命时期的农民运动和20世纪30年代的农民生活和斗争，发表在《文艺》、《文学新地》、《当代文学》、《中华月报》、《现代》等报刊上。1934年，任《中华日报》副刊《动向》的助理编辑。1935年3月，在鲁迅大力支持下，自费出版《奴隶丛书》之一《丰收》，内收《丰收》、《火》、《电网外》、《夜哨线》、《杨七公公过年》、《乡导》6个短篇小说。鲁迅为之作序，高度评价叶紫的创作"也是对于压迫者的答复：文学是战斗的！"1936年12月，出版中篇小说《星》。1937年4月，出版另一个短篇小说集《山村一夜》，内收《偷莲》、《鱼》、《山村一夜》、《湖上》、《校长先生》、《电车上》6个短篇小说。另有一些散见于报刊的小说、散文、评论；并曾用妻名，于1935年出版过一本《女子书信指导》。此外，还有长篇小说《离叛》、散文集《古渡头》、《叶紫散文集》和短篇小说集《奇闻集》等已写成或编就，却因种种原因而未能出版。叶紫居沪期间，一家数口，全仗他卖文度日，生活异常困窘，鲁迅和其他许多同志经常解囊相助。长期穷愁潦倒的生活毁坏了他的健康，叶紫染上肺病，又患肋膜炎。动笔于1936年的中篇小说《菱》因此未能完稿。1937年"八一三"上海抗战爆发，革命文艺工作者奔走呼号，纷纷投身抗日救亡运动。叶紫既患重病，又有家累，不能奔赴斗争第一线。此时，个人卖文无路，朋友接济也告中断，不得不絜妇将雏，在大炮声中离开上海，经南京、武汉，回益阳兰溪养病。生活来源主要靠同志友人募捐救助。在贫病交迫艰难竭蹶之中，尚不忘尽一个战士的职责，一方面扶病写作构思已久的反映波澜壮阔的湖南农民运动的长篇小说《太阳从西边出来》，同时还参加一些力所能及的地下党活动。1939年10月5日（夏历八月二十三）下午七时一刻，病逝于兰溪上渡口老渡夫刘少山的茅屋中，终年29九周岁。计划写百万字的鸿篇巨制《太阳从西边出来》仅写出万余字（残稿已散失），酝酿写作的《鲁迅先生的回忆》散文和《邂逅》等七八个短篇小说均未及完成。

解放战争时期，东北解放区出版过《丰收》。新中国成立后，人民文学出版社先后出版了《叶紫创作集》、《叶紫选集》和《丰收》；湖南人民出版社于1983年11月出版了《叶紫文集》（上、下卷）。叶紫的著作经多方搜集，共有六七十万字。

叶紫生平与文学活动年表

1910（庚戌）年　　1岁

11月15日（夏历十月十四），生于湖南省益阳县月塘湖乡余家垸（现属湖南省益阳县天成垸公社新茶坊大队）。

谱名余昭明，学名余鹤林、余繁、化名汤宠、后更名余自强。笔名叶子、叶紫、阿紫、紫、阿芷、阿止、杨镜清、柳七、杨樱、黄德、陈芳、辛卓佳等。

传说祖先是约二百年前从江西流浪来的破产农民。

祖父余宗祥，农民；祖母叶氏，南京人。

父亲余达才，时在华容县水乡执教。母亲刘氏（益阳名律师刘炳文姊），出身私塾师家庭。二叔余寅宾，农民，农余练武。二婶徐氏，贤慧。三叔余三湘，农民。四叔余璜，字半溪，小名豹子头、劣壳，学生。

大姐余裕春，时年14岁。二姐余也民，小名慈满，年仅周岁。兄姐夭折多人。

系祖父母长孙，父母亲独子，在娇生惯养中度过了童年。那时，“我差不多完全与现实社会脱离了关系。我不知道米是从什么地方来的，我不知道这世界有多大……”（见《我怎样与文学发生关系》。以下凡未注明出处的引文，均引自此文。）

1916—1922年　　7—13岁

1916年，用余鹤林学名，进益阳县第七学区兰溪高等小学校读书。

此校为进步人士孙慕韩所办。孙与进步青年袁铸仁、彭国材、卜息园等均在此任教。1922年（一说1925年），著名共产党人夏曦回益阳，发展此数人入党，建立益阳最早的党小组。受诸师（尤其是发蒙老师卜息园）思想学识影响甚大。

兰溪距余家垸约三四华里，为子求学方便，达才夫妇带二女迁居兰溪。达才掮布四处出售，刘氏替他人浆洗缝补。后来，不知因何关系，达才先后任湘西某县县长、本县警备队长、马迹塘镇团防局长。故而叶紫说："我是一个小官吏家中的独生娇子。"

1922—1925年　　13—16岁

1922年夏，余璜从省城长沙中学毕业归来，在外受到反帝反封建新思潮的熏陶，志向不凡。叶紫受其影响，是年秋小学毕业后，用余繁名，到离故乡"约二百里路程"的长沙，进座落在城南妙高峰上的湖南妙高峰中学，"为了孤独，为了舍不下慈爱的爸妈"，"在学校宿舍里躺着哭了四五个整天"；接着，又在"志愿"问题上，做过许多虚无缥缈的梦，时而想"做官儿"，时而想"做体育家"，时而想"做牛顿"当科学发明家，时而又想"学李太白"做个诗人文学家。在"妙中"读书3年。

1925—1926年　　16—17岁

1925年夏，初中毕业。旋进位于长沙油铺街的湖南华中美术学校，与小学老师卜息园同学，又结识魏猛克等校友。常与二、三知己到湘江河畔或岳麓山上去写生，课余喜读文学书籍，也爱吟诗作对。

"五卅"后，长沙学生运动风起云涌，在协均中学教师柳直荀、长郡中学学生曾三、岳云中学学生向钧、兑泽中学学生田波扬等带领下，学生们向帝国主义及其在湖南的走狗赵恒惕进行了不屈不挠的斗争。随卜息园投入学生运动。

家乡连年水灾，反动政府不闻不问，劳动人民家破人亡，地主豪绅加紧盘剥。稚弱的心灵中烙印下一幕幕人间惨剧。

1925年，余璜结识夏曦、郭亮、夏明翰、贺胜等共产党人，由袁铸仁介绍入党。时为县自治会委员。年底，以"打疯狗"为名，带领益阳县自治会武装，一举夺取余达才所在团防局的枪枝，将达才“逼”上革命道路。

益阳廖家托人高文华（本名廖剑藩）于1925年11月在广州农民运动讲习所结业，作为农运特派员，回益阳开展农民运动。年终，在县郊组织3个农民协会，成立党支部。1926年元宵节，以“要诉苦灯”名义，组织农民进城请愿，农民演唱队大唱《诉苦歌》（曾三、廖六如等创作歌词）。春天，农民运动如火如荼，“时代的洪流，把我的封建的、古旧的故乡，激荡得、洗涤得成了一个畸形的簇新的世界。”而余璜，“便在这一个簇新世界的洪流激荡里，做了一个主要的人”。7月，高文华、袁铸仁、余璜、欧阳笛如等组成益阳最早的中共县委会，领导全县的建党工作和工农运动。7月16日，北伐军攻克益阳。县农民协会、总工会、商会、女子联合会、学生联合会和人民特别法庭相继成立。余璜先任县总工会会长，继任县农民协会会长兼农民自卫军大队长（后改称司令）。在其引导下，余家主要成员除病逝的余宗祥和余三湘外，都“卷入了这一个新的时代的潮流”。达才任县农民协会秘书长；寅宾任月塘湖乡农民协会会长、天成垸土地清丈委员；裕春任兰溪女子联合会会长，据说，“马日事变”前夕，当过3天副县长（时已嫁给益阳三里河腰铺子农民曹玉楼为妻）；也民任县女子联合会会长、共青团负责人（时在益阳县立女子职业学校缝纫科学习，与周立波前妻姚凌华〔姚芷青〕同班）；也民未婚夫孙剑仁任兰溪共青团区委书记兼少共先锋队队长。余达才迁家县城，租住徐家宗祠。

童养媳病逝，旋与汤咏兰订婚。汤咏兰亦生于1910年，本为兰溪镇开漆店的彭柳春（又名光照）的女儿，从小被兰溪镇开赌场和棺材店的汤汉卿收养。叶紫1939年度日记中提到的“两个岳母”，即指汤咏兰的彭家生母曹氏和汤家养母魏氏。订婚后，汤咏兰用叶紫代她取的学名汤清，进益阳县立女子职业学校缝纫科学习，与余也民、姚凌华同班。

1926年10月，北伐军攻占武汉。余璜对余达才说：“孩子是不应该读死书的，你要看清这是什么时代！”因此，叶紫年底离开华中美术学校回家，再从益阳乘船去武汉，进中央军事政治学校武汉分校学习。

1927 年　　18 岁

农民协会开展平粜阻运、禁烟戒赌、剪发放脚、清算反霸、清仓济贫等活动。反动团防局长曹明阵、刘梦龙等组织“保产党”、“十人团”，破坏农民运动。1～3 月，余璜率农民自卫军打败曹明阵、夏步云、张雪枚、刘梦龙四支团防武装。接着，用不到一月的时间消灭土匪水贼。

风云突变。继蒋介石“四·一二”政变后，许克祥在长沙策动“马日事变”，血腥屠杀共产党人和革命群众。各县团防武装卷土重来。为保卫革命成果，省总工会委员长郭亮等组成临时省委，调 10 万农军包围长沙，口号是：“活捉许克祥，回家过端阳！”由于右倾机会主义分子妥协，强令农军收兵，革命成果逐步丧失。

陈光中、蔡少秋各率一营兵力先后进攻益阳，均被余璜率农军击败。继而一张姓军阀率一团兵力，与曹明阵等团防武装配合，再次进犯益阳。农军寡不敌众，向湘西撤退。党的领导人袁铸仁被叛徒出卖，壮烈牺牲。余璜率余部加入红六军段德昌部，后到洪湖，化名李怀春，坚持武装斗争。1932 年，在洪湖突围时，与妻郭雄（又名郭静、吴敏，益阳县北郊人，共产党员）被敌十九师砍成肉块，抛进水中。弃婴被一农民收养。

达才与也民父女在徐家宗祠被曹明阵匪兵抓捕，6 月下旬，在县城资江边大码头被害，达才时年 52，也民年仅 19。刘氏因“陪斩”而精神失常。

寅宾带全家老小十余口，驾渔船逃至洞庭湖中心、华容县罗家洲，直至第二次国共合作，才返回故里。逃亡 10 年整，吃尽千般苦。祖母叶氏、寅宾妻徐氏、余璜前妻李氏及其 5 个子女先后病死、饿死、淹死。

裕春女扮男装，东躲西藏，得夫家曹姓族长和乡亲保护，幸免于难。

孙剑仁转移沅江，准备组织暴动；因泄密，1928 年 4 月牺牲在沅江公鸡咀。

惊悉家乡变故，“整个的簇新的世界塌台了！叔叔们逃走了！爸爸和一个年轻的姊姊，为了叔叔们的关系失掉了自由！……”从武汉匆忙奔回，“沿途只有三四天功夫，慢了，我终于扑了一个空……”父姊被杀、母亲发疯、其他亲人不知去向，那时“心境的悲伤和愤慨，是很难形容得出来的”（见《夜雨飘流的回忆》）。时汤咏兰家由兰溪迁居县城，汤将他隐藏在白骨塔旁的尼姑庵中。岳父汤汉卿代为埋葬父姊后，把他化装为农民，夤夜用小船送到小河口一开屠坊的蔡姓朋友家。后又送到长沙。化名汤宠，住贺洪祠，老道士加以保护。不久，偕卜息园回益阳，住三里河腰铺子曹家祠堂，剖篾织斗笠为生。家乡一片白色恐怖，立足、复仇、斗争均不易。冬初十月，得母亲 64 个铜子和“到那些不吃人的地方去”的叮嘱，“毫无畏惧地，只提了一个小篮子，几本旧小说、诗、文和两套黑布裤褂，独自儿跑出了家门”。乘船到长沙，在天心阁侧面的一家小客栈中住了 8 天，第 7 天正是达才父女死难百日，通宵“不曾合一合眼睛”，“想着父亲和姊姊临难时的悲惨的情形”，决定“天明，我就要离开这里——这黑暗的阴森的长夜！并且要提起更大的勇气来，搏战地去踏上父亲和姊姊们曾经走过的艰难的棘途，去追寻和开拓那新的光明的路道！……”（见《夜雨飘流的回忆》）开始过流亡飘泊生活。

1928—1929 年　　19—20 岁

“抱了什么苦都愿意吃，什么祸都不怕的精神”（见《夜雨飘流的回忆》），“天涯，海角，只要有一线光明存在的地方，我到处都闯！……”我想学剑仙，侠客；白光一道，我就杀掉了我的仇人，我便毁平了这吃人的世界！”为此，“跑过深山古庙，拜访过许多尼姑、和尚、卖膏药和走江湖的人……”学仙不成，在长江中下游数省飘流，1928 年 10 月 8 日，流浪到南京，在湖南会馆结识一些同乡，引起无限乡思，旋返湖南，试图走当兵复仇道路，“只要做了官，带上了几千几万的兵，要杀几个小小的仇人，那是如何容易的事啊！”1928 年冬，进湖南军阀队伍，在郴州、宝庆（今邵阳）、祁阳、衡阳一带行军、打仗，“挨着皮鞭子，吃着耳光；太阳火样地晒在我的身上，风雪象利刃似地刺痛着我的皮肤；沙子掺着发臭的谷壳塞在我的肚皮里；痛心地忍住着血一般的眼泪，躲在步哨线的月光下面拚死命地读着《三国演义》、《水浒》一类的书，学习着为官为将的方法。”拚死拚活地干了两个年头，由一等兵晋升为上等兵，任助理员。时卜息园在黄乐农营当书记官。

两人都在找党。1929年底，“在一个遍地冰霜的夜晚，我拖着我那带了三四次花的腿子，悄悄地又逃出了这一个陷人的火坑。”

1930年 21岁

两年多的流浪生活，使“我完全明白了：世界上没有不吃人的地方，没有可以容许痛苦的人们生存的一个角落!”，“剑仙，侠客，发财，升官，侠义的报仇，……永远走不通的死路!”约在1929年底或1930年初，“流到了这繁华的上海”，“我不能再乱冲乱闯了……我要埋着头，郑重地干着我所应当干的事业。”遂停上海，更名余自强。

不知是偕行，还是偶遇，在上海与卜息园过从密切。大约是由卜息园介绍入党。两人同回湖南进行革命活动，落脚长沙来安旅店，汤咏兰得信赶来相见。不日，卜息园去湘阴活动时被捕，1930年5月10日，被杀害在长沙浏阳门外。得卜息园化名王世昌寄汤咏兰信后，转移返上海。旋即奉派去浙江温州玉环岛，找一曾参加大革命的和尚要枪，以组织红军师。寻至玉环岛，得悉和尚只有一支没用的破枪，组织红军师的计划成泡影。

1931年 22岁

母亲刘氏经历千辛万苦，来到上海。据此创作短篇小说《手杖》，用柳七笔名发表（此事系其堂弟余照望提供，尚待查）。

上半年，以“共党嫌疑犯”罪名被捕，关上海龙华警备司令部监狱。同牢难友有作家彭家煌、翻译家贺永年（又名培真，贺绿汀之兄）等。母亲刘氏为此精神病发，满街乱跑，幸衣襟上早写地址，为路人送回。

汤咏兰随养母魏氏到上海，刘氏与魏氏回益阳，汤咏兰留下探监，寄居湖南同乡肖敬文（曾从刘氏父亲读书，时任上海某弄堂学校校长）家，以锁卫生衣扣眼为生。探监两次，后不准见。

坐牢8个月，年底，被党营救出狱。与汤咏兰组织家庭。刘氏再度到上海。一家三口搬住贝勒路。

1932年 23岁

为生计奔忙。年初，当警察。“一·二八”事变后，日夜捉汉奸。

旋进章衣萍所办“函授学校”，集教务杂务于一身，月薪仅20元。与函授生陈企霞（时在宁波任小学教师）书来信往，称兄道弟，结为知己。年底，到姚名达、黄心勉夫妇创办的女子书店，协编刊物。

约陈企霞来上海筹办文艺刊物。是年12月，“无名文艺社”成立，“我们这几个百分之百的无名小卒，为着思想上性情上都没有大不了的分歧，又同是一样的没有出路，便偶然的组成了这么一个‘社’。”“这不是一个大大的集团，没有门墙也没有派别。就是因为大家都是‘无名’，所以叫它个‘无名社’。我们十万分诚挚的同情于像我们这样的无名朋友，欢迎加入到我们这社里来。大家团结着，用自己的力量来开拓一条新的文艺之路。”（见《无名文艺旬刊》创刊号发刊词《从这庞杂的文坛说到我们这刊物》）

1933年　　　　24岁

年初，长女蒂丽出生。

2月5日，《无名文艺旬刊》创刊号出版，由叶紫主编。以叶子笔名，撰写了发刊词《从这庞杂的文坛说到我们这刊物》，宣称“我们不需要颓废的无病呻吟，更不需要才子佳人的风花雪月。不需要守在象牙之塔里的艺术家，也不想做一个文坛上的英雄豪杰……”确信“新的世界，完全是大众的。大众的内容，大众的情绪，一直到大众的技术。”又以编辑室名义，写了《编后记》，预告“从三四期起，我们准备另辟一自我批评栏，专门批评本刊所载的各项作品。”刊末登有《本社章程》和《征稿简章》。

2月15日，《无名文艺旬刊》第二期出版。以编辑室名义，写了《编后记》。再次刊登《本社章程》和《征稿简章》。《无名文艺旬刊》只出两期。“《旬刊》决计暂时停刊了，第三期的稿件已由印刷所取回，大部分将移至《月刊》里去发表。”（见《编辑日记》，载《无名文艺月刊》创刊号）

3月，“无名文艺社”筹办《无名文艺月刊》，并计划出版《无名文艺丛书》。陈企霞为此回浙江宁波筹款。是月9日、30日，“无名文艺社”两迁社址。

约3月，得“海燕文学社”钟望阳（即白兮、苏苏）信及其草拟的“无名文艺社”组织计划和出版计划，为得知己喜，回信邀合作。经谈判，二社并力筹备《无名文艺月刊》。“海燕文学社”主要成员为钟望阳、周钢鸣、韩起（即寒琪）等。

3月17—19日，整理旧作长篇小说《离叛》，拟出单行本，编入《无名文学丛书》。未印成。曾阅原稿的陈企霞回忆：《离叛》写一美丽热情姑娘，与一“革命者”相爱；后来，那个“革命者”背叛革命，姑娘坚决和他断绝情缘，写一长信痛斥其可耻行为。

3月20日，发催稿信18封。

3月23日，审黑婴的长篇小说《赤道上》稿，决计“从第二期起先行陆续在本刊发表，然后再出单行本，编入《丛书》。”（见《编辑日记》）

3月24日，“发第二批催稿信，并请社友们多寄几篇戏曲来。”（见《编辑日记》）

4月5日，白兮送来童话《雪人》。给予较高评价：“在过去中国文坛上还没有看见过这样好意义的童话。”（见《编辑日记》）

4月8日，同陈企霞往真茹暨南大学访黑婴（即张又君，时为学生），邀请他参加“无名文艺社”，取回黑婴短篇小说《没有爸爸》，认为“全篇的技巧新颖，写来尽是些南国风味。”（见《编辑日记》）

4月9日，编好全部诗稿。

4月10—15日，“为了生活，七天没有跨进编辑室的门，一切皆由企霞在那唱独脚戏。”此后，“为了社务——接洽印刷所，找发行处，找新社址，筹钱等等——和企霞整天的跑着，没有一丝毫的闲暇。”（见《编辑日记》）

4月30日，编进陈企霞的《阿高》，为他“已经开始从颓废的情绪里伸出了头来”感到欣喜。因篇幅过紧，《阿高》后被抽出。

5月2日，短篇小说《丰收》脱稿，编进《月刊》。“云普叔是我自己的亲表叔，当家乡那里来一个年老的公公告诉我关于他们的状况时，我为他流了一个夜晚的眼泪。自己做了流浪人，家乡的消息茫然了许久，不料竟有这样大的变动。立秋已经被团防局抓去枪毙了，是在去年九月初三日的早晨。为了纪念这可怜的老表叔，和年轻英勇的表弟，这篇东西终于被我流着眼泪的写了出来。”（见《编辑日记》）

5月4日，将全部稿子付排。开始编纂《无名文艺社社友录》，大约未能印出。

5月7日，写《紧要申明》，署名紫，刊《无名文艺月刊》创刊号。

6月1日，《无名文艺月刊》创刊号出版。由叶紫、陈企霞主编，现代书局发行。为此付出巨大心力，并亲自设计封面。第一次用叶紫名，在此刊发表成名处女作《丰收》。取名叶紫，用意颇深："叶"是祖母的姓，为纪念双目流血惨死于华容县罗家洲的老祖母，用了她的姓；"紫"是血的象征，自己是从血泊中爬过来的人，故取此名。《丰收》问世，引起文坛注目，此后遂以此名步入文坛。

6月5日，钟望阳通过内山书店一熟识店员，送给鲁迅一本《无名文艺月刊》（附信），约鲁迅为《月刊》写稿。《鲁迅日记》6月5日记载："午后得白兮信并《无名文艺》月刊一本。"6月10日记载："午后寄白兮信。"此信已佚，钟望阳、陈企霞等尚能记忆主要内容：刊物要想办下去，政治色彩不宜太浓，留得青山在，不怕没柴烧。从中得到教益。

为筹第二期印刷费，多方奔走，"在电影女明星胡萍的家里，我们曾经开过几次会，想向南洋募款。"（见苏苏《忆叶紫》）未成，停刊。

6月，由谭林通、关露（即女诗人胡楣）介绍，与陈企霞一道加入中国左翼作家联盟。是年，与吴奚如、聂绀弩同一小组。从此，开始革命文学创作生涯。此前，在上海的主要活动是找职业，为养家糊口，当过店员、苦力、警察，卖过文章，编过刊物，教过弄堂学校，甚至一度给西林寺和尚写过签条。与此同时，为寻求安慰，排遣积郁，大量阅读古今中外的文学作品，"由传统的旧诗，旧文，旧小说，鸳鸯蝴蝶派的东西，一直读到文学研究会，创造社，太阳社，以及新近由世界各国翻译过来的文学作品"，而且"用心用意地去读，用心用意地去想、去理会。""短短三四年功夫，便使我对于文学发生了非常浓厚的兴趣。""一边读，一边勉强地提起笔来也学着想写一点东西……我只是老老实实地想把我的浑身的创痛，和所见到的人类的不平，逐一地描画出来；想把我内心中的郁积统统发泄得干干净净……"

6月1日，作短篇小说《火》（为《丰收》续篇）。9月17日，修改。载10月15日《文艺》创刊号，署名叶紫。

9月1日，作短篇小说《电网外》。易题为《王伯伯》，载9月25日《文学新地》创刊号，署名杨镜清。旋由国际革命作家联盟的机关刊物《国际文学》（双月刊，以俄、德、英、法四种文字出版）译载，从而获得世界读者。收入《丰收》时，恢复原题名。

（以下所列作品，发表刊物与署名，均见本书《叶紫著作系年目录》）

9月，作短篇小说《刀手费》。

9月，发表短篇小说《朦胧中》。

9月29日，作短篇小说《乡导》，载12月1日《现代》第四卷第二期。收《丰收》。

10月1日，发表随笔《幽默的对》。

秋，在某书店遇老同学魏猛克，引见周扬，并介绍他加入左联。

除夕前五日，作短篇小说《夜哨线》，载天津《当代文学》第一卷第三期。此稿原应杭州"潮音社"约而写，不料《潮音》无疾而终，该社便将此稿转天津王余杞发在《当代文学》上。收入《丰收》。

是年，在左联的活动主要是参加创作委员会的座谈、讨论。吴奚如回忆：鲁迅与茅盾等著名作家经常出席指导，一般是以具体作品为讨论对象，研究其成败，指出努力方向；鲁迅认为文学作品要想发挥战斗作用，必须提高艺术表现水平。叶紫等青年作家参加讨论获益非浅。任钧在《忆叶紫》中提到他所参加的一次座谈会上，叶紫"曾提出了一些在创作实践当中遭遇到的关于人物和典型的描写问题来向鲁、茅二位先生请教……"，最后，叶紫"还提出并报告了他打算或正在写作的短篇小说的题名的内容。那些短篇后来都被陆续地写出来，而且大部分被收集在《丰收》里面，就中，《电网外》一篇给我的印象特别来得深刻……"此外，还参加法南区大众化工作委员会的活动。

1934年　　25岁

1月24日，发表短篇小说《毕业论文》。

2月18日、25日，发表评论《爱伦凯与柯仑泰》。

4月6日，作短篇小说《懒捐》。

4月11日至12月18日，任《中华日报》副刊《动向》助理编辑，月薪60元。《动向》主编为左联成员聂绀弩。得聂同情，选为助编。

4月12日，发表短评《文坛登龙新术》，杂感《忆家煌》。

4月19日，发表评论《新作家草明女士》。

约4月，始与鲁迅交往。据陈企霞回忆，初交经过颇为有趣：4月上旬某日，叶紫在《动向》编辑部见街上一行人酷似鲁迅，便趋赶交谈，不料乃是周建人。周建人见叶紫仰慕鲁迅，遂为之引见。此后，叶紫经常去内山书店向鲁迅请教，并在鲁迅鼓励下，开始构思反映湖南农民运动的长篇小说《太阳从西边出来》。《鲁迅日记》约50处记载了与叶紫的联系：始于1934年4月28日“得叶紫信。”终于1936年10月6日“上午得芷夫人信，午后复，并泉五十。”

4月下旬，《动向》编辑部收到杂文《古人并不纯厚》，署名翁隼，作者用毛笔一笔不苟地写在普通白纸上。与聂绀弩研究，判断为鲁迅投稿，将它发表在4月26日《动向》上。旋函鲁迅，问该稿是否鲁迅所投？并问鲁迅可否接见聂绀弩？得鲁迅约会信，与聂绀弩同赴内山书店会见鲁迅。自此，鲁迅不时为《动向》撰稿。最后一篇是《读书忌》，载11月29日《动向》。共投稿25篇。鲁迅说：“……《动向》中人，主张大抵和我很接近……”（1934年8月3日致徐懋庸信）

4月30日，发表评论《关于〈天下太平〉》。

5月6日，发表评论《洋形式的窃取与洋内容的借用——杨昌溪先生的小说是洋人做的》。

5月18日，午后，与聂绀弩随鲁迅全家赴咖啡店饮茗。是日，寄鲁迅稿费3元。聂绀弩商得《中华日报》老板林柏生同意，对鲁迅稿酬从优，凡短文，每篇3元（一般是千字1元）。

6月13日，作短篇小说《杨七公公过年》。载6月《中华月报》第2卷第6期和7月《中华月报》第2卷第7期，署名柳七。收入《丰收》。

6月21日，发表杂感《“手续费”与“刀手费”》。

6月26日，寄鲁迅稿费24元。

7月，发表散文《我怎样与文学发生关系》。载《文学》一周年纪念特辑《我与文学》，署名叶紫。

7月23日，寄鲁迅稿费9元。

7月27、28、30、31日，发表散文《还乡杂记》。

8 月 28 日，与聂绀弩联名寄鲁迅信，即得复信。

9 月 1 日，会见鲁迅。是日，发表评论《女子经济独立与教育平等》。

10 月 5 日，发表散文《行军掉队记》第一节《山行》。载《新语林》半月刊第五期，署名叶紫。本文第二至五节，原定在《新语林》第六期续完，第五期封二《第六期秋季特大号要目》中已预告。但被国民党中央宣传委员会图书杂志审委会抽去，未能续载。《新语林》第六期《后记》中有所说明："这里还要声明一下，因为有几篇文章被抽去了，尤其是叶紫君续稿也被抽去，使读者只看到头没看到脚，真抱歉。"后将第二至五节，以《山行记》为题，发表在 1935 年 7 月 6 日至 12 日《时事新报》副刊《青光》上，署名叶紫。辑入《叶紫散文集》时，将第一至第五节合在一起，恢复题名为《行军掉队记》。

秋季，筹划自费出版短篇小说集《丰收》。在文网森严的三十年代，政治色彩鲜明的作品难以出版，因此叶紫决定私印。为此，一要筹印刷费，二要找印刷所，三要请鲁迅看稿，一度奔忙不已。

10 月 11 日，鲁迅寄左联驻莫斯科国际革命作家联盟代表萧三杂志一包，内有《文学新地》创刊号。后萧三复信云："《新地》内之《王伯伯》已在翻译成西文。"

10 月 15 日，寄鲁迅信。10 月 21 日，得复信，复信云："我昨天才将翻译交稿，今天看了《夜哨线》。这一篇，有好的地方，也有不好的地方。这大约是出于你的预计之外的。大约预计是要写赵得胜，以他为中心，展开他内心的和周围的事件来。然而第一段所写的赵公，并不活跃，从第二段起以下的事件，倒是紧张、生动的。于是倒映上来，更显得第一段的不行。我看这很容易补救，只要反过来，以写事件为主，而不以赵公为主要角色，就成。那办法，是将第一段中描写及解释赵得胜的文章，再缩短一些，就是减少竭力在写他个人的痕迹，便好。不过所谓'减少'，是减少字数，也就是用几句较简的话，来包括了几行的原文。"是日，与聂绀弩联名寄鲁迅信。

10 月，支持李辉英、贺宜（即朱箓园）等筹办《生生月刊》，代为向鲁迅等约稿，鲁迅为之于 10 月 31 日作《脸谱臆测》。时朱箓园与湖南慈利人杜辉义（即杜修经）同住沧浪书店亭子间，故与杜辉义结识。

10月31日，寄鲁迅信，并稿费5元，即得复信。

11月1日，拟发表散文《行军散记》于《小说》第十一期，署名叶紫。但目录中有篇名而正文未刊，该刊以蒋弼的《文明的焦点》补缺，附《启事》云："本期叶紫君作《行军散记》由中央宣传委员会图书杂志审委会将原稿存会候核，未及发还付印；故另补本篇。目录不符，读者当可原谅。"

11月4日，作书评《读〈丰饶的城塔什干〉》。

11月20日，寄鲁迅信，即得复信，并画片4幅。

是日（即夏历十月十四日）黄昏时分，回益阳兰溪探亲的汤咏兰产一男孩。此子二眉间有一红印，相貌非凡；且与叶紫的生辰八字有七字相同，即同月同日同时。年也有一字相同：叶紫生于庚戌年，儿子生于甲戌年。为此子取名维太、定天、压魔。

12月17日，寄鲁迅信，并补稿费1元。是日，得鲁迅请柬，并木刻8张。

12月18日，《动向》停刊。失去每月60元的固定收入，家庭生活又陷入困顿。

12月19日，下午，应请到梁园豫菜馆赴宴。除主人鲁迅全家外，客人有萧军夫妇、聂绀弩夫妇、仲芳、叶紫。萧军认为鲁迅此次宴客名义上是庆贺胡风之子满月，实际上是为萧军、萧红找一些社交对象（见萧军：《我们应邀第一次参加了鲁迅先生的宴会》）；许广平在《忆叶紫先生》中已明确指出这一点。与二萧一见如故，互谈写作计划和对苏联文学的爱好。邀约二萧一道出书。最后交换地址，约期相见。此后，他们交往频繁，在鲁迅支持下，组织"奴隶社"，筹出《奴隶丛书》，初步计划出版10部一般书店不敢出版的文学作品，但后来仅出他们自己的作品各1部，便因国民党的压迫、经济的困难以及他们关系的疏远而未实现全部计划。

12月27日，鲁迅将叶紫约写的《脸谱臆测》寄《生生月刊》。

是年，在左联与艾芜、欧阳山编在一个小组进行活动。

1935年　　26岁

1月1日，发表散文《岳阳楼》、《古渡头》。

1月4日，日前寄鲁迅信，是日得鲁迅二信。其一云："除夕信新年四日收到。书籍印出时，交那个书店代售一部分，没有问题，但总代售他是不肯的，其实他也没法推销出去，我想，不如和中国书坊小伙计商量，便中当代问。序当作一篇。铁耕回家去了，我可以写信去说，不过他在汕头的乡下，信札往来，很迟缓，图又须刻起来，能否来得及也说不定。"是日鲁迅给陈铁耕去信（见《鲁迅日记》）。

大约是请陈铁耕刻《丰收》插图来不及，鲁迅介绍叶紫去找上海美术专科学校的学生黄新波，请他为《丰收》设计封面和刻插图。黄新波其时正在作东渡日本的准备，很忙，但仍热情答应相助。二人均穷，无钱购材料，又是鲁迅解囊相助，给5块钱买木板。黄新波精心设计，日夜赶刻，不日刻成插图12幅。鲁迅看了表示满意，说黄新波"很有希望"；又说这些木刻画如单独发表，也是可以独立存在的。两位青年很是高兴，同到四马路附近一小餐馆吃饭，饭后到虹口公园小木桥上摄影留念，叶紫作东道主。

1月7日，代鲁迅从"生生月刊社"取来《脸谱臆测》稿，随信寄鲁迅。鲁迅在《且介亭杂文》的《附记》中说："《脸谱臆测》是写给《生生月刊》的，奉官谕：不准发表。我当初很觉得奇怪，待到领回原稿，看见用红铅笔打着杠子的处所，才明白原来是因为得罪了'第三种人'老爷们了。"

1月9日，作《丰收·自序》。

1月10日，将编就之短篇小说集《丰收》稿寄鲁迅，并附信一封。

1月17日，得鲁迅信及为《丰收》所作《序》。鲁迅《序》作于1月16日，高度评价"作者已经尽了当前的任务"，其创作"也是对于压迫者的答复：文学是战斗的！"是日，寄鲁迅信。

1月21日，鲁迅在致萧军、萧红信中说："叶这人是很好的。"

2月1日，《现代女子书信指导》作为姚名达主编的《女子文库·学习指导丛书》之一，由上海女子书店出版，署名汤咏兰女士。

是日，发表散文《流亡》。

2月20日，作短篇小说《偷莲》。

2月27日，得鲁迅信。信云："信早收到。小说稿送去后，昨天交回来了。我看也并没有什么改动之处。那插画，有几张刻得很好。

但，印起来，就象稿上贴着的一样高低么？那可太低了，我看每张还可以移上半寸。……小说大约急于付印，所以放在书店里，附上一条，请拿了去取为幸。”

2月28日，作《我们需要小品文和漫画》。

3月1日，鲁迅在致萧军、萧红信中说：“……我的选小说，昨夜交卷了，还欠一篇《序》，期限还宽，已约叶定一个日期，我们可以谈谈。他定出后，会来通知你们的。”（见《鲁迅书信集》下卷）

3月5日，与萧军、萧红应鲁迅之请，同鲁迅全家，还有偶遇的黄源、曹聚仁，往桥香餐馆吃晚饭。萧军回忆：当年叶紫与二萧如想吃晕腥，便由萧红写信，要鲁迅请客。这次吃饭大约也是如此，鲁迅在2月9日致萧军、萧红信中说：“请客大约尚无把握，因为要请，就要吃得好，否则，不如不请，这是我和悄吟太太主张不同的地方。”（见《鲁迅书信集》下卷）

3月2日，作《丰收·后记》，对鲁迅作《序》，新波赶制木刻，丁、杜诸先生及社中的好友热心帮忙表示感谢。“丁’可能是指黎明书店编辑丁镜心（参看王季深《叶紫和〈奴隶丛书〉》），“杜”即杜辉义（修经），“社中的好友”当指萧军、萧红。

3月28日，鲁迅为《奴隶丛书》之二《八月的乡村》作《序》。

3月，短篇小说集《丰收》以“奴隶社”和“容光书局”名义，作为《奴隶丛书》之一出版。扉页题字：“纪念我的亡友卜息园。”卷首刊鲁迅所作《序》，接着是《自序》，再是正文，卷末刊《后记》。封面、扉页、正文中均有新波木刻画，图文并茂。筹出《奴隶丛书》过程中，三个“小奴隶”——叶紫、萧军、萧红相商：书虽是“非法”出版的，但要出得堂皇，如正式出版的书一样，叶紫遂用友人李容光名作“书局”名，萧军则根据《国际歌》歌词取了个“奴隶社”的社名，书局地址则笼而统之地写个“四马路中”。鲁迅给予《奴隶丛书》大力支持，也同意社名，说奴隶与奴才不同，奴隶要造反，而奴才是不要造反的。

3月，作中篇小说《星》（缺第四章）。

3月27日，赠画家张锷《丰收》一本，扉页题字：“锷兄指教紫弟敬赠”。

3月29日，鲁迅在致曹聚仁信中说："《丰收·序》肯与转载，甚感，因作者正在苦于无人知道，因而没有消路也。"（见《鲁迅书信集》下卷）

4月5日及20日、5月5日及20日，发表散文《南行杂记》。

4月10日，发表短篇小说《盘湖》。

5月12日，得鲁迅信。寄鲁迅信并小说稿一本。

6月7日，鲁迅致萧军信云："叶的稿子，交出去了，因为我无暇，由编者去改。他前信说不必大改，因为官们未必记得，是不对的，这是'轻敌'，最容易失败。《丰收》才去算过不久，现在卖得很少。"（见《鲁迅书信集》下卷）

7月8日，发表短篇小说《广告》。

7月13日，寄鲁迅信一封，酱肉、鱼干一碗。鱼、肉是湖南老家亲友托人带来的。

7月16日，得鲁迅信，由萧军转来。鲁迅在致萧军信中附言："附笺乞便中交芷，不急。"

7月25日，发表散文《好消息》。

7月30日，日前寄鲁迅信，是日鲁迅作复。信末"即颂饿安"是针对叶紫处境而发；又说"小说销去不多，算账也无用。还是第三条稳当，已放十五元在书店，请持附之笺，前去一取为盼。"《丰收》由鲁迅介绍到内山书店寄售（义务帮忙），不到结账期，或书售出不多，鲁迅总是估量着数目垫付书款，以解叶紫之急。

7月31日，发表散文《插田——乡居回忆之一》。

8月16日，鲁迅致萧军信云："……又金人译稿一包，托其由芷转交，想不日可以转到。"

8月26—28日。发表散文《长江轮上》。

8月29日，发表散文《鬼》。

8月，《奴隶丛书》之二、萧军的长篇小说《八月的乡村》仍以"奴隶社"和"容光书局"名义出版。卷首刊鲁迅所写《序》，接着是萧军和叶紫合写的《小启》。萧军多次说，此书出版，叶紫起了决定性作用。

夏历七月二十七，寄养在益阳兰溪岳家的儿子维太病逝。上年夏历十月，汤咏兰回兰溪省亲期间生维太。后携带侄女玉衣返沪，而将维太留在娘家抚养。是年，家乡水灾后瘟疫蔓延，维太不幸染病而死，岳父汤汉卿和姐姐余裕春同时来信报告噩耗（见（殇儿记》）。

9月21日，寄鲁迅信。

9月23日，鲁迅复信云："得来信，知道你生过病，并且失去了一个孩子，真叫我无话可以安慰。家里骤然寂寞，家里的人自然是要哭的，赔还孙子以后，大约就可以好一点。一礼拜前看见郑，他说小说登出来了，稿费怎么办？我说把单子立刻寄给我。但至今他还不寄来。今天写信催去了；一寄到，即转上。""郑"指郑振铎，《文学季刊》主编。9月16日，《文学季刊》第二卷第三期发表了叶紫的中篇小说《星》。

9月24日，发表散文《夜的行进曲》。

10月1日，发表散文《殇儿记》。

10月2日，得鲁迅信，并书账单。

10月28、29日，发表散文《玉衣》。

11月24日，寄鲁迅信。

11月26日，得鲁迅复信，并书二本。复信云："……你还是休息一下好。先前那样十步九回头的作文法，是很不对的，这就是在不断的不相信自己——结果一定做不成。以后应该立定格局之后，一直写下去，不管修辞，也不要回头看。等到成后，搁它几天，然后再来复看，删去若干，改换几字。在创作的途中，一面练字，真要把感兴打断的。我翻译时，倘想不到适当的字，就把这字空起来，仍旧译下去，这字待稍暇时再想。否则，能够因为一个字，停到大半天。……"

12月，《奴隶丛书》之三、萧红的中篇小说《生死场》仍以"奴隶社"、"容光书局"名义出版。卷首刊鲁迅所作《序》，接着刊三个"小奴隶"合写的新的《小启》。

12月13日，上海《小晨报》上有一篇具名阿芳的文章，题名《鲁迅出版的〈奴隶丛书〉三种：作者叶紫、田军、萧红》，对鲁迅和《奴隶丛书》作了最恶毒的攻击。

12月20日，发表《卷首语》。

除夕前十日，作《我为什么不多写》。

12月22日，寄鲁迅信。鲁迅即复，复信云："……对于小说，他们只管攻击去，这也是一种广告。总而言之，它们只会作狗叫，谁也做不出一点这样的小说来：这就够是它们的死症了。……”信末附言："狗报上关于你的名字之类，何以如此清楚，奇怪！"《小晨报》上阿芳文中，说叶紫"真名是余日（自）强"。

12月29日，得鲁迅信，信云："……账已算来，附上账单，拿这到书店，便可取款。"

是日，发表散文《天心阁的小客栈里——夜雨飘流之一》。

汤咏兰回忆：鲁迅曾到过他们家，给孩子们几个烧饼，临去送了一些钱。

1936年　　27岁

1月8日，发表散文《飘流之夜》。是年自编《叶紫散文集》时，将《天心阁的小客栈里》和《飘流之夜》合为一篇，题名《夜雨飘流的回忆》。

1月10日，得鲁迅写于1月9日信，信云："……不明底细的书店，我不想和他们发生关系了，开首说得好好的，后来会出意外的麻烦。譬如《二心集》，我就不主张去检查，然而稿一付去，权在书店，无法阻止。所以请你回复那书店：我不同意。那集子里，有几篇到现在也还可存留，我自已要设法印它出来，才可以不至于每页字数排得很少，填厚书本，而定价一元。"

1月28日，发表《作家的感想·意见·回忆》。

3月，《丰收》再版。

4月20日，修改《我怎样与文学发生关系》，辑入《叶紫散文集》。

5月13日，偕汤咏兰去内山书店看望鲁迅，并赠肉一碗，鲫鱼一尾。

5月19日，病中作短篇小说《校长先生》。

5月，《丰收》三版。

5月，《新少年文学拔萃读本》由上海现实社出版；第一集所收《商议》，节自《火》。

6月7日，中国文艺家协会成立，发表《中国文艺家协会宣言》；在《宣言》上签名，成为会员。

6月中旬，应友人之约，赴杭小游。

6月18日，苏联无产阶级革命作家高尔基逝世。

6月，在《我们对于推行新文字的意见》（刊1936年7月1日《文学丛报》第4期）上签名。

7月4日，大病之后，作短篇小说《山村一夜》。

7月10日，发表吊高尔基的《我们的唁词》。

8月1日，作《变动》（补《星》第四章）。

8月10日，发表《国防文学的随感二则》。

8月18日，作《星·后记》，谈自己创作特点。

8月24日，作《丰收四版的话》。

8月，《丰收》四版。

9月4日，作短篇小说《电车上》。

9月5日，发表《痛苦的感想》。

9月7日，寄鲁迅信，附李虹霓信，并《开拓了的处女地》5本。

9月8日，鲁迅复信云："七日信收到。记得以前诸函，也都收到的。所以未写回信者，既非我病又重，也并无'其他的原故'。不过说来说去，还是为了我的病依然时好时坏，就是好的时候，写字也有限制，只得用以写点关于生计或较为紧要的东西；密斯许又自己生病，孩子生病，近来又有客寓在家里，所以无关紧要的回信，只好不写了。我身体弱，而琐事多，向来每日平均写回信三四封，也仍然未能处处周到。一病之后，更加照顾不到，而因此又须解释所以未写回信之故，自己真觉得有点苦痛。我现在特地声明：我的病确不是装出来的，所以不但叫我出外，令我算账，不能照办，就是无关紧要的回信，也不写了。此一节请谅察为幸。"

10月2日，作短篇小说《湖上》。

10月6日，汤咏兰寄鲁迅信。时因肺病与肋膜炎并发，高烧住院。本人医药费与家庭生活费均无着落，令妻向鲁迅求援。鲁迅时在重病弥留之际，仍予关心，扶病作复，并送钱50元。信云："来信收到。肺病又兼伤风，真是不大好，但我希望伤风是不久就可以医好的。有钱五十元，放在书店里。今附上一笺，请持此笺，前去一取为荷。"

10月19日，鲁迅逝世。不顾医生警告，悲痛大哭，体温骤升。令妻参加鲁迅葬礼。

10月20日，伏枕作悼诗《哭鲁迅先生》。载《申报·文艺专刊》第五十一期，署名叶紫。

12月，中篇小说《星》作为巴金主编的《文学丛刊》之一，由文化生活出版社出版。

是年，作中篇小说《菱》（未完）。大约因病，仅作第一章中数节，便猝然停笔。交巴金，拟在巴金、靳以所编刊物上发表，未果。1940年，香港《大公报》副刊《文艺》从巴金处取去残稿，予以发表。发表时编者按云："叶紫先生的长篇小说《菱》属稿仅成一章，就因了种种原故而搁笔，现在则业已成了绝笔了。此稿据李健吾先生谓是叶紫作品中最完整的一篇（然而是永远残缺的完整呵！）一向由巴金先生保存。《文艺》得巴金先生的许可，将它发表，愿与读者共谢巴金，并对我们少年作家之可痛的亡逝致无限悼忱！"

是年，编短篇小说集《奇闻集》。书名大约取自鲁迅《叶紫作〈丰收〉序》："这里的六个短篇，都是太平世界的奇闻……"《丰收》四版本封三中预告：《奇闻集》即将出版。未果。

是年，编散文集《古渡头》。4月5日《夜莺》第一卷第二号封底预告，《古渡头》将作为《新钟创作丛刊》之一出版。未果。

是年，编《叶紫散文集》，收散文16篇，交商务印书馆出版。在《丰收》四版本封三中预告此书即将出版。不料打好纸型后，因抗日战争爆发而未能出版。

是年，斯诺编译中国现代短篇小说集《活的中国》出版。该书"附录一"为斯诺前妻海伦·福斯特以厄姆·威尔士笔名所撰写的《现代中国文学运动》，文中称叶紫为"最优秀的左翼作家"。该书"附录二"为"参考书目"，叶紫的《丰收》列名其中。

1937年　　28岁

1月2日，子雪驹（小名小牛）生。余雪驹解放后曾先后就读于益阳一中、长沙三中、湖南师院中文系，1961年病逝。

3月3日，母刘氏逝世，寿63岁。得许广平与聂绀弩等资助，将母安葬于上海浦安公墓，"件件如了她老人家的意，只要再竖一块好碑，便尽了我做儿子的任务"（见叶紫1939年度日记）。许广平《忆叶紫先生》中称刘氏为"可怀念的勇敢的母亲"。

4月15日，短篇小说集《山村一夜》由上海良友图书印刷公司出版。

7月7日，"芦沟桥事变"发生。

8月13日，日寇进攻上海。上海的革命文艺工作者纷纷投入抗日救亡运动。叶紫肺病严重，又有家累，不能投身运动，已感痛苦；生活来源断绝，更生恐慌。因病势日重，自1936年10月起基本搁笔，生活来源据任钧回忆有二：一靠卖《丰收》等书所得，二靠朋友接济，而战争一起，此二来源均告中断。不得不四处奔走，筹措路费，约于9月中旬，与陈子展一家结伴，率眷离开上海。是年，住拉都路福履里，与任钧比邻而居，过从较密，首途时任钧前来送行。身背包袱和热水瓶，一手牵着女儿蒂丽，一手拿着一把湖南雨伞，在密集的大炮声中与任钧握别。到达南京时，遇日机轰炸，与陈子展家离散。从南京乘船赴武汉，在武汉过中秋节，节后乘船至益阳，住三里河腰铺子曹家祠堂，与大姐余裕春家相距不远。

旅途劳顿，以致病倒，搭船到长沙就医，先住北门外魏猛克家，到湘雅医院看门诊，后进位于麻园岭的肺痨医院。参与魏猛克、潘开茨、张天翼、蒋牧良等出版《大众报》的工作。时钱君匋、许粤华（雨田）、姚廷贞等亦在《大众报》社工作。支持在报社工作的堂弟余照望北上参加革命。余照望原名昭望，系二叔寅宾次子，1919年生，随家庭流亡10年，是年到长沙找魏猛克、张天翼、蒋牧良解决就业问题；在叶紫鼓励下，通过吕振羽、翦伯赞辗转去延安。

1938年　　29岁

在长沙住院五月，忧于贫困，疗效不佳。本年上半年，出院回益阳。

5月20日，发表书信《回到乡村》。信云："我是时常在病的可能范围做着我的工作的。""我只要有可能，一定要将这些情形写出报告文学或小说来。但病苦着我，常常使我不能提笔。"

下半年，迁居兰溪镇小河北岸千家洲汤家祠堂。

是年七、八月间，中共湖南省委书记高文华（即廖剑藩）写信给益阳县委书记李文定（即李鳌），说自己的"表弟"（党员暗语）余鹤林回益阳兰溪养病，请李在生活上给予照顾。李文定岳家曾与叶紫家同时租住过徐家宗祠，李妻赵德坤在“马日事变”后亲眼看到叶紫父、姐被捕，对叶紫情况有所了解，故接高文华来信后，李文定立即与张式愚（即张天翼侄女张靖，南京中央大学毕业生。曾到延安陕北公学学习，后被李文定要来益阳工作，在益阳入党，公开身份是蔚南女中教师）同去兰溪，通过兰溪区委书记汤石安（后叛变）、委员张子霞（后牺牲），找到叶紫住所。时地下党经费困难，只能给叶紫少量经济支援；李文定和张式愚建议，通过张天翼，请求文艺界友人接济。1939年，叶紫迁居于老渡夫刘少山茅屋中，李文定亦去探视过。

是年，郭沫若到长沙。汤咏兰及其胞弟彭维新回忆，郭派人送叶紫谷8担和钢笔1支。

曾三回忆：1938年，从到延安开会的高文华处得知叶紫病困兰溪，便从赴新疆的路费中抽出五元寄赠叶紫。

吴奚如回忆：那时，曾得叶紫信，知其处境困难，便在军委政治部第三厅的同志中募捐救助。

是年11月12—14日，长沙大火。益阳人心惶惶。

1939年　　30岁

2月1日，开始记日记。是日日记云：“无论什么时候开始记日记；都不嫌迟。人，总是进步的，今天觉得昨天的不是，明天也许又会觉得今天的不对。这就是一个很好的镜子——一部摄影机，它会详细地照出你自己的生命的旅程，永不漠灭。”

2月2日，写出几篇短篇小说腹稿的题目：（一）《邂逅》；（二）《十四个和一个》；（三）《自卫团》；（四）《寿》；（五）《第六次入营》；（六）《盐》。

是日日记：“大长篇的材料，过去的都被毁掉了，以后我应当慢慢地，象修行似的，一个一个字地，将它修筑起来。”

“无论大风大雨，每天必命咏兰出去奔走生活，心中痛苦万状。”

据汤咏兰回忆，在兰溪时期的生活，主要靠朋友接济支援，其次靠她与许久龄夫妇合伙织袜子得点微薄收入。许久龄夫妇管织，汤咏兰管卖，每天渡河到兰溪镇摆摊子。

2月3日日记："应当慢慢开始来写《鲁迅先生的回忆》，一个一个小段片记起来，将来抄集拢来，便是一篇文章……""第七个小说题目《兄弟》。富有时的兄弟，穷极时的兄弟，大难时的兄弟，逃难时的兄弟，病时的兄弟，分家时的兄弟，兄弟死的时候，兄弟受外侮的时候，包括妯娌、子侄……但不要为潘菲洛夫的《梦的现实》所套住，应该有新的发现。《兄弟》，也可以参入大长篇中。"

2月4日，许久龄和陈伯容陪同去益阳县城，恰巧住在徐家宗祠，深受刺激。许久龄（即徐子正），系从上海来的知识分子党员（后脱党）。陈伯容（即陈君平）原系上海美术专科学校学生，时任益阳县委组织部长，公开身份是蔚南女中教师。此次到县城是去会李文定，一为了解时局，二为请求接济。

2月8日，寄张天翼信。时张天翼在湖南邵阳主编《观察日报》副刊《观察台》，将叶紫信发表在2月22日《观察台》上，加"编者按"云："这封信发表有两个意义。第一，可作为文坛消息，使读者知道这位作家的生活。第二，我们想在朋友中间推行募捐，接济叶紫先生，无论生熟朋友，如有捐款，请交本报《观察台》代收。"

2月11日，大病。头疼、发热、咳嗽、喉疼、四肢疼、胸紧、胸疼、胃疼、心忡、口苦，"一切病象，应有尽有。"

是日日记："第八个小说题目《寄兵》，第九个小说题目《病》。不是自己病，一般乡下人生病。""今天过小年，据说这几天兰溪挤人不通。乡下人一年千辛万苦，只有过年勉强自己忘记几天生存的痛苦。假如综合各种类型的农民来写一篇过年的小说，我想一定很有味的。那么我就定第十篇小说题目为《过年》吧。"

堂舅刘志贤（雅礼大学毕业，时任兰溪高等小学校校长）答应送猪肉一块，却迟迟未送来，遂作诗一首："爆竹声频逼岁除，急来窗下便修书；只缘饕餮成生性，请问年猪杀也无？"

3月，大病一月，几乎死去。腹中发现一硬块。病中治小儿麻疹10人。

得张天翼信，并捐款16元。

3月3日（夏历正月十三），母亲逝世两周年。夫妇吵架，事后订《夫妻和睦合同》八条又八款。志贤舅送肉一块，回诗一首："打肉何须问几多，洞庭抛入水无波；早知君是屠门客，瞒着阿公割一它。”可知满外公不肯送肉。

3月18日，收张天翼转来捐款23元5角。

3月21日，收捐款5元5角并和诗一首。捐款人瞿剑雯（即周章，时为中共大立港支部书记）。叶紫发表在《观察台》上的诗为：“早晨摸米看空桶，中午寻柴想劫灰，讨厌偏逢天大雨，不能山后探新梅。”瞿和诗为：“为家为国血方热，愁米愁柴志未灰，我亦送穷文欲作，天寒聊寄一枝梅。”

3月23日，从汤家祠堂搬到上渡口老渡夫刘少山的破旧茅屋中，赁居横屋，门朝西开。六七位农民主动帮忙搬家。对新居“自由”和门前风景满意，贴门联一副：“住虽只三尺地，且喜安心，小堂屋中，任我横行直闯；睡足了五更天，若嫌无事，大堤坡上，看他高去低来。”

追忆数月所作旧诗、旧对，拟编《倒车集》。追忆治疗麻疹经过，拟著《治麻经验谈》。

3月24日，是日日记：“四月一日起，一定开始作那巨大的长篇工作——《太阳从西边出来》。搜集、整理和追述材料。”

3月26日，汤咏兰从兰溪收摊回来，过渡时落水，掉在河中间，几乎没顶。精神大受刺激。是日，寄余照望航空快信一封，时余照望在延安解放日报社工作。有时附给周扬、李克农、任白戈、陈荒煤信。

邵阳《力报半月刊》编辑欧阳敏纳、罗滨荪寄来10元钱约稿。

早起作一渡夫诗：“经年风雪鬓毛灰，放荡江湖一酒杯；苦煞夜寒更漏永，隔河人把渡船催。”

3月27日，寄李文定信，“问省方和小陈消息”。小陈即陈伯容。

3月27—29日，致张天翼长信。此信后载4月16日《力报半月刊》创刊号。

3月29日，汤咏兰进县城，得悉南昌失守。

3月30日，陈企霞来看望，送钱30元。第二天，陈替叶紫请地方头面人物吃饭，身穿上校服，威风凛凛，想以此为叶紫撑腰。叶不以此举为然。把已与地下党接上关系事告陈。

4月1日，晨二时陈企霞去。

4月7日，寄邝达芳信。时邝达芳在桂林筹建《新华日报》桂林分馆，兼《救亡日报》特约记者。据查，此信当写于4月3日，邝达芳将它发表在4月19日《救亡日报》上。

4月9日，寄张天翼信。

4月10日，汤咏兰偕子女到沙头叶紫亲舅刘炳文家吃喜酒。回乡以后，这类应酬不少，“关门躲账户，设法做人情”。因阻雨，汤咏兰5日后方回。

4月13日，姐裕春送女曹小文来，向许久龄学织袜子。二叔寅宾来看望。

改郁达夫联为：“养病只求心气爽，著书都为稻粱谋”，拟悬室中。郁达夫原联为：“避席畏闻文字狱，著书都为稻粱谋。”（录清人龚自珍句）

4月14日，母亲65岁冥诞，购鱼肉少许，置母亲照片前，以示怀念。

4月15日，寄张天翼信。

4月16日，作“自箴”之一、之二。

4月17日，作“自箴”之三、之四、之五。

传闻日寇将犯益阳，乡公所与“自卫团”闻风而逃，“这样的政治，这样腐败的百孔千疮的下层民众的武力机构，怎么能谈到‘抗日’呢？”（见1939年度日记）

邵阳《观察日报》被迫停办。

4月19日，寄欧阳敏纳、罗滨荪、张天翼信，告知将和许久龄合写《战时农村诸问题：材料和意见》，内容为：（一）论滨湖各农村中的汉奸话；（二）改革农村兵役弊端的几个具体意见；（三）目前滨湖各县的耕种和食粮问题；（四）论战时农村的政治机构；（五）怎样着手战区农村的宣传工作。

算出夏历二月开支共计71元5角6分，其中，日用26元6角3分；还债6元；零用31元8角2分；送人情7元1角1分。

《益阳民报》：载岳州增敌兵一师团，洞庭湖增敌舰30艘。

4月20日，大病，发热，自拟“小柴胡汤”内服。

4月23日，中日军队在洞庭湖交火，炮声不绝于耳。寄欧阳敏纳、罗滨荪信。

4月30日，得邝达芳信并款4元。

5月1日，复邝达芳信。邝得此信后，于5月9日致函《救亡日报》，拟公开为叶紫募捐。《救亡日报》于5月13日在“作家书简”栏同时发表邝信与叶信。

5月2日，李文定来，送钱2元；劝叶紫迁大栗港。

开始作报告文学《查仓》，拟投《力报半月刊》。

作“自箴”之六。

5月4日，得陈企霞寄自江西吉安信，即复。

5月6日，寄瞿剑雯信，请代准备住房。

得欧阳敏纳信，知张天翼已去溆浦民国大学任教。

5月中旬，曹明阵被国民党四十三师智擒，益阳轰动，人心大快。曹明阵20世纪20年代任益阳团防局长，镇压农民运动“有功”，1931年任益阳县保安团团长，1935年升为湖南省第二区（下辖十二县）上校保安副司令。1938年10月，武汉失守。曹筹谋投敌附逆，于年底抢夺国民党四十三师枪枝。中共决心趁机除奸，通过进步人士林柏森、胡彦球、曾传范和进步将领熊震做工作，四十三师师长金德阳与益阳县长黄识方始下决心捕曹。中共又及时发动受害群众控告曹，迫使国民党政府于6月4日在长沙将曹明阵处决。

5月10日，卜息园牺牲9周年纪念日。原与许久龄约，是日同去上坟，因病和暴风雨，未能成行；拟在“日记”中写些纪念话语，亦因茅屋漏雨而作罢。5月11日，写“和卜息园”诗，仅得两句：“痛哭故人心欲裂，忍看时局志弥坚！”5月24日，写日记纪念卜息园。

自入夏以来，几乎无日不在病中，既怕热，又恶寒，声音嘶哑，骨瘦如柴。

5月24日，作“自箴”之七；25日，作“自箴”之八；27日，作“自箴”之九。

5月27日，得邝达芳信两封并汇票9元。得原《观察日报》总编辑杨隆誉（即杨赓）信，并张天翼托转捐款4元。

5月31日，肺肾均病，痛苦不堪。复邝达芳信。

6月5日，得陈企霞信。得瞿剑雯信。

6月6日，汤咏兰叔祖汤满爹来告，曹明阵本月4日在省城被枪毙。“与其说，我看到了一个大仇人的死而高兴，倒不如说，看到替国家民族除了一个大害而高兴，还恰当得多。”（见 1939 年度日记）

6 月 8 日，寄邝达芳信。

6 月 9 日，寄瞿剑雯信。寄二叔寅宾信。

6 月 13 日，寄堂弟余照望信，由延安解放社交。

6 月 14 日，敌机 12 架轰炸益阳。

6 月 15 日，寄陈企霞信。复杨隆誉信，附给欧阳敏纳信。得龙任重汇款 5 元。

6 月 16 日，创作常受作品人物的原型的干扰，“想起鲁迅先生的写坏人总是老大、老四、老五，而决不写老三、老二的苦衷，和他说的以后不能写小说的诸原因，真令我有干文艺大不如卖烧饼好之感。”（见 1939 年度日记）

作“自箴”之十、之十一、之十二。

6 月 19 日，得瞿剑雯信，并诗一首。6 月 23 日，许久龄代复瞿剑雯信。

6 月 24 日，日记：“病势一天较一天严重，……人家都说我用心过度，非停止阅书看报不行。……我关心着世界大局，担心着祖国的存亡，关心着全中国的文化事业，时刻不能忘记自己所负的伟大的时代的使命，文化人应尽的一切的责任……我贪婪地看着报章杂志的每一个字——甚至连广告，毫不放松……假如这是我的致死的原因，那我真是‘死’而无怨。”

6 月 25 日，日记：“我的身体和病，决定了我的工作和责任，不是，也绝不能上前方参战，而是深入后方，散播新文化的种子，用来打击一切阻碍着祖国进步的黑暗势力！——彻头彻尾地反封建！……”是日寄陈企霞信，请求援助。

6 月 26 日，病重难以捉笔，日记停。

6 月，作杂感《报复欲》，寄《力报半月刊》。未见发表。

7 月 10 日，发表《诗，我觉得——与达芳先生书》，载《救亡日报》。

8 月 7 日，寄邝达芳信。

9 月初，加患疟疾。

9月5日，寄刘祖同信。

10月初，上海锡麟寄来80元，还药账、肉账等。

10月4日，汤咏兰堂叔汤福安（师公）问他想吃什么，回说想吃一只鸭。是年夏天，因茅屋门朝西，屋内酷热，曾一度借住汤师公家。汤亦党员（后自首），往来较密切。

10月5日（夏历八月二十三），黄昏时分，不幸去世，终年30岁。

从这庞杂的文坛说到我们这刊物

叶 紫

这是一个文坛大混战的前夜!

自从五四运动掀动了这整个文坛的浪潮,连滚带爬的猛进到今日。十余年来政治状态的混乱，反映到文坛步法的庞杂，已经成了不可否认的事实。就在这庞杂的一团里面，有的已经跑到了时代十万八千里路的前面，而抓不住时代的核心。有的还在十六世纪的社会里呻吟，而不肯放弃旧的骸骨。守在象牙之塔里的作家，高唱着唯美主义；民族主义的英雄，狂呼着热血头颅。颓废者只写贫病交加；才子佳人只沉醉于风花雪月。

这样杂杂乱乱的一群，通通在这混乱的文坛上占了一大部分或一小部分的势力，如同军阀们瓜分着地盘一样。各尽所能的用着千变万化的花样来吸取广大的读者去拥护他们。暗中在自己割有的一块地盘里，筑起坚固的防垒，以避免外来势力的侵入。招兵买马，积草囤粮，都准备来一个更庞杂的混战。谁胜了谁就握得这个文坛的霸权。

这一些万花撩乱的把戏，这一个杀气重重的文坛，已经把青年们的眼睛，扰乱得分不出青红皂白了。大多数都盲目地跟着这喊杀喝吆的声音打磨旋!青年们有热烈的情绪，勇敢坚毅的精神，都想在这乌烟瘴气的阵线中找着一条良好的出路。

文坛的防垒太坚固了，青年们冲撞不进!

有的，少数的，已经拜了门，成了宗派，开始踏进这混乱的文坛。但是多数的仍旧在彷徨，仍旧是感到永远没有归宿的苦闷。

投稿到杂志或报纸的副刊上去吧，多如石沉大海，连个水泡都没有，稿子就被编辑先生摔进了字纸篓。书店的老板，看见你是无名人就要头痛三日；更不敢审查你的作品的内容。要求引入门墙吧，请你先三跪九叩首的叫几声“老头子”，称几声“门生”，才许你当一个小喽啰。有名作家的假面具，猫儿哭老鼠的慈悲；处处都刺痛了无名青年们的心坎！

然而这是文坛大混战的前夜呀！无名的青年们不甘寂寞，都需要一个为自己为大众而奋斗的营阵！

因此去年十二月里，我们这几个百分之百的无名小卒，为着思想上性情上都没有大不了的分歧，又同是一样的没有出路，便偶然的组成了这么一个“社”。大家都穷，暂时只好借着这么一本小册子，来经常发表我们的郁积。

这不是一个大大的集团，没有门墙也没有派别。就是因为大家都是“无名”，所以叫它个“无名社”。我们十万分诚挚的同情于象我们这样的无名朋友，欢迎加入到我们这社里来。大家团结着，用自己的力量来开拓一条新的文艺之路。从这大混战的前夜里，冲到时代的核心中去！

我们不需要颓废的无病呻吟，更不需要才子佳人的风花雪月。不需要守在象牙之塔里的艺术家，也不想做一个文坛上的英雄豪杰。我们唾弃旧的尸骸，同时也不自称能干的描写一九三三年的世界。

眼前这一个庞杂的文坛，我们认定它就在这大混乱里大半将要遭到不可避免的毁灭。新的世界，完全是大众的。大众的内容，大众的情绪，一直到大众的技术。

我们这几个无名小卒们，不敢有丝毫的妄想。只要求能够老老实实地攀住时代的轮子向前进。在时代的核心中把握到一点伟大的题材，来作我们创作的资料。我们不梦想趁着这个庞杂的大混战，来占据这文坛的一个角角儿；我们只求多认识几个无名的朋友，共同来开拓一条新的出路！

我们的心，比竹子的心还要虚。一直虚到连一个小小的节笆〔疤〕都没有。

现在，这个小刊物已经和亲爱的朋友们见面了，这自然使我们欣幸。形式，就是这样小小的一个二十面纸的旬刊，每月按次刊三本。内容绝对不涉及政治情形，只登载属于我们这一个范围以内的作品，如：文艺的批判，论文，翻译，创作小说，戏剧，诗歌，小品文，等项。编辑的目标是百分之百的注重作品，不重感情。诚挚的将这块小小的园地，献给广大的无名作者！

来吧！亲爱的朋友们！我们团结起来，冲到时代的核心中去，开拓一条光明灿烂的出路！

这是一个文坛大混战的前夜！

（原载1933年2月5日《无名文艺旬刊》创刊号）

《无名文艺旬刊》创刊号编后记

叶　紫

我们非常的欣幸，在创刊号里面，竟能收到这样多的稿件。真是感激社友们爱护本刊的热诚，与编者以不少的兴奋。

但篇幅是这般的狭小（每期只有一万六千字），使我们不得不忍痛地割舍一些美妙的大作。加以付印匆忙，又恰在这讨厌的废历年底，以致编辑，印刷，校对等，处处都不能达我们自己的心愿。因此从第三四期起，我们准备另辟一自我批评栏，专门批评本刊所载的各项作品。希望社友以及亲爱的读者们毫不客气的予以严厉的批判，本刊当尽量的在本刊上先行发表。

这是广大的无名作家园地。亲爱的社友和无名的朋友们啊！请你们大家尽一份儿力量来培植它吧！最后，印刷所又因过年误了我们五天的期。以后，每月五日十五日二十五日出版决不脱期。

（原载 1933 年 2 月 5 日《无名文艺旬刊》创刊号）

《无名文艺旬刊》第二期编后记

叶　紫

上期创刊号出版后，虽然得到了许多读者的爱护和赞赏；可是，我们并不就以为荣幸，相反的倒增加了我们的感奋与羞惭！

第一是印刷所扯澜〔烂〕污：格式、装订、错字、延期，处处都给我们一个不舒服。还亏了我们亲自跑到排字房里去帮助排版，才把它弄了出来。

第二是内容的不充实，甚至于还有和我们的意旨不投合的文章！我们竟因时间的仓卒把它付排了。这自然是编辑室的责任。

这一期的内容、格式、印刷都比上期稍为来得精采一点。而且，外来的稿件占了十分之七的篇幅。岛西君的论文，雨沫君的小说，珍颖君的短篇世界语翻译，雪湄君、月仙女士、宗廉君的诗，都比创刊号里的精采。企霞君的《梦里的挣扎》，这一期已经续完。读者当不致感到未窥全豹的缺憾了。

编者十分的希望，在这一块小小园地里，尽量地培植一些无名的花木。敬请爱护本刊的社友及读者们，源源惠稿。（详章请参看底面）

有几位社友写信来问我们，这刊物的编者是谁？这社里的主人翁是谁？并且硬要我们答复。我们除回信答复以外，恐怕还有读者或社友们要发这同样的疑问，特公开答复于后：

"我们的主人翁是广大的无名作者。谁爱护这个小小的园地，谁就是这社里的主人翁。至于本刊的编辑，那是完全由我们几个发起人负责的。"

（原载1933年2月15日《无名文艺旬刊》第2期）

《无名文艺月刊》创刊号编辑日记

叶 紫

三月十日

编辑室昨天才搬进这新房子里来，一切都急需整理。

《旬刊》决计暂时停刊了，第三期的稿件已由印刷所取回，大部分将移至月刊里去发表。计有社友刘锡公君的《巷战》、幸桂荣君的《狗》。

我觉得这两篇中，只有锡公君的《巷战》须得介绍一下。因为作者仅仅是一位年轻的高小毕业生，现在失学了，然而他总是不断的努力着。《巷战》是他的处女作，虽然不算优秀，混在一般的作品里看来，总还可以过得去吧！

下午决计将陈稿整理一下，然后分别处置。并且很郑重的选出了两个翻译短篇来：就是一之的《巴加》，真君的《赌》。

依斯特拉谛的作品，在中国是很少有翻译的，除了一之所译的一些以外。作者是巴尔干人，所有（以）很多人称他为巴尔干的高尔基。

《赌》是柴霍甫的名著，这是用不着介绍的。

十四日

编入锦心君的小品文《审问》。

十五日

将社友稿件整理清楚后，分出一大部来交宗廉为《旬刊》复活张本。

十九日

将长篇创作《离叛》整理了（　）天，准备另出单行本，编入丛书。

二十日

发催稿信件十八封。

二十二日

编入君的小评《关于回忆》。

二十三日

读完黑婴的长篇创作《赤道上》，我觉得这是一篇很有意思的作品，作者是部分的抓住了时代的核心。内容完全是叙述赤道上的故事，决计从第二期起先行陆续在本刊发表，然后再出单行本，编入丛书。

二十四日

发第二批催稿信。并请社友们多寄几篇戏曲来。

二十五日

岛西将《垃圾》寄来，囫囵地把它读完了，描写的细致沉痛，词句的隽永诙谐，真使我为它感动不少。作者在这里大声的喊出了中国下级军官和兵士们的苦痛，这是一篇如何生动的作品啊。

二十六日

收到雪涓的《雁》。下午慢慢地把它读完。全篇是描写江阴“艒艒船”一个破落户的生活，正如南来北返的季鸟一般。我只觉得他词句的美丽，描写的纤微，确能有令人神往之慨！

二十七日

宗廉交来小品《闯进人寰去》，生气勃勃地。编入小品栏内。

四月五日

白兮君来社，适因事外出，和企霞谈了很久。留下童话《雪人》。回社来将它细读了一遍。我和企霞都觉得这篇作品的意义是伟大极了，在过去中国文坛上还没有看见过这样好意义的童话。虽然技巧并不十分新奇，然而，在描写方面也另有他的独到处。

八日

同企霞至真茹访黑婴，当（　）将短篇作《没有爸爸》拿给我们。全篇的技巧新颖，写来尽是些南国风味。

九日

下个决心，今天把全部诗稿编好，选出后主的《我记着你》，琴心的《卖唱的》，绿意的《夜的素描》和问津的《电影》，总共四篇。问津的技巧完全是一种新的尝试，我们总觉得他很有意思。此外琴心的《卖唱的》，也是技巧很新奇的。后主的句子美丽。把它一口气编完之后，又重复的读了一遍。我们想：在这样沉默的中国诗坛里，能给新诗歌开拓一条出路，那真是应该的啊！下期起，还是多登一两首有意义的诗吧！

十六日

为了生活，七天没有跨进编辑室的门，一切皆由企霞在那唱独脚戏。今天跑来，企霞已经把许多稿子编好了，并且还对我大发脾气的说："你这懒鬼，今天怎么你也会想到要到这里来了。许多社友都在写信来愤骂我们，说筹备了一个多月还没有出版，稿子也不退还，还有上门上户来索稿子的。你写意！你风凉！你把责任都推到我身上……"

"是，是！对不住得很！为了生活，请你！请你……"我对他装了一个鬼脸，陪了一个小心，他便吩咐我做事。

过细想起来，真也有些太对不住亲爱的社友们了。稿子从来没有在三天之内退还社友过，月刊又延了这许久的期，怎么不教人家发脾气呢！然而我想在这儿向社友们陪个罪，连带的伸一伸冤：

事实上，编辑也确有很多困难。没有退还的稿子，我们的确在准备登，而不是已经塞了字纸篓。不过一时实在来不及。《旬刊》已停版了，登了这篇不能登那篇，登了那篇又不能登这篇，以致搁在抽屉里很久没有给社友回音。至于月刊延期出版的罪过，那可不能完全压在编者头上。这是整个社务的问题，我不想在这里多说。

千差万差是我一个人差，请亲爱的社友们不要再骂别个人吧，要骂骂我好了！

计企霞编好的有：陶涛的《积谷防饥》，尔昭的《何处是通路》，他自己的《她是一个弱女子》和绍渊的《香宝姑娘》等篇。

三十日

稿子差不多编好半个月了，为了社务——接洽印刷所，找发行处，找新社址，筹钱等等——和企霞整天的跑着，没有一丝毫的闲暇。今天编辑室全部搬到了新址里来办公，心算是要安定许多了。

企霞的《阿高》编进。他的作风是转变了，在这儿，他已经开始从颓废的情绪里伸出了头来。好坏我现在不想多说，我只希望他从此天天的长进，一直到伟大的成功。

五月二日

《丰收》今天脱稿了。自己看了一遍，惭愧得红了脸。企霞说："还行得通。"我就马马虎虎的将它编进去。

云普叔是我自己的亲表叔，当家乡那里来一个年老的公公告诉我关于他们的状况时，我为他流了一个夜晚的眼泪。自己做了流浪人，家乡的消息茫然了许久，不料竟有这样大的变动。

立秋已经被团防局抓去枪毙了，是在去年九月初三日的早晨。

为了纪念这可怜的老表叔，和年轻英勇的表弟，这篇东西终于被我流着眼泪的写了出来。我诚挚地在这里希望读者诸君，能给我些严厉指摘的评语，好让我能多有些长进。

三日

编辑到今日止，仍旧没有看见有戏曲稿子来，大家都说这个东西难写。因此，我便连想到中国写戏曲人才的缺乏。下期起，我一定要设法找到一两篇来。志唐有一篇诗剧，我想下期是可以编进的。

我们为想图些进步起见，特别的欢迎读者对于本刊的批评文字，第二期起即另辟一“自我批评栏”。本刊的缺点甚多，还希望读者诸君源源的不吝指教。

四日

今天是“五四”纪念节，全部稿子也在今天去付排，随即要接编第二期的稿件了。

天才亮，若萍匆匆地跑来问我：“稿子编完了吗？”我在床上告诉他已经编完了。他对我笑道：“好了，你们的稿子编完了，中国也差不多快要被人瓜分完了。起来，我们到东京、伦敦去开红绿电灯去！”

我苦笑的点了一点头。

在这里，我还要附带的报告一个社务上的消息：就是社友录已开始编纂，不日即可印出书来。社友们以后就可以被直接通信了，感情当更容易联络些吧。

（原载1933年6月1日《无名文艺月刊》创刊号）

《丰收》自序

叶　紫

经过很多朋友的鼓励，我终于厚颜的将这本不成器的小东西付印了。

我很能知道自家的缺点：这本小东西里面太缺少艺术成分，技巧大半都不大高明。对于人物的把捉，故事的穿插，往往都现得笨拙。有些地方叙述得太多，描写得太少。……

这里面，只有火样的热情，血和泪的现实的堆砌。毛脚毛手。有时候，作者简直象欲亲自跳到作品里去和人家打架似的！……

然而，这东西虽不成器，我却并不气馁。或者还正因为经过了一个这样的创作过程，才能使我更加努力的向文学前程迈进！我还年青得很。我能够虚心的接受一切善意的批评，我能够刻苦的、辛勤的、不断的学习。在前进的批评家、朋友和老作家们的谆谆诲导之下，在自己的刻苦的辛勤的努力之中，我相信我不久的将来，总能有一点儿象样的东西出现。

不失掉我的原有的热情，加强我的技术的修养和生活的体验，便是我印这本东西的主要动机。

那么，这就算是我创作上的某一段过程的结束吧。我在这里期待着读者们的严厉的批判！

一九三五年一月九日深夜，在上海。

（原刊1935年《丰收》初版本）

《丰收》后记

叶　紫

自己的东西是永远不会满意的，所以校完后，除惭愧和加勉外，一无话说。

感谢鲁迅先生抽空为我作序。

感谢新波先生日夜为我赶刻木刻，使我的这些不成器的东西，增加无限光彩。

感谢丁、杜诸先生，及社中的好友。或为我奔走印刷，或为我校对，或为我发行与推销。

一九三五年三月二日，在上海。

（原刊 1935 年《丰收》初版本）

奴隶社小启（一）

我们陷在“奴隶”和“准奴隶”这样地位，最低我们也应该作点奴隶的呼喊，尽所有的力量，所有的忍耐。——《奴隶丛书》的名称，便是这样被我们想出的。

第一册是叶紫的《丰收》。

第二册便是田军的《八月的乡村》。

第三册……我们也在准备着。以至若干册……

奴隶社

（原刊1935年8月《八月的乡村》初版本卷首）

奴隶社小启（二）

诸同志：只要你是这世界上正被：压迫，绞榨，屠杀着的奴隶；或是一个人类正义的维护者，真理的追求者，而不是一个甘心诚意的奴才底奴才……我们就有权称你作同志，有权请你为自己的运命，为正义，为真理……起来和自己的当前敌人战斗！只有战斗才能解脱奴隶的运命，决定奴隶们的力量；发见真理和正义……

我们也勉力在战斗着……只是力量感到太单！但我们都切盼更有若干部《奴隶丛书》产出，印行……一面要克服无耻者们加来的迫害和艰难，同时也衷心切盼进步的读者们给予一些赤诚的助力。

已印出的书有三部了：《丰收》、《八月的乡村》、《生死场》。《丰收》是六个短篇结成的集子，大部题材取诸中国内地农村。读者们要想知道内地农村一些太平盛世的奇闻，就请读这一部。

《八月的乡村》是一部十几万字的长篇。读者要想知道一些东北义勇军的消息，那么就请读读它。至于还想要知道一些关于在满洲的农民们，怎样生，怎样死，以及怎样在欺骗和重重压榨下挣扎过活；静态和动态的故事，就请你读一读这《生死场》吧。

当然，如果力量够——只要够——我们还要有《奴隶丛书》第四部献给读者们。

奴隶社

（原刊《生死场》1935 年 12 月初版本）

《丰收》四版的话

叶　紫

这本小册子在今年底半个年头之内，——三月至九月——居然重版了三次，这是使我非常感激而且惭愧的事情。感激的是这样一本不成器的、粗暴的小东西，竟能得到这样多亲爱的读者底垂爱；惭愧的是这本小东西出版一年多来，因了贫穷和不断的病底原故，使我不但不能够多创作出来一点较好的东西，供献给亲爱的读者，而且连给这本小东西好好地修饰和装帧一下的余功，余力都没有。这在作者，是实在惭愧得无话可说的。

我记得：三月里再版时，自己正病在床上动弹不得，又因为没有多的钱，一切都只能够听凭印刷所去摆布。结果，除了受尽印刷所老板的白眼之外，封面是给印得一塌糊涂了，插图给插得颠颠倒倒了。三版时，虽然换了一个较大的印刷所，但自己还是病着，没有去校对，结果仍然那样坏的：纸张黄得几乎要变成黑色了，墨色模糊得几乎认不出字来。一直到现在，——到这一版，才算比较地象样了一点儿。

可是，内容仍旧是这么一些粗暴的家伙，这却没有法子能够补救！……

我希望这本小册子在今年或明年还有重版的机会，使我能得到更多的亲爱的读者底批评！我更希望自己从今以后再不得病，好多多地，刻苦地创作出一点象样的东西，以回答亲爱的读者诸君的爱护！……

一九三六年八月二十四日晨，在上海。

（原刊上海容光书局 1936 年 9 月四版《丰收》）

《星》后记

叶 紫

因了自己全家浴血着一九二七年底大革命的原故，在我的作品里，是无论如何都脱不了那个时候底影响和教训的。我用那时候以及沿着那时候演进下来的一些题材，写了许多悲愤的，回忆式的小品、散文和一部分的短篇小说。本来，我还准备在最近一两年内，用自己亲人的血和眼泪，来对那时候写下一部大的、纪念碑似的东西的。可是，我底体力和生活条件都不够，每一次的尝试都归失败了。我不能够一气地写下去；为了吃饭和病，我只能写一段，丢一下，写一段，又丢一下；三四年来，结果还仅仅是那么一大堆的材料，堆在一个破旧的箱子里。然而，我又不能停下笔来，放弃写作生活。于是，除了写一些现时的短篇作品之外，便在那一大堆的材料里面，割下了一点无关大局的东西来，写了两个中篇：一个便是这一篇《星》，另一个是正在写作中的《菱》。

这篇《星》是去年三月间写完稿的。因为受着种种方面的束缚，故事和人物都没有方法尽量地展开；以致在九月间的《文学季刊》上发表时，还留下着第四章那样一个大大的空白。目前，总算是勉强地补缀上去了。但是，现在和一年前的环境既殊，心情和笔调又各不能一致，我想：参差、错乱和不贯通之处，总该不能免的吧！然而，我却没有余裕的功夫，再来将它细细地修饰了。

我希望我这篇正在写作中的《菱》能得到一个较好的结果；我更希望我那久被血和泪所凝固着的巨大的东西，能够有早早完成的一日。

一九三六年八月十八日，大病之后，记于上海。

（原刊上海文化生活出版社 1936 年出版《星》卷末）

我怎样与文学发生关系

叶　紫

我是一个不懂文学的人，然而，我又怎样与文学发生了关系的呢？当我收到“我与文学”这样一个标题的时候，我真的不知道从什么地方说起啊！

童年时代，我是一个小官吏家中的独生娇子。在爸妈的溺爱下，我差不多完全与现实社会脱离了关系。我不知道米是从什么地方来的，我不知道这世界有多大；我更不知道除了我的爸妈之外，世界上还有着许多许多我所不认识的人，还有着许多许多我不曾看到的鬼怪。

六岁就进了小学。在落雨不去上学，发风不去上学，出大太阳又怕晒了皮肤的条件之下，一年又一年地我终于混得了一张小学毕业的文凭。

进中学已经十二岁了。这是我最值得纪念的，开始和我的爸妈离开的一日。中学校离我的故乡约二百里路程，使我不得不在校中住宿。为了孤独，为了舍不下慈爱的爸妈，我在学校宿舍里躺着哭了四五个整天。后来，是训育先生抚慰了我一阵，同学们象带小弟弟似地带着我到处去玩耍，告诉我许多看书和游戏的方法，我才渐渐地活泼起来。我才开始领略到了学校生活中的乐趣。

中学校，是有着作文课的。我还记得，第一次先生在黑板上写下的作文题目是叫做“我的志愿”。

接着，先生便在讲台上，对着我们手舞脚蹈地解释了一番：

“……你还是喜欢做文学家呢？科学家呢？哲学家呢？教育家

呢？……你只管毫无顾忌地写出来。……”

当时我所写的是什么呢？现在已经完全记不起来了。不过，从那一次作文课以后，却使我对于将来的“志愿问题”一点上，引起了非常浓厚的兴趣。

“到底应该做一个什么人物呢？将来……”

每当夜晚下了自修课以后，独自儿偎在被窝里的时候，小小的心灵中，总忍不住常常要这样地想。

“爸爸是做官儿的人，我也应该做官儿吧！不过，我的官儿应当比爸爸的做得更大，我起码得象袁世凯一样，把像在洋钱上铸起来……

“王汉泉跑得那样快，全学校的人都称赞他，做体育家真出风头……

“牛顿发明了那许多东西，牛顿真了不得，我还是做牛顿吧！……

“哥伦布多伟大啊！他发现了一个美洲……

“李太白的诗真好，我非学李太白……”

于是乎，我便在梦里常常和这许多人做起往来来。有时候，我梦见坐在一个戏台上，洋钱上的袁世凯跪在我的下面向我叩着头。有时候，我梦见和一个怪头怪脑的家伙，坐在一个小洋船上，向大海里找寻新世界。有时候，我梦见做了诗人，喝了七八十斤老酒，醉倒在省长公署的大门前。有时候，……

这样整天整夜象做梦般的，我过了两年最幸福的中学生生活。

不料一九二六年的春天，时代的洪流，把我的封建的，古旧的故乡，激荡得洗涤得成了一个畸形的簇新的世界。我的一位顶小的叔叔，便在这一个簇新世界的洪流激荡里，做了一个主要的人。爸爸也便没有再做小官儿了，就在叔叔的不住的恫吓和“引导”之下，跟着卷入了这一个新的时代的潮流；痛苦地，茫然地跟着一些年轻人干着和他自己本来志愿完全相违反的事。

“孩子是不应该读死书的，你要看清这是什么时代！”

这样叔叔便积极地向我进攻起来。爸爸没有办法，非常不情愿地，把我从“读死书”的中学校里叫了出来，送进到一个离故乡千余里的，另外的，数着“一，二，三，开步走！”的学校里面去。

“唉！真变了啊！牺牲了我自己的老远的前程还不上算，还要我牺牲我的年幼的孩子！……”

爸爸在送我上船，去进那个数着“一，二，三”的学校的时候，老泪纵横地望着我哭了起来。

我的那颗小小的心房，第一次感受着了沉重的压迫！

第二年（一九二七）的五月，我正在数“一，二，三”数得蛮高兴的时候，突然，从那故乡的辽远的天空中，飞来了一个惊人的噩耗：——

整个的簇新的世界塌台了！叔叔们逃走了！爸爸和一个年轻的姊姊，为了叔叔们的关系失掉了自由！……

我急急忙忙地奔了回去。沿途只有三四天功夫，慢了，我终于扑了一个空……

爸爸！姊姊！……

天啊！我象一个刚刚学飞的雏雁，被人家从半空中击落了下来！我的那小小的心儿，已经被击成粉碎了！我说不出来一句话。我望着妈，哭！妈望着我，哭！妈，五十五岁；我呢，一个才交十五岁的孩子。

“怎么办呢？妈！”

“去！孩子！你是一个有志气的人，不要忘记了你的爸，不要忘记了你的苦命的妈！去到那些不吃人的地方去！”

“是的，妈！我去！你老人家放心，我有志气，你看，妈！我是定可以替爸，姊出气的！报，我得报，报仇的！……妈！你放心！……”

没有钱，什么都没有了，我还记得，当我悄悄地离开我的血肉未寒的爸爸的时候，妈只给我六十四个铜子。我毫无畏惧地，只提了一个小篮子，几本旧小说，诗，文和两套黑布裤褂，独自儿跑出了家门。

“到底到什么地方去呢？”我躲在一个小轮船的煤屑堆里是这样地想。

天，天是空的；水，水辽远得使人望不到它的涯际；故乡，故乡满地的血肉；自己，自己粉碎似的心灵！……

于是，天涯，海角，只要有一线光明存在的地方，我到处都闯！……

我想学剑仙，侠客；白光一道，我就杀掉了我的仇人；我便毁平了这吃人的世界！但是，我始终没有找到师父。虽然我的小篮子里也有过许多剑侠的小说书；我也曾下过决心，当过乞丐，独自儿跑进深山古庙，拜访过许多尼姑，和尚，卖膏药和走江湖的人……但是，一年，两年，苦头吃下来千千万万。剑仙，侠客，天外的浮云，……一个卖乌龟卦的老头子告诉我："孩子，去吧！你哪里有仙骨啊！……"

我愤恨地将几部武侠小说撕得粉碎！

"还是到军队里去吧，"我想。只要做了官，带上了几千几万的兵，要杀几个小小的仇人，那是如何容易的事情啊！还是，还是死心塌地地到军队中去吧！

挨着皮鞭子，吃着耳光；太阳火样地晒在我的身上，风雪象利刃似地刺痛着我的皮肤；沙子掺着发臭的谷壳塞在我的肚皮里；痛心地忍住着血一般的眼泪，躲在步哨线的月光下面拼死命地读着《三国演义》、《水浒》一类的书，学习着为官为将的方法。……但是，结果，我冲锋陷阵地拼死拼活干了两年，好容易地晋升了一级，由一等兵一变而为上等兵了。我愤恨得几乎发起疯来。在一个遍地冰霜的夜晚，我拖着我那带了三四次花的腿子，悄悄地又逃出了这一个陷人的火坑。

"我又到什么地方去呢？"

彷徨，浑身的创痛，无路可走！……

为了报仇，我又继续地做过许多许多的梦。然而，那只是梦，那只是暂时地欺骗着自家灵魂的梦。

饥饿，寒冷！白天，白天的六月的太阳；夜晚，夜晚檐下的，树林中的风雪！……

一切人类的白眼，一切人类的憎恶！……痛苦象毒蛇似的，永远地噬啮着我的心，……

于是，我完全明白了：世界上没有不吃人的地方，没有可以容许痛苦的人们生存的一个角落！除非是，除非是！……

我完全明白了：剑仙，侠客，发财，升官，侠义的报仇，……永远走不通的死路！……

我从大都市流到小都市，由小都市流到农村。我又由破碎的农村中，流到了这繁华的上海。

年龄渐渐地大了，痛苦一天甚似一天地深刻在我的心中。我不能再乱冲乱闯了……我要埋着头，郑重地干着我所应当干的事业。……

就在这埋头的时候，我仍旧是找不到丝毫的安慰的。于是，我便由传统的旧诗，旧文，旧小说，鸳鸯蝴蝶派的东西，一直读到文学研究会，创造社，太阳社，以及新近由世界各国翻译过来的文学作品……

那仅仅只是短短的三四年功夫，便使我对于文学发生了非常浓厚的兴趣。

一方面呢，我是欲找寻着安慰；我不惜用心用意地去读，用心用意地去想，去理会！我象要从这里面找出一些什么东西出来，这东西，是要能够弥补我的过去的破碎的灵魂的，一方面呢，那是郁积在我的心中的千万层，千万层隐痛的因子，象爆裂了的火山似的，紧紧地把我的破碎的心灵压迫着，包围着，燃烧着，使我半些儿都透不过气来……

于是，我没有办法，一边读，一边勉强地提起笔来也学着想写一点东西。这东西，我深深地知道，是不能算为艺术品的，因为，我既毫无文学的修养，又不知道运用艺术的手法。我只是老老实实地想把我的浑身的创痛，和所见到的人类的不平，逐一地描画出来；想把我内心中的郁积统统发泄得干干净净……

我所发表的几个短篇小说和一些散文，便都是这样，没有技巧，没有修辞，没有合拍的艺术的手法，只不过是一些客观的，现实社会中不平的事实堆积而已。然而，我毕竟是忍不住的了！因为我的对于客观现实的愤怒的火焰，已经快要把我的整个的灵魂燃烧殆毙了！

现在呢，我一方面还是要尽量地学习，尽量地读，尽量地听信我的朋友和前辈作家们的指导与批评。一方面呢，我还要更细心地，更进一步地，去刻划着这不平的人世，刻划着我自家的遍体的创痕！……一直到，一直到人类永远没有了不平！我自家内心的郁积，也统统愤发〔发泄〕得干干净净了之后……

这样，我便与文学发生了异常密切的关系。

一九三六年四月二十日夜深改正。

（原刊生活书店1934年版《我与文学》）

我为什么不多写

叶　紫

两个多月来，我没有写成功一个字。

很多爱我的和关心我的朋友，常常写信或者跑来当面对我说：

“老叶，你为什么不多写一点呢？你看，你这样穷——负担着一家人六口的生活，而常常挨饿……况且，你又并不是完全没有生活经验的人……实在的，你为什么不多多地写一点呢？……老叶，实在的呀！……”

女人和母亲更是时时刻刻附到我的耳边，说：

“写呀！你为什么又不写了呢？……你的脑子在想什么东西呀！……明天早晨又没有米了，孩子的帽子也破了，妈妈敬菩萨的香烛钱也没有了，你究竟在想什么东西呢？来！让我替你把孩子带出去，你一个人安安心心地写吧！写吧！……《时事新报》你可以去一篇的——那我知道——而且，还有申报馆，××杂志，××月刊，××，××××……你不是说在月内通通要写一篇去的吗？”——的确的，自己也知道，假如我不多多地写，生活也许马上会把我们一家老幼都赶到马路上去睡弄堂，讨铜板的。然而，我应该写些什么东西呀！

常常地，我一提起笔来，摊开朋友们索稿子的来信，想起每个编辑先生来嘱咐的那些话，我的脑子也便会莫明其妙地混乱起来，不知道应该写些什么东西才好了。

“你是写小说的人啦，你给我一篇小说吧。”我的第一个朋友说。“不过，你应该注意呀，小说的内容千万不要写得太那个，那个了……

朋友，只要讲得好呀！……喜欢看爱情小说的人才多呢。朋友……”

接着，第二个又说：

“老叶，赶快替我写一篇农村小说。我知道，农村的情形你非常熟习的……赶快啦，老叶！今天十三了，十五号还来得及！十五号，是的。老叶，你还要注意呀，最多不能超过三千字，三千字，老叶，最多三千啊！……”

此外，又还有限定我写游记，军队生活，妇女生活，或者和学生生活有关之类的小说。而且，大都不能超过三千或一千五百字，内容更不能“那个”。有的甚至于还选出一篇论文来，叫我就照那内容替他配上一篇小说，表示他所论的完全是真的，现实的材料，有小说为证。

这样，我便被陷入了那深沉混乱的苦痛之中，终于不知道应该写什么东西才好了。然而，为了生活，我又不得不写。女人督促着，朋友催逼着。虽明明知道自己是一条瘦弱的公牛，榨不出奶，但也不能不拚命地榨一榨。

而榨的结果呢？——两三个月我几乎一字无成。写了一篇恋爱的，自己看看，要不得；给朋友看看：“唉，你为什么写这样的东西呢？唉唉！简直不成呀！你难道连起码的恋爱常识都没有吗？唉唉……”于是毁了它，重新来写一篇关于农村的小说。先想好一个题材，下笔了！但是，又不成，刚刚开一个头就有了六七千字，再写下去，便非三四万字不能完篇。“谁要呢？”朋友说，“这样长的东西，除非你自家去出单行本。”然而，为了生活，我又不能不听朋友的话，暂时将长的搁起，再来想一个其他的短东西。可是，心情已经不能再象从前那样安静了，渐渐冒出了火花来。“为什么呢？我为什么不能按照自己的意志和心情写作呢？为什么要拚命地来想这‘鸡零狗碎’的东西呢？啊啊，为什么呢？……生活呀！该诅咒的生活呀！”于是，又忍痛地将自家暴躁的心情抑止，再想一篇关于军队生活的小说。想好了，写呀，写得神昏颠倒，日夜不停。结果好了，没有过火，也没有斗争。高高兴兴地拿给编辑先生去看。“嗯！”编辑先生咽了一口气，皱着眉头地说：“你怎么写得这样‘那个’呢？……你不可以将他们的生活写得好一点吗？嗯嗯！这样的东西我怎么能发表呢？嗯，老叶，我怎么能发表呢？……”当然，到这时无论如何我的心火也按捺不住了，但又不好当着编辑先生发脾气，只好唯唯连声地退了出来，一口气跑到家里——将原稿子向火炉中一摔！并且还大声地骂着女人，骂着孩子！骂他们不该累赘我的生活，不该逼着向我要吃饭，逼着我写这样不成器的东西！……结果，女人哭了，孩子哭了。母亲愤怒地摸起拐杖来要敲破我的脑壳！而早饭米仍旧不能不设法到外面去弄回来……后来，我又试写了一回妇女生活和学生生活之类的小说，但我自己知道：统统不成功。也就不想再送去给朋友和编辑先生们看了。因为我在写的时候，除了用手拿着钢笔在原稿纸上一笔一笔地移动以外，脑子早已不知道飞到什么地方去了。

朋友们大抵以为我过去的生活经验应该丰富得了不得，不肯努力地多写出东西来，挨饿，那是活该的。而并不知道我的创作的艰难和痛苦。何况我的生活经验还并不见得有怎样“了不得”呢？当然，我不否认我还有一部分不曾写出来的“血”和“泪”的惨痛的生命史，但那大大的东西写了出来又有谁要呢？在长长的写作的时期中，谁肯来维持我一家五六口的生活呢？“空虚啊！”我不由地叫道：“我的别样的生活是怎样地空虚啊！”然而，我要是有胡诌的本事也好——“一天能胡诌出一两千字，也足可以维持生活的！”人们对我说——偏偏我又没有这样的本事。于是，挨饿，那就真正“活该，活该”了。

“然而，你就是这样长期地‘空虚’和‘苦痛’下去吗？”朋友们一定要问的吧。但，敬爱的朋友，这你尽可以放心吧！人们只要想到了自家生存的意义的时候，是决不至于自暴自弃的啊！我虽然“空虚”和“苦痛”，但我究竟还没有失掉我青春的生命底烈火，还储藏着有一种巨大的自信力。我为什么要弄得自暴自弃起来呢！

以后呢，当然，因各方面的关系，我还应多多地写——在不违反自家的意志和不脱离艺术领域的这范围之内。可是我将不再写应时，应景，指定题材和规定长短之类的痛苦的东西。一定的，朋友！宁肯“饿肚皮”都做得。“饿肚皮”，这句话并不是表示我故意地装得“清高”，“有骨气”！而是实实在在的，我的别样生活太“空虚”了，写不出。再说明白一点：以后我将多写一些自家所欲写，所愿意写的小说，间或也写一点杂记和杂忆之类的东西。写多少，算多少。能发表呢，当然好；不能发表，就留给自家读读。至于能不能写得好，写得进步，能不能中编辑先生的意，满足朋友们和读者的欲求，那就只能看我的身体底健康和努力的程度如何了。

当然，我一定好好地锻炼自己；刻苦地，辛勤地学习；使我往后的东西能一天一天地接近艺术，并深入到大众的生活之中。

一九三五年除夕前十日在上海

（原载1936年1月20日《漫画和生活》第1卷第3期）

夜雨飘流的回忆

叶　紫

一　天心阁的小客栈里

十六年——一九二七——底冬初十月，因为父亲和姊姊的遭难，我单身从故乡流亡出来，到长沙天心阁侧面的一家小客栈中搭住了。那时我的心境底悲伤和愤慨，是很难形容得出来的。因为贪图便宜，客栈底主人便给了我一间非常阴暗的、潮霉的屋子。那屋子后面的窗门，靠着天心阁的城垣，终年不能望见一丝天空和日月。我一进去，就象埋在活的墓场中似的，一连埋了八个整天。

天老下着雨。因为不能出去，除吃饭外，我就只能整天地伴着一盏小洋油灯过日子。窗外的雨天，从古旧的城墙砖上滴下来，均匀地敲打着。狂风呼啸着，盘旋着，不时从城墙的狭巷里偷偷地爬进来，使室内更加增加了阴森，寒冷的气息。

一到夜间，我就几乎惊惧得不能成梦。我记得最厉害的是第七夜——那刚刚是我父亲死难的百日（也许还是什么其他的乡俗节气吧），通宵我都不曾合一合眼睛。我望着灯光的一跳一跳的火焰，听着隔壁的钟声，呼吸着那刺心的、阴寒的空气，心中战慄着！并且想着父亲和姊姊临难时的悲惨的情形，我不知道如何是好！……而尤其是——自己的路途呢？交岔着在我的面前的，应该走哪一条呢？……母亲呢？……其他的家中人又都漂流到什么地方去了呢？

窗外的狭巷中的风雨，趁着夜的沉静而更加疯狂起来。灯光从垂死的挣扎中摇晃着，放射着最后的一线光芒，而终于幻灭了！屋子里突然地伸手看不见自己的拳头。

我偷偷地爬起来了，摸着穿着鞋子，伤心地在黑暗中来回地走动着。一阵沙声的，战慄的夜底叫卖，夹杂于风雨声中，波传过来了。听着——那就象一种耐不住饥寒的凄苦的创痛底哀号一般。

"结~~~麻花~~~哪！……"

"油炸~~~豆~~~腐啊！……"

随后，我站着靠着床边，怀着一种哀怜的，焦灼的心情，听了一会。突然地，我的隔壁一家药店，又开始喧腾起来了！

时钟高声地敲了一下。

我不能忍耐地再躺将下来，横身将被窝蒙住着。我想，我或者已经得了病了。因为我的头痛得厉害，而且还看见屋子里有许多灿烂的金光！

隔壁的人声渐渐地由喧腾而鼎沸！钟声，风雨的呼声和夜的叫卖，都被他的喧声遮拦着。我打了一个翻身，闭上眼睛，耳朵便更加听得清楚了。

"拍！呜嗬嗬~~~呜嗬嗬~~~拍——拍"

一种突然的鞭声和畜类底悲鸣将我惊悸着！我想，人们一定是在鞭赶一头畜生工作或进牢笼吧！然而我错了，那鞭声并不只一声两声，而悲鸣也渐渐地变成锐声的号叫！

黑暗的、阴森的空气，骤然紧张了起来。人们的粗暴而凶残的叫骂和鞭挞，骡子（那时候我不知道是怎样地确定那被打的是一头骡子）的垂死的挣扎和哀号，一阵阵地，都由风声中传开去。

全客栈的人们大都惊醒了，发出一种喃喃的梦呓似的骂詈。有的已经爬起来，不安地在室中来回地走动！……

我死死地用被窝包蒙着头颅，很久很久，一直到这些声音都逐渐地消沉之后。于是，旧有的焦愁和悲愤，又都从新涌了上来。房子里——黑暗；外边——黑暗！骡子大概已经被他们鞭死了。而风雨却仍然在悲号，流眼泪！……我深深地感到：展开在我面前的艰难底前路，就恰如这黑暗的怕人的长夜一般：马上，我就要变成——甚至还不如——一个饥寒无归宿的，深宵的叫卖者，或者一头无代价的牺牲的骡子。要是自己不马上振作起来，不迅速地提起向人生搏战的巨大的勇气——从这黑暗的长夜中冲锋出去，我将会得到一个怎样的结果呢？

父亲和姊姊临难时的悲惨的情形，又从新显现出来了。从窗外的狭巷的雨声之中，透过来了一丝丝黎明的光亮。我沉痛地咬着牙关地想，并且决定：

“明天，我就要离开这里——这黑暗的阴森的长夜！并且要提起更大的勇气来，搏战地，去踏上父亲和姊姊们曾经走过的艰难底棘途，去追寻和开拓那新的光明的路道！……”

二 在 南 京

一九二八年十月八日，船泊下关，已经是晚上九点多钟了。

抱了什么苦都愿意吃，什么祸都不怕的精神，提着一个小篮子，夹在人丛中间，挤到岸沿去。

马路上刮着一阵阵的旋风，细微的雨点扑打着街灯底黄黄的光线。两旁的店面有好些都已经关门安歇了。马车夫和东洋车夫不时从黑角落里发出一种冷得发哑了的招呼声。

我缩着头，跟着一大伙进城的东洋车和马车的背后，紧紧地奔跑着，因为我不识路，而且还听说过了十点钟就要关城门。我的鞋子很滑，跑起来常常使我失掉重心，而几乎跌倒。雨滴落到颈窝里，和汗珠溶成一道，一直流到脊梁，我喘着气，并且全身都忍耐着一种湿热的煎熬。

“站住！……到哪里去的？”

前面的马车和东洋车都在城门前停住了。斜地里闪出一排肩着长枪的巡兵，对他们吆喝着。并且有一个走近来，用手电筒照一照我的篮子，问。

我慌着说：“由湖南来，到城里去找同乡的。身边只有这只篮子……”

马车和东洋车都通行了。我却足足地被他们盘问了十多分钟才放进去。

穿过黑暗的城门孔道，便是一条倾斜的马路。风刮得更加狂大起来，雨点已经湿透到我的胸襟上来了。因为初次到这里而且又无目的的原故，我不能不在马路中间停一停，希图找寻一个可能暂时安歇的地方。篮子里只有十四个铜元了。我朝四围打望着：已经没有行人和开着的店面。路灯弯弯地没入在一团黑魆魆的树丛中。

我不禁低低地感叹着。

后面偶尔飞来一两乘汽车，溅得我满身泥秽。我只能随着灯光和大路，弯曲地，蹒跚地走着。渐渐地冷静得连路旁都看不见人家了。每一个转弯的阴暗的角落，都站着有肩枪的哨兵，他们将身子完全包藏在雨衣里，有几处哨兵是将我叫住了，盘问一通才放我走的。我从他们的口里得知了到热闹的街道，还有很多很多路。并且将马上宣布戒严，不能再让行人过了。

就在一个写着“三牌楼”的横牌的路口上，我被他们停止了前进和后退。马路的两旁都是浓密的竹林，被狂风和大雨扑打得嗡嗡地响。我的脚步一停顿，身子便冷到战慄起来！

“我怎么样呢？停在这里吗？朋友？……”我朝那个停止我前进的，包藏在雨衣里面的哨兵回问着。那哨兵朝背后的竹林中用一支手电筒指了一下。

“那中间……”他沙声地，好象并不是对着我似地说。“有一个茅棚子，你可以去歇一歇的。一到天明——当然，你便好走动了……”

我顺着他的电光，不安地，惶惧地钻进林子中间去，不十余步，便真有一个停放着几副棺材的茅棚子。路灯从竹林的空隙中，斜透过雨丝来，微微地闪映着，使我还能胆壮地分辨得出棺材的位置和棚子的大小。

我走进去，从中就升起了一阵腐败的泥泞的气味。棚子已经有好几处破漏了。我靠在一口漆黑的棺木的旁边，战慄地解开我的湿淋淋的衣服。不知道怎样的，每当我害怕和饥寒到了极度的时候，心中倒反而泰然起来了。我从容地从篮子里取出一件还不曾浸湿的小棉衣来，将上身的短的湿衣更换着。

路灯从竹林和雨丝中间映出来层层的影幻。我将头微微靠到棺材上。思想——一阵阵的伤心的思想，就好象一团生角的，多毛的东西似的，不住地只在我的心潮中翻来覆去：

“故乡！……黑暗的天空……风和雨……父亲和姊姊的深沉底的仇恨！……自家的苦难的，光明的前路！……哨兵，手电，……棺材和那怕人的，不知名姓的尸身！……”

这一夜——苦难的伤心的一夜，我就从不曾微微地合一合眼睛，一直到竹林的背后，透过了一线漠淡的黎明底光亮来时。

（《天心阁的小客栈里》原载1935年12月29日《时事新报》副刊《青光》;《在南京》原以《飘流之夜》为题，发表于1936年1月8日《时事新报》副刊《青光》）

我们需要小品文和漫画

叶　紫

我们需要小品文和漫画，在这年头，我们比旁的艺术作品还需要得厉害。

小品文和漫画差不多是天天和我们见面的。当我们每天打开报章，打开其他一切杂志，大半都占有小品文和漫画的最多篇幅。我们在工作和劳动的稀少的余暇，读不到长篇大著的世界和国内的文学作品，我们就只能拿小品文和漫画来应急。

小品文能兴奋我们的精神，能加强我们对于黑暗的现实的认识，能把我们从悲哀和沉默中激发出来，指示出我们的宽庄的大道。它是“匕首”，是“投枪”，它是文学作家们短兵接战时的唯一的武器。漫画更能使我们增加艺术的兴趣，更能使我们具体的看到人生。它能补小品文的不足，能从另一形式〔势〕描绘出一切文学作品所不能达到的深微点。它和小品文有着不可分离的关系。它也应该是“匕首”，是“投枪”，是画家们短兵接战时的唯一的武器。

是的，我们需要小品文和漫画，在这年头，我们比旁的艺术作品还需要得厉害。

然而，我们需要的是上述的这种小品文和漫画。而不是“×月诸家之随笔”，而不是“王先生”与“眼睛吃的冰淇淋”。

一九三五年二月二十八日

（原载1935年3月上海书店印行《太白》一卷纪念特辑《小品文和漫画》）

作家的感想·意见·回忆（之八）

叶　紫

四年前的“一二八”，我正在××公安局当警察，因为用不到我们上前线去，便只好日夜不停地在后方做维持治安的工作——捉汉奸！

那时候只有捉汉奸和杀汉奸是最快人心的事。我记得，我们每次捉到一个或者两三个专门掼炸弹的汉奸去枪毙时，我们的后面总要跟上成千成万的群众，大声地喊打，喊杀！拍掌，欢呼！……有的甚至于还亲自拿着小刀子，到枪毙后的汉奸的尸身上去戳，去割，去挖他们的心肝！……

三年前的“一二八”，我虽没有当警察了，但心还是热的。因为要大家长期抵抗，于是汉奸也跟着减轻了罪：游街，戴高帽子，站木笼示众！……我虽然没有亲自动手去捉，但究竟还能认识他们是汉奸。群众们也还是一样地拍手，欢呼！喊打，喊杀……但已经看不到枪毙，割肉和挖心肝了。

两年前的“一二八”，我提笔走上文艺界，心似乎也很平淡了。但究竟还有一些“爱国青年”们组织什么除奸团，跪哭队之类的东西专门和汉奸们作对，开玩笑，使他们常常要受点儿惊吓，吃点儿麻烦……奸商们甚至还要花几文钱去登一登报：“鄙人并非汉奸，诸君不要误会！爱国岂敢后人，自有良心为证！”……

一年前的“一二八”，我的心不知怎样的，渐渐地由平淡而变为冷静了。这时汉奸们已由无罪而变为有功。作官的作官，享福的享福！“汉奸”这名词，根本就不存在了。如果你要说他一声“汉奸”，那么你就是汉奸的汉奸——

今年的“一二八”呢？我的心也就由冷静而变得更冷，冷成了冰凉了——不错，这正是奴隶的心！

（原载1936年1月28日《时事新报》副刊《每周文学》第19期“一二八”纪念特辑）

我们的唁词

叶　紫

高尔基是我受影响最大，得益最多，而且最敬爱的一个作家。

当从报纸上得到他的病讯的时候，我正应一个朋友的邀约，准备到杭州去作一个短时间的旅行，为了挂念这病着的大作家，我带了两本最心爱的他底著作：一本是《短篇创作选集》，一本是《草原故事》。因为从这两本书里，我可以看到这个作家底伟大的灵魂，也可以学到一些“怎样去生活”的方法，当然，他底伟大还不仅仅是这两本书，我爱他的也不仅仅是这三数篇作品。然而我所得到的关于这两本书的益处，也就不少了。

虽然在旅行中，我是每天都在挂念着他底消息。我看到他体热降低，我觉得欢喜，看到他体热增高，我觉得忧虑，而且也更能从那两本书里看出他的伟大处来。

他的死讯，是我重回上海的第二天才得到的，我的心里当时觉得一下子沉下去了！我不能找出一句适当的话来形容我底心中的悲哀和纪念他底人格的伟大！

他的死，不但是苏联的损失，而且是全世界文学青年的损失。因为我们将再得不到他底新的指示，再看不到他底新的伟大的作品了。

纪念他和哀痛他，只能由他遗留下来的作品里去找寻我们“怎样去生活”的路。

这“路”是非常的长的，黑暗而且艰难的，他的作品将永远象一盏明灯那样的照耀我们前进！

（原载1936年7月10日《文学界》第1卷第2号）

“国防文学”的随感二则

叶　紫

一　你为什么不多写些“国防”的作品

有几位朋友，不只一次对我说：

“你是赞成‘国防文学’的吗？”

“赞成的呀！”我说。

“那么，你为什么不多写些关于‘国防’的作品呢？”

“你是说我写关于‘国防’的东西写得太少吗？”我真心地问。

“不是的！我是说——而且从来也没有看见你写过这一类的作品呀！……譬如：东北义勇军底抗日血战，华北汉奸混入底蠢动，走私以及……

“啊——”我打断他的话头，说：“那么你的意思是以为只有这一类的作品才能算‘国防文学’吗？假如他一向没有这一类的生活经验呢……假如他只能多方面地描写和反映一点帝国主义的经济和文化底侵略呢？……当然啰！”我加重着说，“我们并不否认写义勇军和汉奸浪人之类的作品为‘国防文学’底第一义！……”

“那么，这样——你就只能算一个无作品的或冒牌的‘国防文学家’了喽！……”

他笑着说，并且把一顶预先制就的“国防文学家”的高帽子给我戴上了。他将“国防文学”了解成为一种“派别”或永久的“主义”

之类的名词，而忘记了这不过是一种现阶段中底“文学运动”。而且将作品的圈子给你划得那么狭小。

这是一位好教师。他不但教你立刻去制造连你看都没看见过的“大炮”“飞机”和“毒瓦斯”，而且还嘲笑和否认了你目前所熟用的“匕首”“投枪”“大刀”和“九响棒棒”（注：一种老式的步枪名字）之类底功用。

然而，从此我们却可以看到一般人对于“大炮”和“飞机”似的“国防”作品，是怎样的在热烈地希望着。

二　找不到“国防”的材料

有一位在长沙的报纸上编副刊的朋友，写一封信来，说：“……我很赞成‘国防文学’，我也很愿意提倡‘国防文学’。可是，我们这里的环境不好，因为我们这里的人民群众是看不到‘国防’，而且看不到帝国主义者底直接的侵略的。很多人民还不晓得东北四省在地图上的什么地方呢。……稍为认识几个字的人，都被压迫、威胁得只能说‘提携’‘亲善’了，你叫我怎样去找寻‘国防’的材料呢？没有材料，又叫我怎样去‘提倡’呢？……”

我回他的信说：

“那么，我的亲爱的朋友，除东北四省以外，在长沙就看不到日本以及任何帝国主义者底直接侵略了吗？——经济的，文化的和武力的。——长沙会成为一个例外的——跳得出帝国主义者及其走狗汉奸们的侵略和高压底铁手的——乐土吗？……人民大众为什么会不晓得东北四省在什么地方的呢？……教科书以及图书报章上为什么会忽然失掉东北四省和‘国耻’底字眼的呢？……你们的日常用品上所刻的招牌，记号，为什么会只有Made in……什么什么的呢？……湘江上为什么会有那样多的外国兵舰的呢？……亲爱的朋友，你还能嫌你那里的‘国防’材料不丰富吗？只要你愿意做，随手一抓就是的呀！……”

这也是一位好教师，他就用他这样的理论天天教他的副刊读者群众。他以为只有在东北四省才配，才有材料写“国防”作品，只有等待长沙的“环境好了”——人民大众通统亲眼看到帝国主义者占领了长沙之后，才配提倡“国防文学”。他没有看见“仁丹”的广告已经贴遍了每一个穷乡僻壤，没有看见无“耻”的教科书底毒箭，已经深深地刺进了每一个天真的幼稚的灵魂。

然而，从此我们也更可以看到内地的帝国主义者底势力，及其走狗汉奸们是怎样在倾全力地执行“愚民”工作，“粉饰太平”和压制“国防”底言论。

（原载1936年8月10日《文学界》第1卷第3号）

痛苦的感想

叶　紫

自一九三一年以后，每年到这个时候，我总得给逼着写一篇这样的文章。这在我，——不，应该说着全中国不愿意做汉奸和亡国奴的人，——实在是一桩最大的苦痛！我们为什么要写这样的文章的呢？在我们的历史上，为什么会有“九·一八”和“一·二八”这一类的字眼的呢？……我们要到什么时候才能把这些字眼抹去，才能不写这样的文章呢？……

过去了“五三”，“五九”，“五卅”，又新添了“九·一八”，“一·二八”！……而且这些日子还仍旧不住地在一个一个地加上去。这是谁的罪过呢？……等到我们的那唯一的“好政府”，“长期抗战”到中国的“勘察加”去了时，恐怕在我们的历本上，将无法再找出一个没有“国耻”的日子了吧！

那么，在日前，——在我们的“好政府”还没有到“勘察加”之前，我们这些小百姓们还应当怎样呢？是准备着将来躲到“勘察加”天天去写“纪念”呢，还是愿意马上就用自己的力和血去将这些字眼揩掉呢？……

事情是非常明白地摆在我们的面前了，只要是不愿意当汉奸和亡国奴的每一个中国人，都必须而且也应该赶快去选择摆在他面前的这两条路吧！……

（原载1936年9月5日《文学大众》第1卷第1期）

回到乡村（作家通信）

叶 紫

××：

几个月不和外面的朋友通信了。病苦着我，生活苦着我。在长沙疗养院睡了整整五个月，因为疗养费的无着落，和女人孩子的要吃饭，使我时刻不能安心治疗，以致毫无结果。五个月——不好也不坏，宝贵的金钱和光阴是完全虚掷了。这才使我感到贵族式的疗养对我是只有痛苦而无补益的。我又回到乡下来了。在乡下虽然完全脱离医生，但我自己也会知道如何疗养，最主要的是我每月省下了二三十元的病院费。在乡下，二十元可以维持五六个人一个月的生活。

我需要和外面的朋友通信，我时刻关心着外面的朋友。

我虽然病在床上，但我仍然不愿意而且也不能放弃我的工作。五六个月来，我一个字不写，病并未进步。以后，我想还是写一点的好。在乡下，材料会和前线一样的多。前线的工作重要，乡下的工作也同样重要。我是时常在病的可能范围做着我的工作的。主要的是推行兵役和反封建势力。你们不会知道，近年来湖南乡村中的封建迷信到了如何的程度，居然有自称神仙的人到乡下来卖避刀枪炸弹的符水，招募神兵，散布着不可思议的谣言，而乡镇长们还和他们勾结着。我曾揭破过四五个这样的阴谋，救了许多要去当神兵的青年农民。这些东西在农村中简直是毒虫，汉奸，我真怀疑这些东西是有系统和组织的呢。

我只要可能，一定将这些情形（还有许多奇怪的和可歌可泣的事），写出报告文学或小说来。但病苦着我，常常使我不能提笔。

我是看了汉口《新华日报》上的关于全国文艺家协会的新闻，才知道你们还在汉口的。其他的许多朋友，我都时刻的系念着呢。

弟 紫

（原载1938年5月20日《战地》第1卷第5期“病榻上的战士”栏）

致张天翼信二封

叶　紫

一

老天：

将近一年不通信了。你的情况我知道得很详细，我的情形，怕你未必知道吧。

病，——这个讨厌的侵略者，总是不断地向我进攻，我呢，也紧抱着“抗战建国”的方案，“自力更生”，“长期抗战”，“誓不屈服”。经过几十个月的苦斗，现在已经到了敌人无力攻击的相持局面了。至于完全战败侵略者，还非一朝一夕之功呢。

这样，对于我，最好了，阿Q哥说：人生于世，大抵都要生肺病的。我正可以藉此不急不缓，慢慢来开始整理长篇小说。我现在算是深入在农村中了，和农民一同起居，一同呼吸。材料象自来水似的永远用不完，而且是那样的丰富。又没有人催稿，又清静，条件真是好极了。

所剩下的，就是生活不能解决了。一个月中，我曾断粮三次，几乎饿坏。从令侄女口中，我知道你非常穷，穷斯滥矣！但我还是要向你要三块钱，或者两块钱，要不然就是一块钱吧。赶快寄来。你知道，即算是一块钱，在乡下多大的用处啊！

还有什么有钱的朋友，或者文化同人，代替我敲敲竹杠，不论多少，一同寄来吧。

赶快回信“急急如律令!”

行一个

抗日敬礼!

叶紫　二月八日

做诗一首，“大有才子气”，不胜“见月伤心，闻鸡生气”之至!诗云：早晨摸米看空桶，中午寻柴想劫灰，讨厌偏逢天大雨，不能山后探新梅。

《观察日报·观察台》编者按：这封信发表有两个意义。第一，可作为文坛消息，使读者知道这位作家的生活。第二，我们想在朋友中间推行募捐，接济叶紫先生，无论生熟朋友，如有捐款，请交本报《观察台》代收。

（原载1939年2月22日《观察日报》副刊《观察台》）

二

老天：

……告诉你，我已经搬了家，搬到一所很可爱的小屋子里，这地位在两条小河的三叉口上，靠近古渡头堤边，不但风景佳绝，空气新鲜，宜于养病，并且交通便利，消息灵通，简直是一块仙境啊！你没有看见呢，我一搬过来，病就好了一大半。春天了，眼前的一片青翠，黄黄的菜花，红白的桃李，对岸的小市镇，就象镜子里画的画似的!横挂在我的面前，左边还有一座古色古香大石桥。老天，你见了真会爱死！假如你也是一个病人的话。你相信吗？这三叉河口上的天空，都象特别和我有交情，无论晴或雨，那些云彩，那日月和星辰，都象时刻在变把戏给我看，给我开心似的。我不相信果戈里在《狄亢迦近郊的夜晚里》所描写的那样美丽的乌克兰的天空，有我这里的这样美好，因为那只是描写出来的小说，而我这里的是真实的活东西!

此外，那一天到晚从堤坡和渡口上过往的农人们，也能够使我象看走马灯似的愉快。我搬过来的那天，便象隐士（！）似的，在门前贴了一首对联云：

“住虽只三尺地，且喜安心，小堂屋中，任我横冲直闯；

睡足了五更天，若嫌无事，大堤坡上，看他高去低来。”

说起旧诗词对子来，我近来是大开倒车了。敌人的最前线，离我们这里只有一百多里路，早发夕至，时刻有沦陷的危险。论理，我们这里抗敌工作和民众运动，应该做得轰轰烈烈了（不轰轰烈烈的原因当然多得很），不过，为一般民众的领导的智识分子……应该关心一下自身和家国的灭亡吧！但伤心得很，这里的几十位小学教师和冬烘先生们，大半都象进了墓坟的“活骸”似的，不但不愿意参加抗战工作，不关心时局，甚至连起码的求知欲望都没有，他们可是终年不看书，不看报纸，只侧着耳朵听人家说敌人来没有来？如果敌人离他们还有一里路，他们还有一餐晚饭吃，便低着头去弄他们的挽联对子，吟他们的平平仄仄去了。无论你如何警醒他，刺激他，他是没有听。因为他们大都跟新文化无缘，他们是“先王之道，不可废也。”他们看不起做白话文的人，有的甚至看不懂语体文章。这样，你要想提着他们的头发，把他们从坟墓中拔出来做一点点与政府和抗敌有利的工作，就非取得他们中间的地位和信仰不可。这样，我就不得不大开倒车，从这些古董平平仄仄去着手。几个月来，居然也有些成绩，做得不少了。将来如果收成集子，就叫做《倒车集》，与老兄的《牛奶之路》，定可并驾齐驱，永垂千古而不朽了。如以为我是吹牛的，不妨抄两首你看。

（一）赠古渡头老渡夫

经年风雪鬓毛灰，放荡江湖一酒杯；

苦煞夜寒更漏永，隔河人把渡船催。

（二）戏题某待嫁闺女插镜绣猫

不花不树堆红绿，亦虎亦猫背黑灰，

人世姻缘天上景，滑稽都到镜中来。

（三）咏兰的父母前年都死了，去年突然又跑出一个母亲来，据说这是生母。生母今年也死了，照理说咏兰和我应叫母亲、岳母。但碍着养母家的关系，只能叫伯母和岳母，这真是有点虚伪而滑稽的事，因为这老太太待我极好，殷勤地安慰我的病，不断地接济我们的生活，死后大家便劝我们写点东西怜悼她，因作一挽联云：

“三千里避难归来，苦疾病缠绵，待我犹如亲子婿；

廿六年离怀迳去，叹运途乖舛，哭娘常念旧娇儿。”

联末是落的我和咏兰两个人的名字。老天，当你看了“叹运途乖舛”这一令人作呕的“宿命论”的滥调，一定会摇头哼鼻，大骂“老叶混账”不止罢，但在这里却被我们的教师和冬烘先生们捧得了不得哩！其实，“狗口里长不出象牙来”，在这样的破酒瓶和恶环境里，怎能够装新酒进去呢？

好了！倒车只开到这里停止了，还要说我们的正经事哩！

请你告诉敏纳滨荪两兄，他们寄来的十元钱，昨天收到了，据说这是定钱，救我的穷的。要我不客气，每月至少给他们两篇文章，这可叫我有点为难了。老天，你知道的，如果这十元是无条件接济我的，我倒可以放心用。一说是定钱，我就冷了半截。因为我的身体还没有收“定钱”的资格，怕不能如期交货也。我虽然每天都写作，但是有限制的。我以前曾说过，（照梁实秋大参政员所看不起的“抗战八股”的“公式”套来），我的病是“持久战”，是“最后胜利”论者，只宜于不急不缓的长篇大作，决不宜于“定期交货”的短篇。因为我不能“速战速决”，不能“孤注一掷”，也就是说，不写短篇和散文笔记之类的东西，夜晚七时半至八时，记日记，余时是散步、会客和休息。既不吃力，又做了事，养了病，一举而三得焉。六个月后，如果身体进步，打算再加点工作时间。

欧罗二兄叫我四月十日以前交一稿，算起来，是一定来不及了，因为今天三月廿九日了，我写短篇的时间太少。桌上已准备了一篇万余字的长篇小说材料《第七次入营》，近天才开始写，但什么时候写得起，还不能预定。我相信第二期也来不及了。第三期或第四期比较靠得住一点。再短的千把两千字，第二、三期或者来一两篇，但也决不能预告上去。因病这东西活象日本鬼，它若再向我猛攻一下，我便只能“保存实力”，退后休息几天。等它停止进攻了，再来打一下“游击”。一方面还要“养精蓄锐，准备反攻”。

此外，我还要请你设法替我向朋友们募捐一个表，旧的，贱价的都可以，只要灵准。由邮局用小包裹或当样品挂号寄来。我原有的一架闹钟，已经“年老力衰”了，常常怠工，即使一天鼓励它七八次，它也不愿多走一步。我工作和散步，常常要跑到四分之一里路以外的福音堂去看钟，这对我的病和工作是太不便了。

关于接济的话，也希望源源而来，上面说过，养肺病和写百万字的长篇，都是持久的、艰苦的战斗，不争取“外援”，没有犀利的“军火接济”，是绝对不能获得“最后胜利”的。也就是说：多有几斗米，不至“早晨”“看空桶”，我的斗争和工作的勇气，就要大得多。……

一九三九年三月二十九日

（原载1939年4月《力报半月刊》创刊号“作家通信”栏）

致郈达芳信四封

一

××先生：

朋友，（让我也是这样回叫您吧！）您对我的鼓励是太大了啊！我近来得到好几个未见过面的朋友的书面慰藉，和物资援助，使我那天天被肺菌和穷困所啃蚀着的心又活跃起来，温暖起来了！不但体力日趋健康，而且大大增加了工作和斗争的勇气！

朋友，您劝我“为了将来做更多的工作，目前，应该好好地休养”一下，并把您自己和肺病奋斗九年的经验告我，拿现世纪已死和未死的伟大人物：鲁迅、高尔基和史太林来鼓励我，叫我安心。又肯定说“最后胜利”一定是我的。这真是太爱护我了。但，亲爱的朋友！假如我们是生在前世纪或本世纪的后半页，患了这讨厌的病，又这样相当沉重的话，或者可能得到一个较优的环境，来“好好地休养”一下吧。但不幸的是我们恰生在这动乱的时代！当着国家和民族的生死关头，炮火血肉，连天遍地，只要病菌还未将我们啃到失去知觉，想象一个隐士似的躲藏起来，不闻不问，不但不可能，在目前的中国，恐怕也找不出一块这样的“世外桃源”吧。事实上，我们这里朝晚都有沦陷的危机，即使只想“苟安”几天，怕也不可能了，那里还谈得到“休养”呢？不过，亲爱的朋友，请您放心吧，我虽然在开始做一些工作，但也决不是“拚命”而是以病势为转移的，有计划的“持久战”。我们当然不是"孤注一掷"主义者，在我们这世纪中，还有不少带病做过伟大工作的前辈：除上述三人之外，如瞿秋白先生，如《钢铁是怎样炼成的》的作者奥斯特洛夫斯基先生……在工作上，他们都是胜利者呀！前者的肺病早到了第三期，而后者还瞎了眼睛，成了残废；而他们所完成的伟业，却都留下了永不磨灭的光辉。何况我们还没有病到他们那样的程度呢？日本的小西井不木博士说："肺病人应安于自己的环境，应该有迎苦和吃苦的决心，应该在工作中寻求乐趣。"是至理名言啊！

亲爱的朋友，我诚挚地感谢您的温情和慰藉，我也坚决相信"最后胜利"是您的和我的。我们虽不敢说在事业上做出来那么了不得的成绩，但至少也不致于白白地懦弱地任肺菌和敌人来摆布吧！那么好，朋友，我们各自努力呀！

临了，我希望您能更进一步地经常和我通讯，互相安慰，互相鼓励。健康在等着我们，未来的世界在等着我们呀！

匆复，祝您

保重，并致

抗日敬礼！

叶　紫　四月三日

（原载1939年4月19日《救亡日报》）

二

达芳先生：

信，四元钱，《救亡日报》副刊，均于昨日午后收到。今天恰巧是五一节，给您写回信。我觉得在我们的友谊上，是一件值得纪念的事。当然，对于那几位不知名的青年朋友，也是一样的。不过，我不会，也不能说什么"谢谢"一类的话，因为那在我们中间是用不着的啊。

我的身体近来似乎有点进步，经过几十个月苦斗的结果，得到了不少疗养的经验，您所告诉我的"忍耐"和"达观"，也正是我的经验之一，也就是中国的传统“精神胜利”法，如同我给天翼那封信里所说的，肺病人要有百分之百的阿Q精神，否则，你不能得“最后胜利”的！我也有一句话要赠给您，朋友，请您牢记着吧！那就是“肺病人自己不寻死，是绝对不会死的！”

我希望我们能有经常的通讯关系。至少我们应收一信，复一信，才不致中断。说起“文学修养”来，我真是可怜得很，但不是我个人，就是全中国的青年文学者的修养，大半都是很可怜的。尤其是在血和铁相搏斗的现阶段。不过，我们大都是不甘落后的，虽然是牛步法，总还是一天一天地进步，并且也还不太慢。当然，比起外国作家来（尤其是比起十九世纪的诸大作家来），当然是差得太远了。这是指艺术的修养而言。我们太少接触伟大遗产的机会了。这一问题，在现阶段，也是没有办法的，不过，亲爱的朋友！我希望您能提一些问题来互相讨论，每次通讯，提一个问题讨论。我更希望能多有几位如您所说的青年朋友参加。我如身体不发生别的意外毛病，一定能参加的。您的大作诗一首，我也读了。不过我对诗是门外汉，假里手。您这首诗，我也有一点意见，我们下次写信再谈吧，我欢喜这样的诗，但我自己却不能做！

此地前些日子，炮声震耳欲聋，终天不停，我已准备沦陷后的一切步骤。但终于没有沦陷，也许永不会沦陷了。不过，即使沦陷，我也决不走，因为我不怕。而事实上，无钱，生病，也走不动也。

写得很多了。匆复，即祝

努力，保重！并致

民族解放敬礼！

叶　紫

一九三九、五一节下午五时

又：关于我的生活状况，《力报半月刊》创刊号曾载有我一篇《××通讯》，颇为详细。大概说起来：我每天工作三小时，上午七时半至九时，搜集整理大长篇（一百万字）材料。长篇名《太阳从西边出来》。下午三时至四时写短篇或书信。晚间七时半至八时，日记。余时是散步，睡。

生活，最近一个月内，绝无问题，以后，我也可以写点短东西卖钱，再加以朋友的接济，当不致再有大困难吧。不过，要以抗战胜利展开，此地不沦陷为最好。

叶　紫　五月二日晨

（原载1939年5月13日《救亡日报》）

三

我觉得诗第一应该流利、顺口、通俗、唱得出、听得懂。所以我主张最好是有一点音韵。当然，不是机械地奴隶于押韵。有好句子，不要韵也可以。第二，我不主张颠倒字句，尤其不主张造出一些只有自己懂的句子和形式，也就是上面说的通俗化——使人“听得懂”。通俗并不就是“骂娘”，通俗的歌谣中，也有非常美丽的，非常艺术的句子。这正和一般误解“艺术”就要“欧化”，“粗暴”就是“国产”一样。其实，真正的“国产”艺术价值并不亚于“欧化”。不信，请看鲁迅先生的《呐喊》和《彷徨》，其中就没有半句“欧化”的句子，而却是伟大的艺术。当然，这两本书虽然可以说是“空前”，但也决不是“绝后”之作。也就是说，我们一定还有更伟大的“国产艺术”，不过还没有被发掘出来，只要我们肯努力、肯吃苦，掘发了出来完全中国风味的作品，其价值，我相信也不会低于全世界的任何一国的。

（原载1939年7月10日《救亡日报》，标题为《诗，我觉得——与达芳先生书》，署名叶紫）

四

这几天是我底病的最大难关，肋膜炎发，干痛，气管也发炎，咳得日夜不宁，每日均发热到三十八度（C氏）左右。

气候凉爽，这些病却会自己好起来的，去年还厉害得多，我有经验。

我不但不怕死，而且坚信死神决不敢到头上来，要使他象日本鬼子一样，长期陷他于泥淖中，而在反攻时歼灭之，现在还不到我的反攻时候呢。

最近的生活比去年冬季还糟十倍，欠了二十元的高利贷（每元每月一角利息），被逼得要命，他们会用全世界最难堪的话来侮辱你，不是没有米就是没有油，发一封信，常常要二三处方借到五分钱，但“活人不断粮”是中国的“古话”，我还没有死者，怕也是这话的力量，好笑得很。

来个信吧，不要为我的事情放在心上，即使都办不到亦毫无关系，但多发动几个朋友写信给我吧，寂寞是我最难于忍受的，没有饭吃是苦，但没有朋友来信，却比没有饭吃还苦得多！

一九三九年八月七日

（以上断片转录自本书夏明《叶紫之死》一文中八月七日给邝君信）

致陈企霞信（断片）

叶　紫

我不能对你说什么话，我只觉得人应该有生存的乐趣，人一想到死，而尤其是“自杀”，对生的魅力，就完全丧失了。一切的痛苦和烦恼都来了。我不知道你还记不记得聂维洛夫的“我要活”，我是记得的，因为，我懂得怎样“爱人生”，而病也是这样才好起来的。而您，却那样绝望得可怕。我不能劝您，因为您是用不着劝的人。您什么都明白，您比我明白得多，而且太多了。

……

我相信，我从前的估计错了，您决不会自杀的。因为我从您的来信中，分明的看出了强有力的，不可绝灭的生命的烈焰！……

这样的人，是决不能，也决不会自杀的！

……

一个知识分子，看到自身和同样的内在的丑恶，是那样多而可怕，是常常不免要受刺激的，甚至会变成神经病患者，要不然就变成了《天蓝的生活》中的主人公。理智再强一点的，或者可能逃出这一公式的吧！……

但没有丑恶的人类，世界上是没有的。这就只看您爱不爱人生！……

残酷地批评自己，无限地宽恕别人，这才有进步。一进步，生存的意〔义〕，立刻就抬头了。于是，明确的意义便现了出来。

人——究竟是善良的。

人——是世界的枢纽。

……

一九三九年六月十五日

（转录自叶紫1939年度日记）

致友人信（断片）

叶　紫

最近，在一九二七年大革命失败时，杀掉我的父亲和姐姐以及一千个以上革命者的一个大仇人，反动的封建土劣巨魁，因为劫夺军队枪枝，企图扰乱后方的汉奸，在长沙枪毙了。情不自禁写了一篇论报复欲的杂感，寄到《力报》去了，以后这四个月内，我恐连这样的杂文都停止。

一九三九年六月二十六日

（转录自夏明：《叶紫之死》）

致刘君信（断片）❶

叶　紫

我真倒霉，肺病刚好一点，又染了这鬼病（疟疾），但没有关系，今天请人到二十里路以外买了六粒金鸡纳霜。

一九三九年九月五日

（转录自夏明：《叶紫之死》）

❶ 刘君为刘祖同。——本书编者

杂记、笔记、日记、感想、回忆

——一九三九年度日记（节录）

叶　紫

二月一日　　　　大雨

无论什么时候开始写日记，都不嫌迟。人，总是进步的。今天觉得昨天的不是，明天也许又会觉得今天的不对。这就是一本〔面〕很好的镜子——一部摄影机。她会详细地照出你自己的生命的旅程，永不漠灭。

人的心地，应该同雪一样的洁白，火一样的热情，日月一样的光明，正大。人的心地应该永无污浊。人应该没有隐私，而尤不应该有阴谋。人应该做到终身无不可告人之事。

日记原是记个人之私事，原是写给自己一个人看的，这就是永远留着自己的痕迹，给自己看。今天看昨天我是否洁白、光明。明天又可以看今天的我。假如自己的心地有了污浊，一留上去，便永远不可洗刷了。

无论什么东西，都应该记在日记里，即算是污浊吧，如果有了，就应该记上去，使自己永远抱愧，永远红脸，而有所警惕，永不再染，再犯。

如果有什么东西——就是说隐私之类——自己惧怕写在日记本里，或竟隐瞒起来，甚至于毫不抱愧，那么，这个人将永无救药。

人不能够没有“过失”。我不相信圣人没有过失的鬼话，因为我根本不相信有圣人。但人万不可有污点。“过失”可以改，“过失”不能算作罪恶，污点不但是正式的罪恶，而且永远不能够洗刷的。

明知故犯的是罪恶，是污点。不知而偶犯的，才是过失。

日记不是写给人家看的，所以不应该给人家看。假如人家偷看了你的日记，而你并不难过，无所抱愧，那才算是一个真正洁白的人。

我的日记又是读书笔记，现时杂记，未来感想，过去回忆。所以，我总称之为“材料库”，也就是随时随刻的写作的源泉。

奇怪，我坚决地相信高尔基、契訶夫的心地里没有隐私，我相信鲁迅和罗曼罗兰的一生决无不可告人之事。但我不相信托尔斯泰这老头儿的心地，表现在作品里的是太伟大了，但他在晚年还怀疑他的姨太太爱上了高尔基，并且为此而痛苦，这真是奇怪而好笑的事。

不知道怎样的，我一开始就不欢喜纪德[1]，并不是因为他写了《从苏联归来》以后。我看了他的《田园交响乐》，就是这样觉得。《田园交响乐》是美丽的东西，冷艳的东西，好是好极了。但却充满了伪善。虽然他在通本作品里，用全力攻击伪善，揭破伪善，但却不能掩饰作家自身的伪善的阴影。

几年前——在他来到苏联之前——在报上所发表的自动向左转的表白，我一看了，就觉得心窝里不舒服，觉得有些虚矫做作的。随后，他到苏联去，亲自到乡下去吻奥斯托罗夫斯基瞎子[2]的前额，而且流眼泪，那做作，我真觉得作呕。我不知道那样的大作家，为什么要这样伪善做什么。这是人类的丑恶，也就是知识分子所特有的丑恶。

在身体的健康未恢复之前，我应当严厉的限制自己，每天记载不得超过三页。不得用脑过度。

日记本应该天天记载的，但我反对机械的，每天有事无事，必定象记流水账似写上几笔，如“天气哈哈……”之类，那完〔全〕失掉了日记的本意。我主张天天记，但假如无事可记，或其它的事忙，或病，或任何什么原因，只要不是懒，都可停记。三天五天，甚至一二

---

[1] 纪德（1869-1951），法国作家。《从苏联归来》是他在20世纪30年代初期写的诽谤当时苏联现实的书，第二次世界大战期间成为法西斯分子，战后又宣传反动的世界主义思想。

[2] 奥斯托罗夫斯基：今译尼古拉·阿列克塞耶维奇·奥斯特洛夫斯基，苏联作家。他双目失明，全身瘫痪，坚持写成《钢铁是怎样炼成的》等长篇小说。纪德去看他时，他已双目失明。

月都可以。

不要为没有记日记，象负了债似的苦恼自己。高兴的时候，快乐的时候，有所记的时候马上记。不高兴的时〔候〕，决不勉强自己。

昨天一个什么人在这里说，日本人已经有一小部分，渡过了洞庭湖，不知道到底怎样。决定上街去一趟，而不天晴，真不知如何是好。

立正！行礼！今天这里停止，不许再写了。

二月二日

昨夜刮了一夜大风，天仍不晴。阴暗得很，又冷。如果不下雪，明天也许会晴吧。

要记的事情不知道有多少。特别是过去几个月中的所见所闻。思想象鳗鱼一样溜滑，很难捉得住。不要性急吧。慢慢来记就是了，一件一件，从从容容来记。要不是怕用脑过度，神经衰弱，一天写三五十页都有材料写，而且永远写不完。

去芜存菁，不是必要的事，和脑子可以装得下而不致于忘记的事，应该不记，缓记。

先写出这几个小说的腹稿的题目来吧，免得放在脑子里挤得发痛，以后再去追忆内容事实的概要好了。（一）邂逅。（二）十四个和一个。（三）自卫团。（四）寿。（五）第六次入营。（六）盐……还有很多很多，一时记不起了。以后记得一个写一个吧！不过以后记起来的，应该接着上面的数目字，从第七起，每一年中，看我有多少短篇材料可写。

大长篇的材料，过去的都被毁掉了，以后我应当慢慢地，象修行似的，一个一个字地将它修筑起来，但那东西太长太长了，决不宜放在日记本里，我应当另外再订两三本这样的本子，专作大长篇的材料库。这件事我必须赶快做，最迟在废历一月底以前，将三本材料库装好，一天一天来堆材料进去。

必须再买一张报纸，订一本顶小的，放在袋子里，以便外出应用，当速记用，只记纲要。

无论大风大雨，每天必命咏兰出去奔走生活，心中痛苦万状。今天如此冷，一早爬起来，连茶都没有喝一口，就命她走，更觉心痛。

她自己心里一定会觉得更痛苦吧，当她一个人走在路上的时候。

寂寞可以增加人的痛苦。因此每当独坐或一个人单身走路的时候，一有什么苦恼，或不如意的事，就会觉得更加苦痛得厉害，而不得开交。所以人在苦恼的时候，常常要得人安慰。人与人之间的关系，必须在寂寞时，在苦恼时，在互相安慰时，才现得亲密。一个作家在作品里所表现得最能引起读者的同情和共鸣的，也就是这些场面。痛苦、悲哀、孤独、寂寞的场面。例如高尔基的《马加尔楚达》、《因了单调的原故》、《不能死的人》，托斯朵夫斯基的《诚实的贼》，唆罗訶夫的《父亲》❶……等等。

不知道是什么人说的，人出母胎的开口第一声就是叫“苦哇！苦哇！……”其实，这是硬栽的。小孩子的哭声，虽未必是叫苦，但人一出世在这不合理的社会里，总却必须历尽千辛万苦，却是真的。因此，只要一说到生存的痛苦，悲哀，孤独，寂寞之类，就有人共鸣和同情。这就是每个人自身都有痛苦和悲哀的原故。那么，人类为什么不向不痛苦悲哀的社会走呢？

上面这几句话，又说到不可收拾的大题目上去了，何必呢？因为咏兰外出，竟扯上这样一大段，实在没有必要，而且也不是扯这样大题目的时候，带住吧。

在腐败的社会里，旧的丑恶的社会里，常常有许多畸形的怪异的现象。叫人家看去，这整个社会，象遍身都长满了恶疮似的。尤其是现在这大战中，在农村破产到不能收拾的时候，举一个例子，就拿第四个小说题目《寿》字来说吧。现在正风行一时呢。

大家都没有法子弄到钱，于是妙想天开，请客打把势，打秋风。有的收媳妇做喜酒，有的生孩子请客，有的做寿，风起云涌，各显神通，忙坏了酒席馆子。有点小声望的，拿声望卖钱，有小势力的，如乡长，便拚命地来剥削保长甲长和街坊小百姓。毫无声望的小“白相人”便互相来剥削，在亲戚族里身上来剥削，大者可落得三百两百元，少者除酒饭外，有落得三五十元的，有十余元的，甚至有三、五元的。

---

❶ 唆罗诃夫，今译肖洛霍夫，苏联作家，主要作品有长篇小说《静静的顿河》等。他的短篇小说《父亲》曾由鲁迅翻译，并编入小说集《一天的工作》中。

真是光怪陆离，令人哭笑不得。他们不知道哪里学来的这样抓别人弱点的手段。乡下人什么事都不愿出钱，饿肚子都可以，但“人情”却人人愿出，所谓关门躲账户，设法做人情。又所谓打肿脸称胖子是也。这是乡下人的唯一弱点，给人家抓住了，而并不愿意摆脱，真奇怪，无论谁一见面了，互相叹息的头一句就是：“人情搁不住啊！”

其实，话又说回来，做这样事的人，并非大富有者，也非精穷人，真正的规矩农民也无人干此（今年农民干的很多，是因为战时经济太枯竭了的原故），大多为无聊小绅士、地痞、流氓、鱼肉乡民的乡长。也有正直人出于万不得已的。真正有钱的，遇了寿期，倒反躲起来，怕来客人，送水礼，亏老本也。

今天咏兰去吃寿酒去了，我这样精穷，而且大病的人，尚且有人来发帖照顾我，也真令我哭笑不得。他们也明知我们没有钱，又怕我不去，不惜一再嘱咐我，不要我的礼金，只要去吃，就看得他起了，于是我不得不去吃，而且也不能真不拿钱。呜呼！

今天这位做寿的是写七十贱庚，据说他前年已经做过一次七十岁了，并且明后年也许又会做八十岁吧！此老又不务正，心中好笑，一个人又无聊极了，因在他的请帖背面批云：

> 帖悉。查该老既爱嫖又嗜赌，天开妙想，要把势三两番；穷极无聊，庆古稀之重度。事已再次，应不准行，情念初遭（注一），着来未入（注二），原帖发还，仰即知照。此批。
>
> （注一）情者，人情也。我和他尚系初次也。（注二）未入者，记账吃酒也。

今天又超过三页之数，该打！下次万万不可！人而无信，不知其可也。

县中陈兄来，说了许多话，又写这许多，真不该！万一身体不爽，岂不得不偿失吗？头已带点昏了，快停止。

二月三日

昨夜大月光，今天天气虽然开朗了一些，但仍旧没有出太阳，也许再过一两点钟会出来吧。总之无论如何，我决定明天上街去。

昨天嘲笑那位重庆古稀的老者，还做一首对子，和久龄[1]两人均大笑不止，对子仿张子洞[2]挽杨性农的调子做的，如下：

素嗜赌嫖成二绝，兹二绝，足千秋，况岁月悠长，人类实不堪其扰。

重宴古稀仅隔年，再隔年，便八秩，何时日短缩，阎王竟忘记勾魂。

人应该用全力攻击社会的丑恶，揭破社会的丑恶，毫不容情地将社会的一切腐烂罪恶统统暴露出来。那怕是一毛一角一点点。但人却万不可攻击人家的阴私，揭破人家阴私，而尤其是暴露人家的阴私。假如这个人的阴私和丑恶，应该被攻击和揭破，而有益于广大人类的话，那充其量也只能归咎于丑恶的社会制度。有这样丑恶的社会制度，才有这样丑恶的人生。

一句话，——人不应该有人身的攻击。退一万步讲，即使某个人有不可饶恕的大罪，也只能够用光明正大的方法去制裁他，如诉诸法律，提到会议中公判之类。而攻击个人的私德之人，其心应该是比被攻击的人还要卑劣的，污浊的。

譬如上面所写的这个做寿的老者吧，我绝不是攻击个人，所以我绝不写上他的名姓。这样的人，我相信旧的社会上多得很。因为多得很，所以才是整个旧社会的普遍的丑恶，所以才值得记上去，值得暴露和攻击——说句笑话其实是正经话，值得写小说卖钱，公开给大家看。

“人之初，性本善”，高尔基之所以伟大，一切伟大的作家之所以伟大，就是在他们能够将人类一切罪恶都归咎到社会制度。他们能用伟大的爱去爱一切人类，无分阶级卑贱。而尤其是为人所不耻的下贱

---

[1] 久龄，姓许。据叶紫亲属讲，叶紫回益阳时，许夫妇随同叶紫到益阳。许在益阳兰溪教过书，后去湖南衡阳，下落不明。

[2] 张子洞，疑是张之洞之误。张之洞，清同治进士，光绪末为军机大臣，著有《广雅堂集》。

卑微的人物，如扒手、妓女、贼……之流。反之，对于有高等教育的上流人物，却是毫无怜爱的攻击他们的罪恶，归咎他们的本身，打击他，制裁他，甚至驱逐之，杀之，亦在所不惜。因为他们是明知故犯的一切罪恶的巨魁渊薮。

好了，好了，又扯远了。带住！

我应当用一天的功夫，来检点自己过去的许多缺点，平心静气的来纠正已往的过失，象韩愈作《五箴》似的，一一记下来，作自己的座右铭，使自己永不再犯那些过去〔失〕和缺点。

应当慢慢开始来写《鲁迅先生的回忆》，一个一个小段片记起来，将来抄集拢来，便是一篇文章，既不费力伤脑，又完了一段几年来的大心事，一举两便。慢慢记，一天一天，脑子清醒，毫无烦恼的时候记。每段尾上都记上（鲁迅先生回忆）字样，以便将来抄。

第七个小说题目是《兄弟》。富有时的兄弟，穷极时的兄弟，大难时的兄弟，逃难时的兄弟，病时的兄弟，分家时的兄弟，分后的兄弟，兄弟死的时候，兄弟受外侮的时候，包括妯娌、子侄，……但不要为泮菲洛夫[1]的《旧的现实》所套住，应该有新的发现。兄弟，也可以合入大长篇中。

一早爬起来，便写满了三页。

人不要妄自菲薄自己，人应该尊重自己，但也不要把自己看做神圣得了不得的人。世界上没有超人。没有神圣，一切都是平凡的。如果说世界是不平凡的，那么好，一切也都是不凡的了。二加二等于四，没有什么希奇。

但，我承认事实，人类本性虽无善恶，脑神经的组织却有智愚之分。这是先天的，生理的。

停止！停止！脑筋不允许再用，午睡吧。

上面说过，日记不是写给别人看的，那么，所记我的东西，只要自己看得懂就是了，何必把道理往返几次，说得那样生怕看不懂似的，麻麻烦烦做什么呢？这毛病，应赶快纠正。浪费时间、纸笔、脑力。

不许在床上记写，有伤眼力，又怕着凉，立改。

---

[1] 泮菲洛夫（1896-1960），即潘菲洛夫，苏联作家，主要作品有长篇小说《磨刀石农庄》等。

糟糕，晚上又下雨，但无论如何，明天一定上街去。

关于旧道德与新道德观，关于中国人与外国人的年龄观，今天想到了，但我不许我自己写了，明天，或者以后去写吧。脑子里的东西装得太多了，常常挤得发痛。

二月四日

昨晚睡到半晚，出了月亮，今天居然大晴了，现在我睡在上街去的船上了，太阳晒在我的身上，空气是这样清新，实在太令人兴奋了。

阿久和伯容说，这是我的运气转好的先兆，我自己也只这样高兴的承认。因为昨夜还下了雨的。

今天说话太多，应该注意少说，甚至不说。

十二年不到这伤心地方来了，心中刺激得太利〔厉〕害，人又疲劳极了，决定沉默三天，再记吧！

二月七日 　　　　　　　　　　　　　**晴（十二月二十日）**

除了父亲和姐姐的血债❶和坟坟之不安以外，我别无痛心之事。我觉得最安心的是我的母亲的安息❷，件件如了她老人家的意。只要再立一块好碑，便尽了我做儿子的任务。以后无论什么时候到上海去，都可以去奠祭她老人家，只有父亲和姐姐，不但血债未能讨还，坟坟不安，就连纪念他老人家的伟大作品，亦未能动笔。

上街去，恰巧住在徐家宗祠，这十二年前他老人家被难的地方，一看见，我的心裂了！我不能够用理智来抑制感情。我沉默了，但我没有哭。不能哭，我不愿意哭，而且事实上哭不出来。我十二年来已经没有眼泪了。白天不能吃饭，夜晚不能安睡。只有两天，我的身体完全支持不住了。不得不于前日（五日）动身回来。

我究竟不是伟大的政治家，我的感情遇到了这样的事件还不能抑

---

❶ 叶紫父亲余达才，大革命时担任县农民协会的秘书，姐姐余也民参加县妇女运动的领导工作。1927年大革命失败后，父、姐均遭反动团防局长曹明阵抓捕，于1927年6月16日壮烈牺牲。叶紫一直记着这笔血债，在日记中多次讲到。

❷ 叶紫的母亲刘氏，在叶紫的父亲、姐姐惨遭屠杀时，曾被陪绑，被逼得神经失常。叶紫在上海时，曾把母亲接出同住。1937年初，叶紫母亲病逝于上海，葬在上海浦安公墓。

制。但我也还不是懦弱的文学家，我除了悲哀、沉默、愤怒之外，决没有伤感，没有表示丝毫的懦弱态度。我还能使自己不“歇斯迭里”。

我想，即算是伟大的政治家，到了这样的场合，也决不能无动于衷吧！人——总是人，决不是铁石。世界上决没有超人。

回来了，应该先努力使自己回复平静，恢复最低限度的健康。慢慢来开始工作吧！

我的病并没有好。一切的肺病现象都还存在。自己应该时刻注意啊！

安静！安静！第一要使自己的心安静！

今天止于此，决不许再动笔了，等明天或后天，心的平静恢复了再动笔吧。

二月十一日　　　　（十二月二十四日）

落了几天春雨了。今天还是雨。

大病了。头痛，发热，咳嗽，吐痰，喉痛，四肢疼痛，胸紧，胸痛，胃痛，心怔忡，口苦。一切病象，应有尽有。好在还能吃一点饭。

今天略好一点。便记起了应写许多信，应做许多事，但自己还应该限制自〔己〕，一切从缓。

吃了自己拟的方子，加味枳桔汤，外感已除，但内伤加重，中国药真难吃。不宜吃。今天开始服六位〔味〕地黄丸，但仍不宜多吃。

第八个小说题目《寄兵》，第九个小说题目《病》。不是自己病，一般乡下人生病。

今天过小年，据说这几天兰溪挤人不通。乡下人一年千辛万苦，只有过年能勉强自己忘记几天生存的痛苦。假如综合各种型的农民来写一篇过年的小说，我想一定很有味的。那么，我就定第十篇小说题目为《过年》吧。

二月十二日

天仍未晴。细雨。

病颇重。夜间咳嗽，发热，盗汗不止。早晨吐痰很多。心跳得欲出来。春天来了，病势如此，恐夏天更利〔厉〕害。但首先应该达观，生活要有规律。死生听之可也。人不死于肺病，也一定要死于其它的病，何必怕呢？其实，我相信病尚有救药。第一要安静，第二要安静，第三要安静，万不可躁。

久龄说："处境无分顺逆，在于人的看法。"小西井不木说："肺病应安于自己的环境。"是至理名言。

口里如此说，如此相信，心里又不大相信，这是病根，非根本铲除不可。

今天究竟比昨天好一点——胃和精神。人应该这样想。肺病人应该有阿Q精神。停止，午睡去。

三月十一日 **（正月廿一日）**

天阴。无雨，亦无太阳。

一个月没有记日记了。这一个月中，大病几乎死去。终于硬挺好了。腹中发现一硬块，坚如铁石，不动不痛，也不知何时起的。

这一个月落了一个月雨，连前共落雨至五十天之久。过了一个年。

这一个月中，治小儿麻疹发斑，凡十人。[1]危急万状而救活者，计三人。不治而死者，仅一人。医者有罪，而罪不在医，心中无愧于天地也。

这正月中，收天翼寄来一信，并洋拾陆元，收小李三元。其他押岁钱约三数元。

二月二十二日，天翼在《观察日报》的观察台上发表一封我给他的信[2]，替我募捐，即此十六元之来历也。〔……〕

三月十二日 **（正月二十二日）**

天又雨。落了将近两个月的雨了。

三月三号，（正月十三）即母亲逝世两周〔年〕纪念那天，和咏兰大闹一夜，后夫妻均开诚布公，作了一次和睦的而又可怕的长期谈判。一下子化除了八年来的夫妻中的隔膜、不满、怨苦、嫌恶，甚至仇恨。夫

---

❶ 叶紫回到家乡后，贫病交迫。因无钱延医治病，就自己钻研中医中药典籍，自己开方吃药。这就使他逐渐掌握了中医中药知识，他便给贫苦农民免费看病，治好了不少病人，有的受过叶紫诊治的人今尚健在。

❷ 叶紫的信发表在2月22日《观察日报》的"观察台"上，题为《叶紫致张天翼书》。

妻中的精神生活，有了大大的转变。订立了夫妻和睦合同八条又八款。并同意了根本改变家庭日常生活。铲除一切混乱，无秩序，腐败，不整洁不规律的家庭生活坏习惯。改变两人的坏脾气，坏态度。……等等。

这当然是我得病的根源。现在这病根总算是拔除了。但如何才能保障以后的生活上轨道，旧病不再发，却要靠夫妻双方的决心，我的决心已下定了。前途的光明生活，已有了百分之八十的把握。现在的问题的第一步是必须赶快搬家。不搬家，一切光明生活都无从谈起也。因为这里件件不行。空气坏，房间小，不能做事，居的人多，应酬多，更谈不到清洁整理也。但搬家却又有困难。第一是没有适当的屋子，第二是钱。

〔……〕

三月十三日

天仍雨，大概是永远不会晴了。随他去吧。

〔……〕

三月廿四日　　　　　　　　　　　　　　　　**（二月初四）**

谢谢上帝，现在我有了住的自由了。昨天搬了家[1]，从不要屋压钱的，亲戚的，不自由的，虚伪的环境搬了出来。搬到这个小屋子里，自由自在，完全解除了大半年来，两处住的，不自由的精神痛苦。我是多么欢喜啊！

这个地方是这样的小得可爱，环境是这样的好。虽只有两间小屋子，但没有任何限制和顾虑。上庄四元每年纳九元钱。房东是个驾船的吝啬的孤老头儿。他不管我，我也不应酬他，多好啊！

没有不如意的讨厌的邻居，单独一个屋子。

风景是这样的优美：前面便是小河的古渡头。兰溪象镜子里的画面似的，横摆在我的面前。枫林桥，三叉小河口。往来的船只，对岸的一色青的树木，无涯的天际。红的、白的、一片片，一条条，一块

---

❶ 1938 年，叶紫回到益阳，先住曹家祠堂，后搬到兰溪镇河北千家洲的汤家祠堂居住。这次又从汤家祠堂搬到兰溪河边上渡口的老船夫刘少山的茅棚里。

块的云彩。早晨晚上的太阳。夜间的呼渡声，往来过渡的人物。在面前，又有一块广大的草坪，孩子们的游戏场。……多好啊！我现在不能描写他了，我没有时间，以后再说吧。

刮一整天大风，真大真大，真冷。

想起搬家，来了六七个可爱的农民替我帮忙。他们都因为我治好了他们的儿女的麻疹，又不收他们的礼物，而感激，而特地来帮助我的。快快乐乐，不到半天功夫，通通弄好了。我花了二元多钱，弄了一餐酒食〔给〕他们吃。他们都高兴得了不得！

〔……〕

做一首门联，久龄，志贤舅父都说好。其实也没有什么。上联带点过去住的痛苦的牢骚：

住虽只三尺地，且喜安心，小堂屋中，任我横行直闯。
睡足了五更天，若嫌无事，大堤坡上，看他高去低来。[1]

（《倒车集》）[2]

以一天的功夫，来追记我几个月中所做的旧诗，旧对子。这些东西，虽说无聊消遣，也可娱乐性情，调剂生活。（但无疑是开倒车的东西。）

以几天的功夫来追记治麻经过。著一本《治麻经验谈》，通俗的写出理由和医案。限一万字。等有功夫再记。

续咸又寄来十元，此兄待朋友真是太好了。对我的帮助真是太大了。而且每次（过去）寄款，都在我最困难的时候收到的。此款正月廿五即三月十五号收到的。

天翼又转来廿三元五角捐款。三月十八日收到的。计邓克生十元，邝达芳一元五，罗朝舟十元，雨欣一元，刘迭克一元。其中五角是邮票。天翼叫我每人回一封信。我决定在三天内通通回信去。

三天之内（廿七号以前）回完所有的信。

---

❶ 这副门联后来曾在《力报半月刊》上致张天翼的信中发表。

❷《倒车集》，叶紫将自己写的旧诗、旧对子集中起来，自编为《倒车集》。

廿一号又收到观察台转来四个女孩子寄来一元五角。又几位干农村工作的同乡生朋友四元。均不知姓名。生朋友并附和一诗。有趣得很。

同乡生朋友的和诗如下：

为家为国血方热，愁米愁柴志未灰，
我亦送穷文欲作，天寒聊寄一枝梅。❶

意义双关，十分有趣。可惜无通讯处。诗不知出何人手笔，慢慢写信给天翼去调查吧。

明天一定写一信给天翼，催报纸。并告诉他又收到这五元五角。（其实只四元七角五分，都是邮票，不知何人经手寄的。）

以后每天收信发信，应该记在日记上，有查考之据。

有一个时期，我埋怨自己，不该把日记写得反复详细，象给人家看的东西一样。（二月四日日记上这样说过。）其实是应该那样的。不过不要说废话。因为我的日记又是“感想”、“回忆”、“杂记”、“笔记”，为什么不应反复详细说道理呢？对的！对的！

四月一日起，一定开始作那巨大的长篇工作——《太阳从西边出来》。搜集，整理和追述材料。

四月一日起，开始铁的新生活规律。

四月一日以前，将家务整理好，房间布置好。添补家具，抄好合同文，订好详细生活规律条款，计划孩子教育问题。预防生活危机（节省开支），预备逃难。

四月一日以前，咏兰必须上街一次。有许多事。

今天二十四夜了，还有七天，做好一切的零事。生活上轨道吧。

写多了，明天起，可能的天天记。每日至多半小时。

今天记了三四小时。不对的。

风越刮越大，今夜当心受凉，当心遗精。

订一本小本子，记要做而未做的事。明天订好。以后未做的杂事

❶ 叶紫原诗发表在3月22日《观察日报》的“观察台”，现据报纸抄录如下，个别文字疑排印有错误，未加改动：“早晨摸米看空桶，中午寻柴想劫灰，讨厌偏逢天大雨，不能山后探新梅。”

不记在日记本上了。日记只记已做的事。

这一页都是无记的必要的，备忘录上的材料。今后这些东西再不上日记了。做过了再记。

三月廿五日 **（二月初五）**

风息了，又下雨。廿三日那样热，昨天那样大的风，今天这样冷。可谓三绝。

今天决〔定〕了订两本小本子，一给自己做“备忘录”，记欲作而未作的事。一给咏兰，记欲作之事，欲买的东西。

这个屋子虽样样好，样样如意，只是怕涨大水。有些人说，今年会天干，我的运气好，也许大水不来。但愿如此吧！……

三月廿六日

昨日下午晴了一会，可是今天又刮风。这屋子稀烂的，冷得不可开交。非赶快补屋不可。

昨天太劳顿了。早晨是补伞，饭后装小备忘录本。坤生来，又要替他写信定教员的介绍信。绍鹏的老毛病还是不改，总在我午睡的时候来。绍鹏走后，已经一点钟了。刚睡下去，咏兰落水而回。掉在河中间，几乎没顶。幸喜遇救了，要不然怎么得了啊！……事后想一想，真是令人不寒而栗，越想越怕。……可怕啊！

精神大受刺激，家中来一屋子慰问的人，自己翻来覆去睡不着。过一会，枝春少春二位叔父来。谈了一小时话。又要我将旧诗词抄给老名士张玉堂去看，心中颇不想写。然为了替他们族人装门面起见（可怜）不得已而写之。一口气写了八页之多。他们刚刚走。久龄又要去长沙。托他带一信去发航空快〔信〕给望弟。又写了四页。手都痛了。右胸受了伤疼。

发望弟航快信一封。计费邮票六角正。三月廿五日由湘潭发——久龄〔经〕手。

以后发信和邮票的账，都记在此本上，便于查考些。

以上都是昨天廿五日的事。补记。

今天早晨风大，中午晴和，傍晚阴凉。

没有如意地做完自己所欲做的事。咏兰昨天落水，今天满面病容，我担心她要大病了。

自己限制自己，按照拟定的起居工作时间表做了第一步。颇有效，人也不大吃亏。因家中一切生活均未上轨道，尚不能全部按表实行，但无论如何不能超过四月一号之限。

今天因限制自己，做少〔少做〕许多事。要紧信一封都没写。天翼又来信，附在力报社欧阳敏讷，罗滨荪两人合寄的挂号信内。欧、罗并寄来十元钱。预先约我写文章。这好象是定钱了，我的心中觉得增加一个负担似的。病还没有好，决受不了文字债的逼。以后——明天回信时要声明一声，我现在决没有收定钱的资格，因不能限期交货也。

明天早起正式回信，不打杂了。

写好一邮片给二叔。明天一定发去。告诉他病好一点，要他来。告诉他明望来信的事。收到小宝来信一封，明天决定回信。回信的事恐怕要到后天才能回完。

午睡后，韵阶〔？〕表兄来。大约是昨天在玉堂三爹那里看了诗和联对来的。态度颇现仰慕之意。谈约四十分钟，欢畅而去。早起做一渡夫诗，也托他带去给三爹看去了。诗云：

> 经年风雪鬓毛灰，放荡江湖一酒杯，
> 苦煞夜寒更漏永，隔河人把（唤）渡船催（来）。❶
>
> （《倒车集》）

这首诗还有推敲之必要。

多做旧东西，自己精神虽有调养，但太误时间了。我还是要少做。伟大的工作在等着我啊！

明天写信给天翼时一定告诉他，我大开倒车做旧诗对成绩已有可观，将来如果积成一册，即定名为《倒车集》可也。

家中还是一团糟，咏兰又不好。又不肯吃药！我真担心四月一号

---

❶ 这首诗在《力报半月刊》发表时，仍用“隔河人把渡船催”，并题为《题古渡头老渡夫》。

以前生活不能上轨道。奈何！

咏兰说：她要不是为了我的前途伟大，她真是高兴她的糊涂随便的小姐生活，并愿以此终老。表白虽十分坦白，但多危险啊！她自己并不想做个伟大的女性，她情愿糊涂终老……她完全是为了我的前程，一点不为她自己。我的天啊！……“为了我”……这三个字真是太危险了。我怕！……但愿爱情胜过一切！慢慢地来引导她上轨道吧。她如果不成功一个伟大女性，那完全是我的错过，我的责任。我应当如何努力的教育她，说服她啊！……她自己一点努力前进的心都没有？“为了我”。但我一定欲使她进步到“为我，为孩子，也为她自己”。

记多了，停止吧！

《倒车集》一定另用一本本子收集起来。

〔……〕

三月廿七日 **（二月初七）**

天阴，刮风，细微的雨花。

一整天用功于天翼信，因为准备给他发表的，罗、欧的稿限四月十号交，那么这封信给他去先发表，塞了这责任，以后再谈吧。这信还没有写完。明天再要写。

写好了给文定信，问省方和小陈消息，向他们借家具用用，借一个表来用用。咏兰明天决定上街，只要不雨。

今天写天翼信用功过度。人吃亏了。手也痛了。文字债真不敢欠，病人的心理万不能有负担。

还有一些感想，明天补记吧。

三月廿九日

昨天没有记日记，因为写天翼信太劳顿。今天天翼信虽写完了，但没有抄好，明天才能寄。

昨天咏兰上街去，带来湘〔？〕五元。带来了南昌失守的消息。

南昌失守，这里当然震动。恐怕不能再苟安多少时候了。但又有人推测，日兵已直去沙市，攻下南昌，这里已不是要冲了。但随他去吧。

企霞来。给我们三十元。

四月一日

晨二时企霞去。带去锡麟信。航快，寄上海四马路三七八号远东图书杂志公司交。

天，凄风苦雨。

四月三日

发天翼长信，并附罗滨荪、欧阳敏讷二位信。快信。

写完小宝信。贵阳普定路八十号军政部马政司交韵玉收。快信，五日发。

沙市早几天又失守了。发大风，今天风势停止了。

生活被企霞来大激动了，一日未能上轨道。心情不安，日记也不能记。今天略好一点。但必须等家庭布置了，生活上轨道了，心神安定了，才能好好追记这几天的心情。

明天就开始弄房间了，决心在三天之内，一切弄好。我相信无论什么人来，决不能再使我们激动了。即使企霞再来，我们也可平静了。

四月五日

发韵玉快信。以后地址改贵阳南京路三十四号军政部马政司交。

四月七日

发邝达芳平信，桂林桂西路三十五号新华分馆交。

四月八日

发刘迭克平信，洪江塘过巷四号交。

四月九日

发罗朝重平信，湘乡谷水白鹭湾陶瓮学校交。

发天翼平信一封。

四月十日　　　　　　　　　　（二月二十一日）

天雨，无风。

企霞去已经足足十天了。这十天中，我的心情没有片刻安定。他的来，给了我精神上这样大的激动，是不无原因的啊！

他还没有来信，这又使我和咏兰不放心。他的旅途该平安吧。到长沙后又怎样呢？是不是能顺利的去了江西呢？株萍路是否还畅通呢？南昌失守后，那边到吉安去的路道又怎样呢？这里，连公路都彻底破坏了，那离前方更近的地方，当然更有“行路难”之感吧！

他为什么不给我们一封信呢？是病了？是烦恼？是发了信还在路上没有到？……心中总放不下啊！

他还没有改变他在上海时的神情和态度，他还是一样的神经质啊！

他对什么都了解，他对什么都不满，他对什么都失望，甚至于绝望。他抽烟抽得那样厉害！喝酒喝得那样凶狠！他是那样的神经兴奋啊！但他又不是毫无理智的。他的头脑非常清醒，他对任何工作的能力都很大！他的社会科学的根底比我好得多，最近又遍游全国，在华北的游击战中增加了那样多的宝贵的人生经验。他明知道中国是有希望的，人类是有幸福的！但他却肯定说“幸福不是我的！”他只有“苦恼”。

他是太欢喜朵思退益夫斯基❶和安特列夫❷了。他受这两个怪物的影响不小啊！——这两个被俄罗斯青年所认为“恐怖”的，而现在被苏联青年所冷淡的作家，的确是太伟大了。伟大得使人不敢读他们的作品，怕读他们的作品——他们对人类的内心的解剖是那样的深刻而无情啊！……

我真担心企霞会自杀！假如他再要多看这两人的作品。他现在是这样悲观得可怕！绝望得可怕！时刻拿紧张的工作，体力的劳顿，和感情的刺激，酒的沉溺来麻醉他自己。他的身体已现出病态的征候了！

---

❶ 朵思退益夫斯基：今译陀思妥耶夫斯基，俄国作家。主要作品有中篇小说《穷人》，长篇小说《罪与罚》、《白痴》等。

❷ 安特列夫：今译安德列夫，主要作品有小说《红笑》、《七个被绞死的人》、剧本《萨瓦》、《到星球去》等。

他夜晚咳嗽得那样厉害。他的工作又给与那样多说不出来的，不可告诉任何人的痛苦，他是很有自杀的可能的啊！……我真担心，真担心呢！——我这一个唯一的朋友！……

他现在还没有爱人，年青人呀！也许是为了这个原故吧！但愿是这样！因为只有这是最难，也就是最容易解决的问题。

不只是我们自己，无论谁——比如过去在上海无数的前期的朋友——都感到了我们夫妻之间的关系的痛苦，都感到了我们过去家庭生活的马糊、黑暗、混乱，……和一切的不合理。因此，很多朋友都对〔我们〕表示失望。除了了解我们得最清楚的几位以外，其余的大都和我们疏远了，甚至厌恶了我们。

多危险啊！这阻碍人进步的痛苦的无规律的私生活！……

但是，也有很多朋友是太肤浅了，太机械了。他们只看到我过去表面上无办法的假装的糊涂，他没有看出来我过去的内心的痛苦，——也就是我得肺病的根源——更没有看出来我是负担着象山一样重的精神上的担子，因而汗流喘气，因而进步得那样慢。他们不知道我不能解脱那精神上的重担的原因是因为最先的过错在我——其实也不在我。——我无法解脱主要的是婆媳间的时代相差了半世纪。而那个时候的我的确还有着不少的缺点，年龄上也还有大关系。总之，这痛苦的过去，是我永远不能够忘记的啊！

然而，现在，我好了……

了解我的，关心我的朋友，都替我们担心，都挂念着我们。企霞这次的来，多半就念的来要看看我们的生活是不是有了改变和进步！这，他最初是失望，他不知道我们因搬家后生活还没有上轨道。但后来他高兴了，放心而快乐了。他看了我们的合同！他和我们开诚布公的说出他的意见来了。他走的时候是那样安心啊！只是……他还担心着我的健康呢！……

天雨总不停，咏兰同孩子们今天到沙头炳舅家吃喜酒去了，天冷啊，孩子们该不会着凉吧！他们要三四天才能回呢。

四月十一日　　　　**（二月二十二日）**

很多前进的朋友——尤其是所谓作家们——对于夫妇的观念，大抵是这样的：前进的人应该配前进的妻子，作家应配作家的妻子。这在未婚的男子，或妻子死了，离婚了的男子，是应该的。但我们的朋友大多数是有妻子的人，不但有妻子，而且妻子非常贤明，也是知识分子，只是略带旧式一点，他们便无条件的抛弃了，连孩子们，甚至连父母。并不经过法律上的离婚手续，甚至通也不通知对方，就秘密地和另一个同居起来了。

这种事情，我们亲眼看见不下十余起之多。

抛开一切迂腐的“道德”和“良心”问题不谈。但事实：这样的前进夫妇的关系是痛苦的，而这痛苦将永远无法解脱。

夫妇的关系，完全是有条件的，双方在“人格”和“道德”上，在真挚的感情上，都不能有缺点。一有了缺点，给对方抓到了，便现出了裂痕，成为了一面倒的形势。许多前进朋友的痛苦就在这里。他们的对待前一个妻子和儿女的“不道德”举动的弱点，给后一个抓到了，他们就不能不对后一个低头，成为后一个的俘虏。而后一个的所有的缺点——只要不超过他自己的“不道德”——他都无法纠正，而不得不逢迎，追随，附和……于是乎痛苦不堪，于是乎丑态百出……。

一个火车头拖一个或几个车厢，前进起来是要吃力一点，远不如单一个火车头。一个火车头再加一个火车头，前进起来，一拖一送，当然快得多，但危险也大得多。一个火车头虽拖了厢子，前进后退，只要不越轨，厢子决不会和他反对，除跟着他走以外，也绝不会自动开倒车。但两个火车头，走起来，第一要双方力量均匀，第二要双方不越轨，第三要向一个共同目标前进。这样，那双方的感情的联系点，——那车头和车头接笋处（我不知道那东西叫什么名字，以后去问铁路上的朋友吧。）——才不致裂断。否则，那危险之大而惨将超过一切车头拖车厢之比例。

一个车头拖一个车厢或数个车厢（加父母加孩子们）只要车厢没有老腐得起锈，只要车厢里没有装满载不动的污浊的东西，只要不是走的大上坡轨道（比如大逆境），我相信那火车头是一定能拖着进步得胜任愉快的。即使锈了一点，只要自己肯用油去擦几次，也可以走得动的。如果是好的，有油的，活泼的车厢子，那进步起来，简直不要车头费力啊！而且永远不会和车头背道而驰的。

我过去之所以走得那〔样〕慢，一者因为自己车头有毛病，力也小；二者车厢子也老的老了，锈的上了锈，并且都装满了能够阻碍前进的，杂七杂八的破铜烂铁的东西，以致我拖不动。喘气，流汗，痛苦……但究竟还比那两个不同心合意的车头好一点，我们虽进步得慢而吃力，但总还没有开过倒车啊！人格上还没有污点！

然而，现在，我好了。老的一节车厢已经归了天，（祝她老人家的灵魂安适！）锈了的也慢慢擦光了，加了油。车厢内的污浊的存货，也逐渐地出清了。小车厢也都能活泼地跟着走了。轨道铺得平平的，直向光明之路前进着！……

我不是蠢子和傻子，假如咏兰没有她的伟大处，假如她的缺点超过了我们的感情，超过了她的优点，在过去我跟〔根〕本就不会那样吃力地去拖她！也根本不会再拖到现在！同样的，假如我的缺点超过夫妇之间的感情，超过我的优点，她也会一样地鄙弃我啊！……

〔……〕

维持车厢和车头的关系的力量，完全在“接笋”处，也就是说在“感情”。而感情是那样有条件的（如上述）。“接笋”处一脱落，除非大家都不动，一动，车头和厢子便立刻分了家。背道而驰的两个车头，当然更不待论也。

如果是又锈、又坏、又装满了污浊的厢子，或车头有了大而不能修正的毛病，当时还是折〔拆〕开的好，但一定要正式的，公开的，双方都无痛苦的。否则，我反对。（不是无痛苦，是指折〔拆〕开比不折〔拆〕开的痛苦少些而论。）说了多少废话啊！

企霞和久龄说，我有些（不少）病态的心理，他担心，这我自己也感觉到。从日记里也可以看到。但，我相信以后我会好起来的。

天雨无休止。阴而冷，淅淅滴滴，咏兰和孩子们真不走气运呢！她们该不会着凉吧！

四月十二日　　　　（二月廿三日）

天晴了。

昨天糊纸上壁，太劳顿了，夜不安宁，梦扰纷纭，今天的壁，决定让玉儿去糊吧。

“己不正焉能正人”，这是中国的古道德话，却有深奥的哲理哩！即使是自己的妻子、儿女，如果你要想教育她们，纠正她们的缺点和过失，首先就要自己毫无缺点，就要自己在各方面作她们的榜样，她们才不致于“反攻”，才可以虚心接受而改正。

半月天前，我严格地叫咏兰“不许再打牌”，她不能不接受的原因，不是因为我近来毫无缺点给她抓到吗？不是因为我的进步和工作感动了她吗？当然，这也就是我拖她前进的初步的成功。

想起许多“旧道德”和“假道学”所笼照〔罩〕下的大家庭的丑恶，真是怪极了！远者，不能记忆的多得很，近者，如咏兰的谨大伯家中的把戏……这都是多好的小说材料啊！

这一带的知识分子，除了赋有城市知识分〔子〕中的全部丑恶之外，还都带有百分之百的农民习气（也就是说农民性格）。假如用数学方法表例〔列〕出来，可以得到如下的公式：

（多）（次）（少）

大城市的知识分子=市侩气＋才子气＋流氓气。

小城镇的知识分子=农民气＋冬烘气＋市侩气。

上表应倒过一下，城市知识分子流氓气多于才子气。下表无疵可议也。

知识分子说谎的本领比任何种人都利〔厉〕害，比任何种人都说得丑恶。比如最说谎的要算是农民了，但农民的说谎，多半是因为他们眼光和见识浅近，或由于习惯。而知识〔分子〕却明知说谎要不得，是罪恶，而他偏偏要说！并且拚命地说，说了还要设法掩饰。甚至立刻说，立刻又不承认。

四月十三日 **（二月廿四）**

天又风而雨。真讨厌。

早晨二叔来，送我蛋糕一斤，随即去沅江。向之解释我之生活情况，并告诉他老人家，关于咏兰之美德和优点，老人满意欢畅而去。搭五角钱给婶婶用。

午睡过半，姐姐送小文来。起来教了她五六十个生字。不知道什么原因，我们姐弟情性总不大相同，谈话大有格格不入之势。

带来斤多肉，吃了早晚饭即去。小文向久龄学袜子车成功。双方都欢喜。

改郁达夫联，拟自悬室中云：

养病只求心气爽，
著书都为稻粱谋。[1]

（《倒车集》）

四月十四日

雨，雨，讨厌的雨啊！

今天不知道怎样的，忽然由企霞的神经质而想到阿尔志巴绥夫[2]的身上去了。那个安那其主义作家的可怜的命运啊！……

企霞是受的谁的影响呢？这孩子……过去，他曾说过他爱巴金的“热情”，但即刻又批评巴金是“感情”的俘虏，而他自己现在又是这样的。

这在我，是一个不可解的“谜”啊！剪下他送给我的日记本上残留的一页日记和一首诗来吧。这是很可作我将来参考的材料的。

〔……〕

不知道是轰炸声还是炮声，昨天响了几个钟头，今天又是这样的不绝于耳！但这里的人们却没有去年长沙失火时那样慌乱了。不但不慌乱，简直安闲得很，若无事然。对河的戏院子里还是一样的“歌舞升平”，夜夜客满。多么可悲的〔可〕怕的亡国现象啊！农民的头脑真是简单极了。有时候“无风三尺浪”。有时候，就是用“死”去威胁他，他都可以若无事然。

---

❶ 郁达夫 1932 年住上海嘉禾里时，曾在住房的客厅中，悬挂一幅自书对联：”避席畏闻文字狱，著书都为稻粱谋。”这是录龚自珍的句子，叶紫套用下联，自拟上联，故称“改郁达夫联”。

❷ 阿尔志巴绥夫：又译阿尔志跋绥夫，俄国作家，主要作品有《赛宁》等，他的早期作品，揭发沙皇黑暗统治，但宣扬无政府主义和个人主义思想，故称之为安那其主义作家。十月革命后，反对新政权，逃亡国外，死于华沙。

无数的有形和无形的，主观和客观的汉奸，在这里散布着日本人来“如何不要紧”和“如何好”的谣言。现存的兵役、捐税、稻谷征发，民夫征发的，百物昂贵，粮食空虚的各种痛苦，再加以平日毫无教育和宣传，迫得他不能不相信汉奸们的话。

“日本人来了，也许好一点吧！”“日本人只要不杀我们，我们什么都愿意。”他们的心中都有这种意思，多可怕的心理啊！

去年，还有更差的说法呢！如“日本人不来是凌迟而死，日本来了，要死也是痛快的死！”不过这是富农、绅士而兼小地主的说话。中贫农以下，到〔倒〕没有听见说过。

这里已经完全是大战的前夜的准备了。但人们因过去长沙的大火，而对中国军队可以抵抗，可以守，也可以打大胜仗的信仰完全丧失了。一方面也因为汉奸的造谣。他们现在都完全相信这里决不会有战事，公路的破坏，工作〔事〕的构筑，他们都认为只是政府准备“跑”的工作，因此他们十分安心地只等日本人来。多可怕的、简单的头脑啊！民众运动是什么呢？政府和各党各派的民众工作做了什么呢？……

今天是母亲六十五的冥诞！咏兰和孩子们都还没有回来，是雨，是讨厌的雨的关系呀！买了一点肉，一点鲫鱼，请出她老人家照片来看看，算是没有忘记了。

四月十五日 **（二月廿六日）**

昨日下午收曾纪勋、陈育德各一信，皆有百分之八十之滑头口气也。今晨各复一信，纪勋为沅陵龙头井十六号国民日报分社交。以上均平均〔信〕。

天欲晴不晴。闷闷。

昨天湿热而失眠，枕头太不安稳。

《观察日报》由昨天起，开始收到一分〔份〕，日子是四月九日的。

下午发天翼平信，谈炮声。

咏兰回来了。牛儿说话，只隔了三五天，竟说得这样流利而且长长的了，真有趣。

谨大伯来，谈一小时始去。

四月十六日　　　　　　　　　　　　　　**（二月廿七日）**

晴而不和，闷人天也。大水平码头。

炮声似乎静止了。

人应该无条件的，以伟大的爱，爱全人类！　——尤其是被摧残，被迫害，被侮辱与被损害的下贱（？）的人群。原谅任何人的无理吧！人应该做到永远不生气！永远和蔼可亲！……

（自箴之一）

人们的知识水准和思想，决不能一样的高低。假如他低，就应该无条件的原宥他！假如他高，就无条件向他学习！

我不赞成久龄的"以其人之道还治其人！"的说法，那是多么的心地窄狭啊！但我又不是基督徒似的，打了左脸还要送右脸给人家打。"爱人类"，决不是慈善家似的"虚伪"的"沽名钓誉"的"爱"，而应该是内心的，真正毫无条件的，无形的爱！人家所看不到的！但有时也会被人家感到的。比如在作品里，比如：在无条件地替孩子们，替穷人们诊病，给药的时候，这都不能掩饰着一个人的洋溢着"喜爱"的心，但也没有故意掩饰的必要啊！

伟大的托尔斯泰在《安娜·卡列尼娜》内借薛杰巴兹基老公爵的口说："做了好事（？）问什么人，什么人都不知道，那不是更好吗？……"这是多伟大的说法啊！

"做了好事！积了德！……"用这样的话去恭维人，或被人恭维，都是难堪而且刺耳的事！什么是"好事"？什么是"德"呢？……这些可怜的，自私自利的慈善家所痴心妄想出来的，卑劣而虚伪的名词啊！……

人应该爱每一个人类，而不应该爱由人群所造成的，有了一定代名词的东西。那，一大半都是可憎可恶的东西呀！的确，一大半，一大半还不止呢。（以上自箴之一解）

沙市并未失守，而前次庆长来告诉我沙市失了守，我居然也相信了他。真是那个。庆长这孩子的缺点那样的多啊！假如我和他的关系更亲密一点的话，是可以教他的，但，我们的关系是那样复杂而隔膜啊！

"啊"字，自企霞来后，我又受了传染，差不多每段都不少这个字了，留心。自己过去曾受过这个字的大累的。留心吧！这几天写信都写得不少。

想起了二叔走时，我对他所告白的，关于自己生活现状和前途，与终身志趣，关于我和咏兰的夫妻的关系等等一段长话，我可以看出来，老人是那样的欢喜，放心了！而自己也觉得欢喜而放心了！

严厉的制止自己的体力劳顿！百分之百的履行铁的生活规律！（自箴之二）

但有限制的运动是必要的！

四月十七日 **（二月廿八日）**

麻风细雨，“闷”不知天〔？〕。

昨夜久龄来说：他要走，同福音堂的同行到马迹塘去，谈了约一小时，扰乱我的平静的心情不少。

我的一生，过去从未浪费过金钱，糟踏过财物；今后的我，也应该永不糟踏和浪费金钱。更应该不浪费时间！不浪费精力！（自箴之三）

不浪费金钱，不是要悭吝，更不是刻苦自己，正当的享受还是应该的。不浪费时间，不是指昼夜不停地勤劳工作，而是有规律的工作、劳顿、娱乐、休息。不浪费精力，就更不用引证了。

不正当的用途和消耗，都是“浪费”和“糟踏”呀！（自箴之三解）

不求人知，不要向不了解你的人去表白自己的学问、能力……了解你的人，当然更不用表白了！

不教训人，人家不向你请教时，万不可以寻着人家去教训！这不但要上当，而且人家也决不能接受。相反地，人家一来“求”教，便应该将自己所知道的，毫无隐瞒地全部告诉人家。

不断地，虚心地向任何人学习！（自箴之四）

谢天谢地！我们的生活现在完〔全〕上轨道了。自己养病和工作上了轨道。孩子们读书上了轨道。饮食起居上了轨道。总之，一切日常生活都象一个前进的家庭了！但必须要保证长久，养成习惯才行！

也还有一些小毛病，必须要逐步改正过来的。

有很多事情，自己常常感觉得不如意，甚至不对，而不能立刻说出所以然来。急急地一说，往往口不应心，说错了，甚至完全与感觉相反，错到不可收拾，要改正都来不及了。遇了这样的场合，最好的方法是：暂时沉默！想了一想，或再想，三想，觉得有了理由，说得出了，再说吧！

我自己一向是无急辩的口才的。我是“有谋而迟”的人。我深深明白自己啊。（“有谋”不如说“有才”好些。）

最好是用笔墨谈话做事，万无一失。但也必须反复看两遍，三遍……

“急辩”的口才，也有锻炼之必要。（自箴之五）

早饭后，谨伯来，说乡公所和自卫团昨天通统走了，兰溪已入无政府状态，而乡镇民商反形镇静。

记得去年长沙大火时，人民纷纷逃难，秩序大乱，伤兵难民，抢劫骚扰，时有所闻，尤其是公路周围七八里路，简直惨不忍言，散兵游勇，伤兵之杀人、放火、奸淫……人民之乱逃、乱窜……以致于发〔生〕“邂逅”的那种滑稽事，而结果日本兵并未来。

今年，人民是这样镇静，毫不在乎，而政府和自卫团却首先跑了，不免太不象样。其实，这走，是绝不应该的。乡公所和自卫团离开了他的本乡，便完全失掉了政治上和自卫上的意义，何况日本人还差这样远就先逃了呢！

据说，民商们看见自卫团逃了，都舒口气说：“好了，祸根去了！”这真是全世界上的奇闻啊！

自卫团原是人民自己拿出钱来购枪，自己雇请壮丁服役来保卫自己的。但一年来的事实，自卫团在平时除了作威作福，到处蹂躏自己，恐吓自己，绑自己，牵自己，敲诈自己，还要问自己要工钱以外，什么事都没有做一点。现在，刚刚正需要他们来“自卫”一下子的紧要关头，他们却不辞而别，首先带着枪逃了！人民怎么不连声舒气呢？！

这样的政治，这样腐败的百孔千疮的下层民众的武力机构，怎么能谈到“抗日”呢？……

去年，四位“自卫团”到保长家去催购枪费，没有见到保长，居然要捉保长的家属，居然声言要烧保长的屋！天啊！这是什么世界！！……

四月十八日

天仍细雨纷纷，讨厌之极。

忙于订写生活规律，什么事〔都〕没有工夫做。人精神不如前，太劳顿了。好在有了生活规律，明天即百分之百的执行。

《力报》及《观察报》均陆续而来了。战局颇好。

四月十九日 **（二月三十日）**

天老是雨、雨、雨……

今天写敏讷、滨荪、老天❶三人合信一封计八页。告诉他们我将和久龄合作《战时农村诸问题材料和意见》，计准备写五篇，由我拟大纲，口述意思，由久龄执笔。题目是：（一）论滨湖各农村中的汉奸话，（二）改革农村兵役弊端的几个具体意见，（三）目前滨湖各县的耕种和食粮问题，（四）论战时农村的政治机构，（五）怎样着手战区农村的宣传工作。

今天还没有完全照工作时间表，差一点点，明天一定不差一分一秒。

阴历二月计支出七十一元五角六分。计日用占二十六元六角三分，还债六元。临时开支占去三十一元八角二分，人情占去七元一角一分。

〔……〕

《益阳民报》载岳州又增敌兵一师团，洞庭湖增兵舰共三十艘之多，此地又当紧张一番也。

四月廿四日 **（三月初五）**

天雨。

一连大病四天。今天才比较好一点。这完成〔全〕是自己的过失。十九日以前，酿成病的原因很多，以致二十日大病。发热至三十八度，当日自己拟"小柴胡汤"方吃了，病虽于次日退除，然服药后之痛苦，殊不堪言。事后，得教训数条如下：

（一）天雨绝不外出。（二）三十七度三以上之微热，即刻停止工作。（三）绝不许超过生活规律表上时间一分一秒，只可减少工作，不可增加工作。（四）绝不使邪侵一秒钟。（五）感冒时改吃稀粥，免病入肠胃。（六）睡前酌量气候，加减衣被，不得受凉，亦不得出汗。（七）

❶ 老天：是叶紫对张天翼的称呼。

早晨及午睡起床时，应注意自己已否在睡着时受凉，如受了凉，即应缓起来或不起来。（八）无论饿到什么程度，吃饭时应细嚼缓吞，不可过饱，最多吃八成或九成足矣。（九）从今天起，再休息三天不工作。廿八日起正式写作。

想起去年十二月乱吃自己和人家的药方之苦，想起此次吃“小柴胡汤”之苦，应该切实注意身体啊！以后即使有小感冒，温度在三十八度以下，决不随便服中国药，中国药实在太不精良了，副作用也多啊！主要的，也还是自己的医学还未臻完全无失之境。以后即使医学进步，即使如何有把握，亦绝不许自己吃药了！廿二日曾作一座右铭贴于壁上云：

> “与其痛苦呻吟，大吃其‘小柴胡汤’，而反耽误四天工夫，倒不如一天少做一点工作，多点〔养〕一下身体为好。来日方长，又何必急急呢？以后即使精神爽快，身体舒适，即使倒下天来，亦不许超过此规律表之限度一分一秒。”
>
> 又“永远不要忘记吃‘小柴胡汤’前后之痛苦。”

报载，洞庭湖大战。昨天炮声密如联珠，今天又清静一点了！

昨天发罗滨荪、欧阳敏讷两人共平信一封。

《观察日报》十七日起被迫停止，理由是不合登记手续，真滑稽！真令人欲哭不得！……

四月三十日　　　　**（三月十一日）**

天晴和，可爱。

收达芳先生来信并洋四元。收彭尼来信。

右手痛，用手的工作太多，太疲劳了，故痛。几乎一星期不用脑了。

致达芳信❶，达芳将它在四月十九日的《救亡日报》❷上发表了，

---

❶ 这是叶紫四月三日给达芳的复信。达芳曾给叶紫写信，劝叶紫“为了将来做更多的工作，目前应该好好地休养”。

❷《救亡日报》：由郭沫若在上海创办，后迁广州，又迁桂林。总编辑是夏衍同志。一九四一年被国民党反动派勒令停刊。

并剪了寄来。兹贴于下。

达芳通讯处为桂林桂西路三十五号新知书店交。

五月一日 **（三月十二日）**

晴。上午闷闷欲雨，下午出太阳，傍晚刮干风。

写好达芳回信，平信，明日发。

五月二日

晴，和。下黄沙，下午更甚。

早晨写好回彭尼信，平信。同达芳信发去。

文定来，给我带来贰元。他劝我迁到大栗港去，那里有几位很可爱的文学朋友，“天寒聊寄一枝梅”的几位就住在那里。当然，我可以接受这样善意的劝告，但时局如果不再恶化，我又何必离开这美丽的风景区呢？明天决定先写一信去问一问那几位朋友吧！

今天开始写一篇报告文学《查仓》，准备给《力报半月刊》〔送〕去的。为了生活，也为了开始锻炼工作能力。

《太阳从西边出来》的本子还未装好，无论如何是说不过去的，明天一定要开始订。

在不合理的社会里，人与人之间的关系，是越神密〔秘〕越好，越使别人莫明其妙，就越能使人家尊敬！他们，并不了解每一个人都是平凡的。如果将自己的一切都坦白的告诉人家，脱掉了神密〔秘〕的外衣给人家看——原来如此——他就会大失所望。反之，你越神密〔秘〕，他越加觉你是非凡了。

其实，有伟大心地的人，即使毫不神秘，也是为人家，甚至为千百代的后世所尊敬的！上面所说的，那不过是一般的人与人之关系而已。

自己的事实，无必要，也不必件件告诉人家，即使是好朋友。一者省口舌费〔养〕精神，二者也现得麻烦而使人家厌听。

故意神秘，是要不得的，故意坦白，也大可不必。我常常犯后一种毛病啊！（自箴之六）

不和人家接近，很难看出人家的缺点，一接近了，就一天天地看穿了人家。不要因为没有看出人家的缺点来，而过份地夸赞人家。相反地，不欲〔要〕因看见了人家的缺点，而冷淡自己对人家的热情！

人——是不能无缺点的啊！永恒地以伟大的爱爱一切人类吧！

五月四日　　（三月十五日）

晴，和，南风。

傍晚，收纪勋、企霞各来一信。纪勋已去川，企霞信晚八时五十五分写好了回信。寄江西吉安乡村师范，江西保安司令部政训处余致浚转交。

五月十日　　（三月廿一日）

晴了很多天，昨天忽然刮了一天干风，今天上午仍刮干风，下午即成暴风雨，风力之猛，真大得怕人！

息园逝世九周年纪念日……

五月十一日

昨天是息园[1]逝世九周〔年〕纪念，为了这伟大的朋友，我想写点纪念他的日记，但昨天的暴风雨竟弄得满屋透湿，人只能躲到床上……为什么呢？难道“暴风雨”也是纪念这位先烈吗？难道暴风雨是不让我纪念吗？……

〔……〕

六日给瞿剑雯先生一信，此人即和“为家为国血方热”的诗的同乡生朋友，由文定兄告诉我他的地址，才特写信给他的。写信除道谢前次的四元和诗之外，并请他替我预备一两间屋子，以备战争来了避难用。

平信寄大栗港（本县）战时乡村民众学校交。

六日又收信两封，敏讷来信说及《力报》情形，并天翼已去溆浦。

---

[1] 息园，姓卜，叶紫的同学和战友，曾与叶紫一起从事学生运动和农民运动。后在湘阴从事革命活动时被捕。一九三〇年五月十日被杀于长沙浏阳门外。叶紫曾在他的《丰收》扉页上写着“纪念我的亡友卜息园”，以寄托哀思。在日记中，也多次表达他对亡友的怀念之情。

俟《查仓》稿完后复信。

另一信为津市龙重任之复信，言最近寄钱来接济我。语颇诚恳，但因为说得太诚恳，又引起我的病态的怀疑。反正我并无“希望”，更无所谓“失望”，随他去吧！

昨天给锡麟一信，平信寄上海，催他寄八十元钱来。因企霞来信说，前次之挂号航快信已在株洲发去，此信即催促也。然平信是否能到达上海，尚属问题。

五月廿日　　　　**（四月初二日）**

晴和。

自入夏以来，我几无一日不在病中，不三五天，气候一变，忽又发热，饮食亦大为减少，又怕热，又恶寒，穿衣多则汗不止，穿少又受凉。喉痹也发了，声音经常是嘶嗄的。身体已如纸扎人，仅仅几根骨头了。

最近心理，特别现出病态，肝火极旺，容易暴怒，遇一毫不足道之小事，都大生其气。喜怒哀惧，都不能自制，这是非常危险的事。因为自己明知道不应该，而偏常犯此毛病，事后又懊悔，我真不知是什么缘故？自己寻死吗？……

本来，夏初的气候变化也太剧烈，天太坏了，但，自己应该用理智来抑制啊！

在病态的暴怒中，最容易露出我的先天的劣根性。这一点，我是非常不及咏兰的。咏兰的先天的性情之伟大，是那样的赤诚、热烈而纯洁。我觉得在人类中是最难得的。她的气量之宽洪正大，几乎超越古代之所谓“宰相”也者之上。而我，要不是后天的修养，要不是十多年来畸离苦难生活的磨折，还不知道要变成一个什么人呢？当然，我还没有太坏的先天劣根性，不过比起咏兰来差得一点吧了！但，已够痛苦了。

咏兰和我的先天劣根性斗争，给了我不少的益处，收了洪〔宏〕大的效果。正如我和她的后天劣根性斗争一样。我进步，她也在进步！

后天的劣根性，多半是外表的，只要先天纯洁，克服到〔倒〕容易。但先天的劣根性，却是内在的。即使后天纯洁，有理智，自己时刻留心，有时在不自觉中，仍不免要露出狐狸尾巴，这是一种不轻的痛苦。

由于这，使我想起人类最普遍，最悲惨的劣根性“报复欲”来。没有一个人不以“报复”为人生最大的快乐的。于是整个的人类，都陷于“互相报复”的不可拔的悲境里。这使我想起契訶夫的《坏孩子》，想起我的许多朋友和亲戚来。

防御和抵抗不是“报复”。“与〔予〕打击者以打击”，尤其不是“报复”。这是人类的真理！

基督教的“打了左脸还要送右脸给人家打”，是比“报复欲”还要坏的劣根性。因为他的目的在故意更进一步地增加对方的罪恶，自己却得了无言的“报复”的胜利。其用心之险恶，卑劣，更甚于明显的报复者。（以上摘入《太阳从西边出来》）

五月廿二日　　（四月初四）

天热闷而湿，不晴不雨，又晴又雨，最难过。

回剑雯一信，叫他来这里玩两天，这人的确是个可儿。平信，寄大栗港。

我将左面贴的《高安通讯》[1]和《一个故事》[2]给三个平日不大看报的不同的人看。一个是汤满老爷，一个汤福安（堂师公），一个是咏兰。得了三个不同的答复。

堂师公是边看边流眼泪，咏兰是叹气伤痛，而终日不忘记那些受难的人，歇斯迭里的做起梦来了。另一个却是边看边哈哈大笑，连呼“有趣！有趣！”报纸一放手，不到一分钟，便快乐地谈到他自己的“得意”事上去了，等于没有看。

人类的本性，一出母胎都是善良的，纯洁天真的。但罪恶社会的笔，却将人类一个一个地慢慢填出了颜色来。由浅入深，由洁白到污

---

[1] 《高安通讯》原刊一九三九年五月十日《力报》，记日军占领高安城时杀人放火、奸淫掳掠所造成的种种惨象。

[2] 《一个故事》原刊一九三九年五月十四日《力报》，叙述一家四口逃难时，与日军遭遇，女儿被杀、妻子被虏、儿子病死、丈夫也成了疯子，家破人亡，极其悲惨。

浊，越堆越厚。有的人一涂上去了，便永远不能洗掉。或者是自以为这颜色好看，舍不得洗掉。甚至可以借此颜色而骄傲，而自负。或者是自己觉得这颜色有点要不得，而偏不洗掉，甚至自己还拚命替自己再涂厚些。有心将本来的洁白涂掉，用以来唬吓人，蹂躏人。或者是用尽心术，很技巧的白天洗掉，夜晚又涂起来。或者索性不洗掉，索性天天涂厚，而扬言说："这不能怪我，这是社会替我涂上去的呀！我原来也是洁白呀！……"我把这种人叫做第一类，就请朵思退夫斯基来解剖他的心，怕也解剖不出洁白来的吧！

以上二十二日记

以下二十三日记

有的人是不得已而自己涂了上去，觉得难堪而洗掉。结果，因为不得已，又涂一层，又洗掉。涂一次，洗一次，而不加厚。或者涂上去了，总不愿意统统涂满，还留出一小块或半边洁白来。或者只涂一次，只一种颜色，或洗掉或不洗掉。我都叫他做第二类。这种人还有药救。

有的人是被压迫涂上去的，完全处于被动的地位。这种人即使涂到一尺厚，涂上七八十种颜色，他的心总还是洁白的，无辜的。这是第三类。这一类人最多，也最值〔得〕人的同情和救助。

没有被社会的笔涂过颜色的人，世界上是没有的。涂颜色不上去的人，更是没有。要有，除非他自己先张起了防御的面网，处处小心，时时防备。但有时也仍不免要被抹上一两笔的。其实，只要有理智，偶不小心，被抹上了一两笔，而立刻就洗掉，永以为羞耻，而更小心。这种人，也就很难得了！

没有被社会的罪恶的笔涂抹过的，或即使强迫涂也涂不上去的。我想，成人之中，是万难寻一的。除非是孩子！

啊！伟大的孩子们啊！谁没经过孩子时代呢？谁不是孩子长大的呢？……

"救救孩子！"这是伟大的先辈鲁迅的呼号。但救孩子，必先从改造社会制度着手。否则，孩子是救不了的。因为在孩子时代，不救也是洁的。到了成人，一走进了恶浊的社会，要救也就为难了！于是"救救孩子！"的呼号也就落了空。

因为满老爷对我说，他最初第一次去做坏事，因为不愿意，而饿过三天肚子，红过脸，流过眼泪。而以后……

我写了多少废话啊！

五月廿三日 **（四月初五）**

天雨而阴凉。

早晨补写了昨天未完的一段日记感想。

五月廿四日 **（四月初六日）**

天阴凉，小雨。

午后一时，收彭尼挂号信，并洋壹元，邮票二角。

想起应该写篇纪念息园的文章，而身体不允许。九年来，我除在《丰收》上标了一句纪念话于卷首外，我没有再写过一个字，我是太对不住亡友了。

记得在上海时，他答复一位笑他有官不做，而去做“永不会成功的”革命工作的朋友，（那朋友笑他为“夸父追日”）仅寄了一首诗去，没有加一个字。这个人是在南京某某部里当科长的。他曾经表示欲再介绍息园做官，被息园拒绝了。诗云：

春来秋去耐缠绵，花落花开断复连！
旧迹尽凭潮尽洗，新生应共铁尤坚！
笑看夸父曾追日，忍待祸〔娲〕娘更补天！
乱世是非原未定，莫将成败论当年。

（《倒车集》）

本来，和久龄约定，在他的忌辰去上坟的，大家在那里作一次野餐，祭祭他，回来再作纪念文。结果，因病，因暴风雨，而不果！……

有一天，想和他一首诗，仅得两句，云：

痛哭故人心欲裂，忍看时局志弥坚！

（《倒车集》）

算了吧，无论那一天，只要续好了这诗，总要写几句话到杂志上去发表，以作纪念的。

近月来，因各线出击反攻，战事均有进展，此地又太平如常。因为水涨，今天又听了连续不断的半小时以上的炮声，在上午十时左右。

人类的“夸大狂”最发达的地方，怕要算是中国了。我所看见的每个中国人，都差不多有点欢喜“夸大”，以“夸大”为快乐。文学家更不用说，有名的如李白的“白发三千丈”！现今的，连我自己有时都有点这毛病，并且简直是不自觉的，成了习惯了。这大概是脊髓小神经的作用吧！真是不可解的问题。应时刻注意啊！（自箴之七）

农民中的“夸大”比任何种人都厉害。

夸大“过度”或是“有心”的，便成了“说谎”。

因此罗士特莱夫❶的子孙，在中国农村，真是数不尽发达得很。

“虚心”决不是“谦恭”。“虚心”是内在的，真诚的；“谦恭”是外表的，虚伪的。

“谦恭”即是“虚伪”的代名词。我最讨厌“装谦”。“谦”而名“装”，其伪可知也。

关于朱木匠一类的天才的埋没，应记入《太阳从西边出来》之材料内。

五月廿五日　　**（四月初七）**

晴而和。早晨微有西风。

一星期前，大仇人曹明阵❷被四十三师扣留了，轰动了整个益阳城。传说纷纷，谣言千千万万。各方亲友来走告者，日有数人。对于这，我一点意见也没有发表。

吉昌弟来问我，对于曹，有没有办法打落水狗。我也没有置答。

大概，人家都见我不形诸色，一定又在议论我吧！“忘记了父仇吧！”“无人心吧！”“不孝之子吧！”……但随他去！……

---

❶ 罗士特莱夫，果戈里长篇小说《死魂灵》中人物的名字，这是一个惯于扯谎的典型。

❷ 曹明阵，湖南益阳的团防局长，外号“屠夫”，杀人如麻，叶紫的父亲和姐姐都被他杀害。

"落水狗沉而打之"，是鲁迅先师的伟大的教训。要打，就要有绝对的把握，一下致其死命！否则，自己不能动手，只在旁边呼喝，结果，狗如打不死，它一爬上岸，第一口就会先咬翻你！何况病到连呼喝的气力都没有了的我呢？……

狂妄的叫喊和无把握的欢乐，不但肤浅、粗暴，而且是多么无理智的举动啊！……

主要的，我一向就没有把这东西，当一个了不得的敌人看。我看他只是一条不足道的小狗。虽然他杀了我的父亲、姐姐。假如他够一个敌人的资格，那，即使和他拚了命，也是置〔值〕得的！

和一条狗去拚命，是非常置〔值〕得考虑的事！那就是说，自己的生存和狗的生存，熟〔孰〕重要？……

我认为世界上只有"互助"。绝没有"恩"，也绝无所谓"报"。那都〔是〕虚伪的旧道德中的鬼把戏。

旧道德就是虚伪和罪恶的代名词，一块"旧道德"的幕布下，不知遮掩了多少罪恶啊！

旧道德不必攻击，早已体无完肤了。而新的道德，人类的真理！不知要到什么时候才能建立起来呢？

想起朵思退夫斯基的穷困一生，想起自己目前的处境，我才体会到《穷人》是怎样写出来的。

想起企霞，在此时，人们必叫他穿武装，挂起上校符号来示威❶，我真怀疑我不是住在人世上。

点人家的血疮，是罪恶的行为，往往遭到反感，而甚至惹祸！但假如是双方都站在新道德的立场上，出以赤诚，就成了善意的批评了，而且绝没有不能接受的。

没有新道德的人，是绝不能接受刻骨的批评的。

"忍耐"，我一定要百分之百的做到，我的病才能好。永恒地不要忘记由"忍耐"所得到的好处。（自箴之八）

---

❶ 叶紫返回益阳时，抗日民族统一战线已形成，国共重新合作，但当地土豪劣绅反动势力，仍欺压叶紫。陈企霞到益阳探望叶紫时，了解到这一情况，便穿起军装，挂起上校符号，并宴请当地头面人物，以此来示威，以改善叶紫的处境。

去年年底，志贤舅答应给我送肉来，而未送来，因作一"打油诗"寄去。云：

爆竹声频逼岁除，急来窗下便修书；
只缘饕餮成生性，请问年猪杀也无？

正月底，始得回信，送了一块肉来。并回一诗云：

打肉何须问几多，洞庭抛入水无波；
早知君是屠门客，瞒着阿公割一它。

（《倒车集》）

阿公者，满外公也；瞒着者，满外公不肯也。

五月廿六日 **（四月初八）**

晴，刮南风。

昨天下午人的精神爽快极了。今天早晨便亲自到兰溪去买水鱼吃。

因为南风，要特别小心才好。

发彭尼回信，昨晚和今早写好的。挂号。并附去龙重任之信，信中说过这样的话。

近来我有一种奇怪的思想，不，也许是经验吧。我总觉得说得太漂亮、太热情的人，往往是最靠不住的。

午后，楼哥来，接小文去，言姐姐病重。前四日，曾云病疟，间日一作。求一解表方并买四日两次丸四粒去。服而无效，今日再来。如今夜不退热，言明天即来接我，恐有转伤寒之危也。但愿她好起来！

五月廿七日 **（四月初九）**

晴，大南风。

谢谢上帝，楼哥今天没有来接我，大概姐姐好了些。

早晨又续写《查仓》，约五百字。

午后，大开倒车，和久龄合伙开某某诗人的大玩笑。戏和五首，戏改四首，戏集一首，并附一短跋。也是针对着反对旧诗而作的，不无小意义。改日再记吧。因为诗还待斟酌。不过，下次再不许自己开这样的玩笑了。一者伤脑，二者耽误时间，三者终不免使人难堪。虽然我绝不写作者的名字，不告诉别人作者是谁，但终不免传给作者本人知道，而生怨恨和误会。切戒，切戒！（自箴之九）

午后四时，收达芳来两信，一挂号，附汇票九元。计小许女士二元，广西大学召非君五元、北望君二元。另在平信中附一中学生冬青一信，并邮票五分，并剪来《救亡日报》一页。

收《观察日报》杨隆誉先生一信。挂号，转来从前天翼交给他之捐款邮票四元。并言天翼通讯处为溆浦大潭民国大学交。嘱我寄一信他。

《救亡日报》五月十三号的[1]，剪贴如后。

五月三十一日　　　　　　　　　　　　　　　　（四月十三日）

阴晴而凉。

这几天人又不好。肺肾交病，而以肾病为最厉害。腰膝酸冷而痛，恶寒、发微热，咽喉痛而声嘶嗄，自汗，盗汗，不一而足。

内经曰：足少阴病，虚火上浮，常咽痛。宜咽蜜炙附子片。仲景云：冬月伏寒于肾经则发咽痛。附子汤温其经。秘箓及东垣云，少阴咽痛，因热药凉服，然而我不敢吃附子。连六味地黄丸亦因胃寒和外感而不敢常服，奈何？！！……

〔……〕

---

[1]《救亡日报》五月十三日“作家书简”栏，总标题为《叶紫在病中》，副标题为“期待《太阳从西边出来》”“期待他的读者的鼓励”。这一栏上发表邝达芳给编者先生的信，信中讲到叶紫受到穷与病的煎熬，“为着使他的病能较快地好起来，可对于祖国抗战尽更多的力量，我希望一切与叶紫先生相识或不相识爱好他的作品的朋友，对他作精神上物质上特别是金钱的接济”。这一栏里还发表叶紫五月一日写给邝达芳的信。

六月二日 （四月十五日）

阴，凉，时有小阵雨。

〔……〕

我不知道一个有科学头脑，有理智的我，怎么会干起中医来的，真是怪异而有趣的事。其实，说也难怪，环境使我和全中国农村中的劳苦大众享受不到科学的幸福。全国的医院和西医是那样有限。西医是那样势利眼，机械而奴隶于模仿外国，甚至可以用普通话说得出的病而故意说外国文，以显出自己的玄妙、高深。西医是那样的资产阶级和官僚市侩化啊！简直令平民望而生畏！……我最反对中国西医治肺病。（原因在《穷人肺病疗养法》中再说吧！）而中国药是这样的普遍、便宜、有千百年历史、有信仰……而且也真正治得病好。他的每一味药，都能深入劳苦大众。但毛病也在这里出来了。第一是中医书太玄虚，文字太古奥，难懂，而尤其难通。因此，十个中医中，有九个看不懂较古、较高深的医理书籍。如《内经》，如《灵枢》、《素问》、如仲景各书……且解释更玄而又玄，完全是经验和臆测的。没有经科学的化验和证明。乡下医生更是杀人如麻，连药性都弄不清楚，脉理连分八大脉都分不清，看书连陈修园、汪昂、傅青主诸书都要断错句，怎么不杀人如麻呢？有的简直连写一个药方都写不成，还大做其医生呢。

然而中国药确可以治病。假如加以科学的化验和精制啊！

今早圣三爷来说，他的病温的孩子完全好了。曹宗和的动了惊风，几乎死去的任儿，只有一剂药，也完全好了，我的心里多么快乐啊！

因为医书之难，又不能不使人想到中国文字之难，和新文字运动必须火速努力！

我必须用全力在我的作品里反对人类的"报复欲"，刻划其罪恶而攻击之。这也是我的主要工作之一。

以无理对付无理——是报复。

以其人之道还治其人——是报复。

以野蛮残忍回答野蛮残忍——是报复。

以真理打击无理，使他"有理"或"懂理"了为止。——不是报复。

以人类的正义，打击其兽性的野蛮残暴，直到他屈服，回复其人性为止——不是报复。

将日本强盗驱去〔出〕中国——不是报复。

将日本兵力和陆、空、海军之一切力量在中国歼灭之——不是报复。

帮助朝鲜独立，而出兵援助之——不是报复。

杀没有抵抗力之俘虏——是报复。

打到东京去，杀尽日本鬼子——是报复。

也去屠杀日本的无辜人民，轰炸日本的一切大小不设防城市——是报复。

“报复”——片刻的痛快，狞笑。而结果是——制造罪恶！

我现在连写一封信都不能随便，因为时刻有被拿去发表的可能，而不能不先自小心，检点。但，我绝对相信我没有不能发表的信，因为我根本无不可告人之事也。随他去吧！

六月五日　　（四月十八日）

阴，冷。

咽喉痛略好。精神大不如前，萎弱已极。

以生附子三钱调米醋成膏药贴脚心，不十分钟，咽喉之火气顿消，再十分钟，变成冰凉世界矣。再服八味附桂地黄丸加玄参（先蒸再泡水服），咽喉痛遂平复。但胃却受伤。

中国药真奇怪，有效。但总不精良，非用科学炼制不可。

收企霞、剑雯各来一平信。

六月六日　　（四月十九日）

满爹来说，曹明阵因汉奸罪名，前日在省城枪毙了，尸首已运回益阳。

对于这样一个封建余孽的罪魁，土劣总代表，是必然要走到这条路上去，也必然要得这样归宿的。政府能注意到这样的人身上去，及早而铲除之，这就证明湖南政治的进步，也就是抗战的中国的进步。

反封建运动，必须配合着第二期抗战展开。而尤其是肃奸运动！……

说到私仇，当然我应当向我的先父（祝他老人家灵魂平安）祝告的！不过，与其说，我看到了一个大仇人的死而高兴，到〔倒〕不如说看到替国家民众除了一个大害而高兴，还恰当得多。

我相信，我有这样的胸襟，即使他是我的杀父之仇，只要他是在前线杀敌，为国家民族的生存受了苦难，只要我的力量能救助他，我一定会去救他的！但，他却是这样一条狗啊！……而且还是人人得而殊〔诛〕之的汉奸啦！呸！污浊了我的纸笔！……

六月十三日　　　　　　　　　　（四月二十六日）

晴而爽快，虽发南风。

旁的病略好一点，又来了讨厌的胃病，连饭都不能吃，只能吃稀饭，岂不呜呼？!！……

很多天不记日记了，很多宝贵的事情不能记上，真是闷气的事情。

这几天，发了好些信出去了。计八日发达芳平信附小许先生一信。又八日发刘祖同一信，来信系由达芳转来。自称为鲍雨之友，江苏人。现在广西七星岩桂林江苏省立教育学院。九日复剑雯一信，发二叔一信。十日复中学生冬青一信。此信亦系达芳转来者。桂林两江省立师范学校卢一桂转交。写这封复信我吃很大的力。十二日发韵玉一信，寄贵阳。

今天发望弟一航空挂号信，遵二叔命也。寄延安解放社交。

六月十五日　　　　　　　　　　（四月二十八日）

晴，阴。也许下午会出太阳吧。现在的天气总是这样捉摸不定的。

昨天，十二架敌人的飞机，在益阳轰炸了半小时之久。死伤的人一定多得很。而且投弹是毫无目标的。

第二期抗战中，敌人的残暴和无赖，也就在这轰炸中暴露无遗了！一面轰炸平民，一面散传单来说日本不杀平民，这正是他们的好宣传啊!！……

愤怒到极点的时候，往往会失掉理智的。假如打落一架敌〔机〕下来，那被俘虏的机师，很有被乡下人活吃掉的可能。这是人类的本性——虽然说这是“报复欲”吧，也不能算罪过的！要办到在敌对时不杀俘虏，非有绝大的理智的人，是不行的啊！这因为是敌太横蛮残酷了的原故。

一次轰炸之后，乡下人的人生哲学又来了。“这个世界啊！多快乐一点吧！不要争强弱吧！说不定明天……”但，一点积极的表现都没有听到。我们的宣传工作在哪里啊！……

给企霞写一长信，两天了，今天才完成，人受了伤了。

我在他的信中，写了几句这样的话：

〔……〕

此信系快信，仍寄江西吉安原处。

复《观察报》杨隆誉先生平信一封。附给敏讷小简一纸。约定一星期内写长信给他。

晚，收彭尼平信一封。

又，收龙任重挂号信一封。汇票洋五元。

六月十六日 **（四月二十九日）**

雨，天黑暗无光。

早晨复龙任重、彭尼各一信。平信。

由于自己在创作上所感到的关于模特儿的困难，常常苦恼着自己。不是吗？我们这里有无数的典型人物，如石安、干冰，以及许多老者，少者，……但，他们都知道我的笔名，都留心着我的作品，只要有一肢一发象他们的，他们就都会立刻来质问我的。以为我在骂他们了。我的天啊！世界上哪里有那样的作品呢？什么人都不象……

看到天翼对华威先生的苦恼，（《论缺点》，《力报》半月刊四期）想起鲁迅先生的写坏人总是老大、老四老五，而绝不写老三老二的苦衷和他说的以后不能写小说的诸原因，真令我有“干文艺大不如卖烧饼好”之感。

看到一个生客人，或高兴的人，或高兴的事，即大为兴奋，这是非常有害于我的病的。应绝对抑止。兴奋之后，一定要受伤害的。一定要受刺激的。何必呢？……切戒切戒！（自箴之十）

“矫枉过正”也是我的最大的缺点之一。我常常犯这样的毛病。“过正”者，“过度”也，“过火”也。“过度”即变成了“夸大”，略发展一点，就有成为“说慌〔谎〕”的危险。“过火”就不免“苛责”或“苛求”，尤其是要不得的。这毛病不小啊！不偏，不激，虽中庸之道，却也是非常难得的道理，用之于年青人，是最困难的。（自箴之十一）

“残酷地批判自己，无限地宽恕别人。”我昨天对企霞这样说了，今后，自己更应当时刻警惕！（自箴之十二）

六月十九日 **（五月初三）**

上午雨，下午晴而闷。

〔……〕

收剑雯一信，并诗一首。剑雯苦于夫妻不和，大有不可终岁之势。其诗系感怀而作，能使读者寄与最大之同情。

六月廿一日 **（端午节）**

晴。

我自己觉得病是十分严重了。最近性情异常暴躁。夜晚因为要防备遗精，防备盗汗，防备着凉，防备受热，于是由于小心和惶恐过度，而变成严重的失眠症。刚刚欲睡着，一下就惊醒了。

病，完全是本病，防备仅仅是治标的方法。然而，本病无药可治，又不能不在标上想法子。等度过了（假如能度过的话）这一夏季，到秋凉了再设法在饮食上来培本吧。但，这样严重的形势，这夏季是否能度过呢？……

葛可元的十神药方上有几个培本的单方，我一定要弄几个吃吃的，虽然价钱是那样贵。

因为前一星期之大轰炸，年年照例的龙船和山歌，今年不要政府禁止，而自动地取消了。这一积习的革除，不能不说是日本鬼的轰炸之功。也就是一班人所说的——在轰炸中进步了!! ……

六月廿四日 **（五月初八）**

连日皆晴，刮大南风。

病势一天较一天严重。今天体温度 37.6° 。脉搏 102 跳。喉痛得几乎失音！

人家都说我用心过度，非停止阅书看报不行。就是说，要我做一个猪。

不工作，可以。不看书，也可以勉强办到。但如果要我不看报章杂志，那我情愿“死”。

久龄为了生活，他可以不看书，不看杂志，甚至七八天不看报。兰溪的小学教师群，校长如我的舅父们，他们只要敌人不来，十年不看报也可以过得若隐士然。但我却不行。

我关心着世界大局，耽心着祖国的存亡，关心着全中国的文化事业，时刻不能忘记自己所负的伟大的时代的使命，文化人应尽的一切责任……我贪婪地看着报章杂志的每一个字——甚至连广告，毫不放松……

假如这是我的致死的原因，那我真是“死”而无怨。

咏兰今天正式向我申言，她担心我会死，我自己照镜子一看，觉得脸相的确是大不对了，“死”是很有可能啊！但，“死”吧！有什么可怕呢？……

昨天久龄复剑雯一信，两人署名。

今天收刘祖同一信。祖同这人暴躁得象有神经病一样。暂时不打算回信。

六月廿五日　　　　　　　　　　　　　　　（五月初九）

晴。

喉痛加重，濒于失音。胃病后肠亦大病，早晨连泻三次，腹痛不可当。夜作恶梦，醒则浑身盗汗。心悸气喘，头重脚轻。舌干口苦，咳嗽痰多。心中烦躁不安。头发大落，骨内酸痛，好了，好了！无论你如何利〔厉〕害，再加些病吧，我也只当你秋风。“苦”，我不怕！“死”，我不怕！来吧！一切的魔难！……老子不怕你！……

使我烦躁，而不能不动气的倒不是病，而是咏兰对我的“爱好的东西”和“爱做的事”的毫不关心的态度。她替我做事总不肯用心去做，总不能如我的意。而我自己又不能动，所以就造成了烦躁的原因。其实，只要她肯用心，任什么事，她都绝对的可以做得很好。

她是多么地不关心我的“爱好”啊：有时我痛苦得怀疑她在欺骗我。当然，这是毫无根据的冤枉她，但，我却有这样的痛苦呢？怎么办呢？……

我的身体和病，决定了我的工作和责任，不是，也绝不能上前方参战，而是深入后方，散布新文化的种子，用来打击一切阻碍着祖国进步的黑暗势力！——彻头彻尾的反封建！……然而，我的天啊！病得我这样利〔厉〕害，简〔直〕是一个废人样了！他妈的！……

发企霞平信，仍寄吉安。希望他寄点钱我。希望他带两个人出去。

六月廿六日 **（五月初十）**

晴，南风。

昨天连泻六次，腹痛如绞。体温 37 度 8，脉搏 104，开夏季之最高记录。

但，不管他，妈的！相反的，我倒比平常多吃了一些饭。

决定吃素两月，这对我有很大的好处。

怕风吧！我偏要吹风，越怕越利害，倒不如反抗的好！今天，打算你再高一度的体温如何？妈的！……

收罗家洲小学教师郭训钦一信。待复。

编者按：叶紫一九三九年度日记手稿，解放初由其子余雪驹寄张天翼，转冯雪峰，冯雪峰交北京图书馆保存。一九八一年《中国现代文艺资料丛刊》第六辑与《湖南师院学报》第三期同时发表（节录）。本书采用前刊所载，而由编者根据手稿作了必要的校补。

研究、评介文章选辑

叶紫作《丰收》序

鲁 迅

作者写出创作来，对于其中的事情，虽然不必亲历过，最好是经历过。诘难者问：那么写杀人最好是自己杀过人，写妓女还得去卖淫么？答曰：不然。我所谓经历，是所遇，所见所闻，并不一定是所作，但所作自然也可以包含在里面。天才们无论怎样说大话，归根结蒂，还是不能凭空创造。描神画鬼，毫无对证，本可以专靠了神思，所谓“天马行空”似的挥写了，然而他们写出来的，也不过是三只眼，长颈子，就是在常见的人体上，增加了眼睛一只，增长了颈子二三尺而已。这算什么本领，这算什么创造？

地球上不只一个世界，实际上的不同，比人们空想中的阴阳两界还利害。这一世界中人，会轻蔑，憎恶，压迫，恐怖，杀戮别一世界中人，然而他不知道，因此他也写不出，于是他自称“第三种人”，他“为艺术而艺术”，他即使写了出来，也不过是三只眼，长颈子而已。“再亮些”？不要骗人吧！你们的眼睛在那里呢？

伟大的文学是永久的，许多学者们这么说。对啦，也许是永久的罢。但我自己，却与其看薄凯契阿，雨果的书，宁可看契呵夫，高尔基的书，因为它更新，和我们的世界更接近。中国确也还盛行着《三国演义》和《水浒传》，但这是为了社会还有三国气和水浒气的缘故。《儒林外史》作者的手段何尝在罗贯中下，然而留学生漫天塞地以来，这部书就好象不永久，也不伟大了。伟大也要有人懂。

这里的六个短篇，都是太平世界的奇闻，而现在却是极平常的事情。因为极平常，所以和我们更密切，更有大关系。作者还是一个青年，但他的经历，却抵得太平天下的顺民的一世纪的经历，在转辗的生活中，要他“为艺术而艺术”，是办不到的。但我们有人懂得这样的艺术，一点用不着谁来发愁。

这就是伟大的文学么？不是的，我们自己并没有这么说。“中国为什么没有伟大文学产生？”我们听过许多指导者的教训了，但可惜他们独独忘却了一方面的对于作者和作品的摧残。“第三种人”教训过我们，希腊神话里说什么恶鬼有一张床，捉了人去，给睡在这床上，短了，就拉长他，太长，便把他截短。左翼批评就是这样的床，弄得他们写不出东西来了。现在这张床真的摆出来了，不料却只有“第三种人”睡得不长不短，刚刚合式。仰面唾天，掉在自己的眼睛里，天下真会有这等事。

但我们却有作家写得出来东西来，作品在摧残中也更加坚实。不但为一大群中国青年读者所支持，当《电网外》在《文学新地》上以《王伯伯》的题目发表后，就得到世界的读者了。这就是作者已经尽了当前的任务，也是对于压迫者的答复：文学是战斗的！

我希望将来还有看见作者的更多、更好的作品的时候。

一九三五年一月十六日，

鲁迅记于上海。

（原刊《丰收》初版本卷首）

致叶紫、汤咏兰信十一封

鲁　迅

一

Y.Z.兄：

我昨天才将翻译交卷，今天看了《夜哨线》。

这一篇，有好的地方，也有不好的地方。这大约是出于你的预计之外的。

大约预计是要写赵得胜，以他为中心，展开他内心和周围的事件来。然而第一段所写的赵公，并不活跃，从第二段起以下的事件，倒是紧张，生动的。于是倒映上来，更显得第一段的不行。

我看这很容易补救，只要反过来，以写事件为主，而不以赵公为主要角色，就成。那办法，是将第一段中描写及解释赵得胜的文章，再缩短一些，就是减少竭力在写他个人的痕迹，便好。不过所谓“减少”，是减少字数，也就是用几句较简的话，来包括了几行的原文。

此布，即颂

时绥

L上　十月二十一日

二

芷兄：

除夕信新年四日收到。书籍印出时，交那个书店代售一部分，没有问题，但总代售他是不肯的，其实他也没法推销出去，我想，不如和中国书坊小伙计商量，便中当代问。序当作一篇。铁耕回家去了，我可以写信去说，不过他在汕头的乡下，信札往来，很迟缓，图又须刻起来，能否来得及也说不定。

（一月四日）

（注：此信不全，原件后部分被裁去。）

三

Z兄：

信早收到。小说稿送去后。昨天交回来了。我看也并没有什么改动之处。那插画，有几张刻的很好。但，印起来，就象稿上贴着的一样高低么？那可太低了，我看每张还可以移上半寸。

我因为给书店选一本小说，而且约定了交卷的日期，所以近来只赶办着这事，弄得头昏眼花，没有工夫。等这事弄完后（下月初），我们再谈罢。小说大约急于付印，所以放在书店里，附上一条，请拿了去取为幸。专此，即请

刻安

（比“时”范围较小，大有革新之意。）

豫上　二月廿六夜

四

芷兄：

来信收到。郑公正在带兵办学，不能遇见；小说销去不多，算账

也无用。还是第三条稳当，已放十五元在书店，请持附上之笺，前去一取为盼。

此复，即颂

饿安

豫上　七月卅日

五

芷兄：

得来信，知道你生过病，并且失去了一个孩子，真叫我无话可以安慰。家里骤然寂寞，家里的人自然是要哭的，赔还孙子以后，大约就可以好一点。

一礼拜前看见郑，他说小说登出来了，稿费怎么办？我说立刻把单子寄给我。但至今他还不寄来。今天写信催去了；一寄到，即转上。

专复，即请

双安

豫上　九月二十三日

六

芷兄：

来信收到。我现在实在太苦于打杂，没有会谈和看文章的工夫了，许也没有看文章的力量，所以这两层只好姑且搁起。

你还是休息一下好。先前那样十步九回头的作文法，是很不对的，这就是在不断的不相信自己——结果一定做不成。以后应该立定格局之后，一直写下去，不管修辞，也不要回头看。等到成后，搁它几天，然后再来复看，删去若干，改换几字。在创作的途中，一面练字，真要把感兴打断的。我翻译时，倘想不到适当的字，就把这字空起来，仍旧译下去，这字待稍暇时再想。否则，能够因为一个字，停到大半天。

《选集》我也没有了，别的两本，已放在书店里，附上一条，希持此去一取为托。

专此布复，并颂

时绥

豫上　十一月二十五夜

七

芷兄：

来信收到。对于小说，他们只管攻击去，这也是一种广告。总而言之，它们只会作狗叫，谁也做不出一点这样的小说来：这就够是它们的死症了。

附书两本，也收到。为《漫画和生活》，我是准备做一点的，不过幽默文章，一时写不出，近来又为了杂文，没有想一想的工夫，只好等阳历明年了。至于吴先生要我给《殖民地问题》一个批评，那可真象要我批评诸葛武侯八卦阵一样，无从动笔。

《星》在我这里，改正之类，近来实在办不到了。

专此布复，即请

刻安

豫上　十二月廿二夜

狗报上关于你的名字之类，何以如此清楚，奇怪！

八

芷兄：

来信收到。账已算来，附上账单，拿这到书店，便可取款。

专此布达，即颂

刻安

豫上　十二月二十八夜

九

芷兄：

四日信收到。不明底细的书店，我不想和他们发生关系了，开首说得好好的，后来会出意外的麻烦。譬如《二心集》，我就不主张去检查，然而稿一付去，权在书店，无法阻止。

所以请你回复那书店：我不同意。

那集子里，有几篇到现在也还可存留，我自己要设法印它出来，才可以不至于每页字数排得很少，填厚书本，而定价一元。

此复，并颂

年禧

豫上　一月九夜

十

芷兄：

七日信收到；记得以前诸函，也都收到的。所以未写回信者，既非我病又重，也并无“其他的原故”。不过说来说去，还是为了我的病依然时好时坏，就是好的时候，写字也有限制，只得用以写点关于生计或较为紧要的东西；密斯许又自己生病，孩子生病，近来又有客寓在家里，所以无关紧要的回信，只好不写了。

我身体弱，而琐事多，向来每日平均写回信三四封，也仍然未能处处周到。一病之后，更加照顾不到，而因此又须解释所以未写回信之故，自己真觉得有点苦痛。我现在特地声明：我的病确不是装出来的，所以不但叫我出外，令我算账，不能照办，就是无关紧要的回信，也不写了。此一节请谅察为幸。

专此布复，并颂

时绥

鲁迅　九月八日

十一

咏兰先生：

来信收到。

肺病又兼伤风，真是不大好，但我希望伤风是不久就可以医好的。

有钱五十元，放在书店里。今附上一笺，请持此笺，前去一取为荷。

专此布复，即颂

时绥

豫上　十月六日

（均录自人民文学出版社1976年版《鲁迅书信集》）

几种纯文艺的刊物（节录）

茅　盾

近来读了好几种大小不一的文艺刊物，都是最近两月内出世的。主编者都是些生气蓬勃的青年作家。我们这文坛上有许多事叫人难以索解。例如“文坛太寂寞了”这句话差不多成为一般“有心人”的口头禅，但是新作或新的定期刊出世后很难引起“文坛上”的注意。又如“推荐青年作家”一句话也成为一般的口头禅，但是“青年作家”的作品出版后也很少人批评。间或有人写了短评，谈到“无名”作家及其作品了，可是这位“批评家”的本意却又是借端发牢骚，骂骂他自己要骂的对象而已。

对于新进作家的作品或新进作家主办的刊物，也有人抱了这样的意见：他们大都瑕瑜参半，而且常常瑕多于瑜。批评得太严格了呢，青年人是容易灰心的；单单称赞那些美点吧，又恐怕感情“热烈”的青年人误用聪明，懈于精进。这结果就是除了特别坏或特别好的以外都守沉默。

还有一个原因就是人少事忙，新刊虽说不多，要一一读过已觉不易，何况一一批评。这是事实上无可奈何的。因为虽则近来兴起了许多“新兴”的批评家，但他们大都不屑躬亲小事，他们喜欢找大目标来做批评的对象。

倘使一二“有心者”肯破费功夫，博览每月出版的大大小小面目不一的文艺性定期刊，写这么一篇《每月定期刊鸟瞰》之类的文章，给这千奇百怪的“文坛”画出一幅“卡通”来，算是“社会生活反映之反映”，则对于读者未始不是有益的。那一定要比零零碎碎半真半假的什么“作家消息”，“文坛近事”之类更加有意义吧？不过这是“艰苦”的工作，而且也要相当“眼力”。记者“心长力绌”，只好就个人偶然读到的刊物中捡出几种来说一说。

第一是《无名文艺月刊》，上海“无名文艺社”编辑出版，现代书局总代售，每册三角。这是青年作家的同人杂志，创刊号六月一日出版，二期尚未出来。据说“无名文艺社”组织的发生是一幕“悲剧”：大概是一年前吧，有一位青年作家因为“无名”，他的作品被某书局拒绝了，后来这位青年作家悒悒而死，他的朋友们为纪念这死友以及反抗书坊老板的压迫，就组织了这个“无名文艺社”，先刊行旬刊（《无名文艺旬刊》），现在就扩充为月刊。这个“传说”，是否真确，我们不得而知，但是“无名文艺社”结合的本旨多少有点反抗书店老板的压迫，大概是事实。

《无名文艺》创刊号中，除诗歌、小品文、翻译小说及书评而外，计有创作小说五篇，目录如下：

《丰收》　　叶紫

《没有爸爸》　黑婴

《垃圾》　　岛西

《巷战》　　刘锡公

《雁》　　　汪雪湄

这里五篇小说，黑婴的《没有爸爸》是例外，其余四篇都表示出作者前进的意识。《丰收》是两万字以上的短篇小说，写水灾以后的农民如何盼望丰年，如何千辛万苦躲过了旱魃，又要担心水患，幸而丰收了，意识落后的老农云普叔望着田里的粒粒黄金垒起了无数美丽的幻想，可是谷价狂跌和地主的高利贷剥削，还有团防捐，救国捐，剿共捐等等，立刻把云普叔的幻想打得粉碎。他叩了无数响头，化了一席酒筵，苦求地主老爷和局长老爷“高抬贵手”；当然没有用，他的满仓新谷都被武力押收去了。“丰灾”是近来文坛上屡见的题材，但是我们要在这里郑重推荐《丰收》，因为此篇的描写点最为广阔；在二万数千言中，它展开了农事的全场面，老农的落后意识和青年农民的前进意识，“谷贱伤农”以及地主的剥削，奇捐杂税的压迫。这是一篇精心结构的佳作。

其次，我喜欢汪雪湄的《雁》，叶紫在《编辑日记》中说这“全篇是描写江阴艒艒船一个破落户的生活，正如南来北返的季鸟一般。我只觉得它词句的美丽，描写的纤微，确有令人神往之概。”诚然，《雁》在五篇小说中是最“美丽”的一篇，作者的“技巧”已臻圆熟，可是我还有另外的理由喜观这篇《雁》，这就是主人公桂生的性格描写。正象作者在篇末所叙说，桂生“不但因为知道别人的苦痛觉得比自己的苦痛还利害些，而且他还想对于那些当他危难时不援助他的人，不为他尽职的巡官们，吐出他胸里一口恶气。他不去以损害那些人，以当报复，他却想趁这个侠义的事业显出他的智能。”——桂生是这样一个“侠义的好汉”。在现今这世界上，桂生那样“侠义的好汉”是一定要碰壁的，而桂生亦终于失败了。作者并没用“说教”的口吻指斥桂生那“幻想”，更不曾把“革命理想”灌到桂生的头袋里，又作者对于匆匆而去的艒艒船主人刘老头子一家也只表示了这样的意思：“长天一色，雁鸟高飞；它们走上归途。颈仍然伸得很长，想必又发见了什么希望的幻影。翅膀的弯曲，是力的象征，也是辛苦的痕迹！何必呢，去年秋里匆匆南来，今年又急急北去。你们辛苦吗？季鸟！”这些地方，都使这篇小说染着感伤的灰色。这是大缺点！作者不把“革命理想”硬灌进桂生的头袋，或对于桂生的“侠义”行为不加以“说教”式的指摘，——这是我们可以同意的，然而作者那种无批判的态度很使桂生的故事（本来是富有社会意义的题材）失却了应有的意义了。

岛西的《垃圾》从侧面暴露军营生活的黑暗，写来也还细腻，主人公黎排长最后的“觉悟”也还不嫌兀突，不过那位陈家驹先生好象是多余的。《巷战》是“一二八”的断片，五篇中，此最幼稚，但是“年轻的高小毕业生”的处女作能够写到这个面目，无论如何是可喜的。白兮的童话《雪人》在我看来并不见怎样出色，叶紫在《编辑日记》中称为“意义伟大极了”，未免溢美过当吧？

总而言之，《无名文艺月刊》的一群青年作家有很大的前途，我们虔诚地盼望他们继续努力。

（原载 1933 年 9 月 1 日《文学》第 1 卷第 3 号）

读书琐记

小　雪

几个月前，在杂志《无名文艺月刊》上，读到了叶紫君的《丰收》，当时很想写几句话，因为杂志不久被人借去，一直就搁置下来。昨天，购得了一本新出的《文艺》，在里面，又见到叶紫君的《丰收》的续稿《火》，急于想知道这一作家在几个月内的新发展，首先就把它读了。现在，依着篇末的附注，把两篇连系在一起，陈述一点意见吧。

关于《丰收》，因为杂志还在友人那里，只能根据当时所写下的纲要来说。这一篇小说，在当时，也可以说是一直到现在，深深的引起我的注意的，可说是那丰富的农村生活经验。在一九三三所产生的几篇描写丰收成灾的小说，在内容的充实上，大概是以这篇为最了。作者对于农村生活，真是熟习得很。虽然技术不很纯熟，但在作者的笔锋下，是有写不完的生活的真实拥挤在那里，是谁都会感到的事。描写农民，一定要作者真实的了解农村生活，才能有很好的成功；也只有这样，才会克服那内容空虚，专门用技巧来凑字数，甩关子的倾向；就由于此，对于这一作家，我觉得他的前途，是很广大的。其次，使我对这篇小说感到满意的，是那一些丰收之前的关于丰收的欢乐的空气的描写。叶圣陶君的《多收了三五斗》是一样的有着这种期望的□□农民们没有知道谷价以前的种种快乐的梦。可是，叶紫君写得是更多一些，更切近农村一些，因此，反映得成灾后的农村状况，也更加悲惨。象这样的技巧，从他所描写的看，是没有一处不是基于真实的农村生活，我觉得是很动人，很成功。

有这些优点，也有不少的缺点，第一，我想说的，是这一位作家的认识问题。就是在“丰灾”里，作者对于农村社会的机构，还不能有深入的多方面的去理解：把一切的问题，写得很单纯，独立的存在似的。第二，关于青年的一代，暗写当然是可以的，不过暗到连读者捉不住一个明显的轮廓时，这青年一代给予读者的印象，将是很淡漠的；仅就所写的那样淡漠的情形去看，在子代工作的过程上，也没有合理的，一步一步的进展的去叙述。第三，就是在材料的处理上，是不很得当的。《丰收》是二万字的小说，就它所收的材料看，是应该成为一个四五万字的中篇的，再发展，当然是可以成为长篇。把这么多的材料全挤在一个短篇内，必然是在各方面不能有充分的描写，使读者感到材料的拥挤、堆积。然而，尽管作者有这些缺点，是无妨于这小说的存在、与它的优越处。对叶紫君，我表示了敬意。

也许是由于对叶紫君的希望过于热烈吧，当我读完了《火》以后，我觉得叶紫君在这篇小说上，是没有得到象《丰收》那样的成功。这是《丰收》的续篇，描写的就是前篇里的暗写的方面，和以后的发展。在有一些地方，我得到的印象，是和《丰收》恰恰相反。作者所要写的主题，并没有充分的得到发展，不仅处处丧失了它的组织性，而且很多的地方抓不住重心。这从群众行动的描写上，最后对被捕的人没有交代上，都可以看得出来。材料方面，要说《丰收》是拥挤堆积，那么《火》，就是正相反，很多段的内容是单调，空虚，缺乏真实性。《丰收》里描写了农村的真实，作者的态度也是严肃的，热情的；而《火》，却不免在有一些地方，表示了不严肃的倾向，感情也没有那样的真挚。在这里，我感到了叶紫君有很快的把自己深入的走向生活的必要。希望叶紫君往后有更好的作品出来。

（原载《申报·自由谈》1933 年 11 月 8 日）

《丰收》与《火》

凌 冰

我个人对于文艺批评的概念，以为批评只是研究与解释的综合。我们通过文艺以观照现实，再从现实具象以印证作品，如此完毕第一步“研究”的行程。经过了观照与印证之后，我们的观念如果是统一的，我们的印象如果是加强了，因而我们的情感也获得净化的效果，那末这一作品的价值对我们是肯定的。反之，观念如果矛盾，印象如果散乱，因而情感的效果从而削弱了，那末这一作品的价值对我们是否定的。如此完毕了第二步“解释”的行程。我们所留意的不是作品应该怎样，而是作品实际是怎样。我们愈接近作品的实际，愈能测准作品与现实中间的间隔，则我们的判断便愈少错误。惟有这样方才可以揭破技巧的掩饰，而洞察感情的真伪。伟大的作品便不会因其出于新进作家之手而遭忽视了。

《丰收》与《火》是从发表于《无名文艺》月刊和《文艺》两创刊号上的连续的两篇小说，取材于去年丰灾一个事实展开了农村骚动的真面相。前一篇重在暴露豪绅地棍榨取贫农的凶状，后一篇重在描写贫农被逼求活，挺险抗租的事实，全篇的长处在于作者绝不观念地引导农民接受革命，而是十分谨严的由自然的需要上展开他们的行动必然的步骤，它不是公式的演绎，而是事实的复现，这可以说是《水》后仅见的杰作。

《丰收》是剪取从前年大水以来在天灾人祸不断威胁下的农村生活作为前景，写贫农由饥饿与流亡线上挣扎下来，遥对着一个可能的年成发生憧憬。这唯一的憧憬鼓舞他们垂涸的精力，甘于鬻女，负债，忍付一切血泪的代价来打开生命的难关。辗转到了下种，却重复经过水旱二重恐吓，然后蓦地揭出丰收意外。这种采源溯本的刻画背景在结构上显出重大的效果，虽然费了前面六节一万字以上的篇幅，却一点不曾虚掷，同时又替《火》中一切线索安排就绪，读来毫不费力。

曹云普父子是作者拣来代表贫农的二种典型，前者一味安贫知命，守法事天，是封建忠顺奴隶的影子，立秋则因年事稍幼，未受流毒，现实在他纯洁的心地中孕育了革命的要求。作者并不把他写成怎样机警迈伦，因为他也是一个寻常的年青农民，我们只见他的质朴健实的品性在环境诱导下自发为革命的行动。人物展开的结果，在《丰收》中是云普叔从极端的打击下否定了自己的人生观，在《火》中他又认识了群众的力量，如此方才肯定自身革命的要求，谨严的表出老农阶级意识演进的程序。立秋的使徒式殉道的运命，暗暗在衬托革命斗争的艰苦与其应付的代价，而《火》的第五节群众暴动一幕因之才有适合的导药。

《丰收》中有两件插话，配置得非常精审。第一件是第三节里英英的出卖，不但写出为了十九块钱骨肉分离的惨剧，而且恣描云普叔沉舟破釜那种农民的决心。在第四节里又从云普婶歇斯特里的哭声中把旧事重提一下，使得第六节中："一切都有办法，只少了一个英英，这真使得云普叔心痛。""年岁越好，越有饭吃，云普越加伤心。""他再三嘱咐儿子，不许谁再提及那可怜的英英，不许再刺痛他的心坎！"——被一切幻梦所欺骗的老农的心中惨痛，更觉跃然纸上。《丰收》的结果作者又教我们知道，英英的运命在云普叔手上安排下来并未错误，农民在层层剥削下之必然弄到家破人亡，正是不可避免的归宿，一切牺牲都不能得到解救，除了革命之外。第二件插话是写立秋意识的觉醒只由于一件简单的事实，那便是对于十六年农协的回忆，癞大哥的任务只在教导他去温习旧课，所有教本却由四年前的印象替他编辑好了。立秋的学习革命的过程只是一种心理的综合，目前现状同过去回忆的综合罢了。

《丰收》与《火》的特色是在地方色彩之活跃，如"打租饭"一事写出湘中佃农供应农村统治阶级的状况，它的效果一方面是显示了封建榨取的形式，另一方面则使情节逼真而动人。

在描写动作一方面，叶紫君是尽量施展了他的笔触，但尚缺少张力和熟练，试将《火》同一些手法较老练的作家的作品一比，便可以看出它在表白上，在叙事上，都是需要若干刻苦的训练的。

经验对于成功具有极大的决定成分，我们从《火》和《丰收》中得到良好的佐证；丁玲因为身历灾区，所以把握现实得心应手，而《丰收》中的立秋便是作者的嫡亲表弟，我们固不必以为叶紫君因为纪念死者方才刻意为文，至少因为他直接的确切的认识现实，所以写来格外挚切罢。

（原载 1933 年 12 月《现代》第 4 卷第 2 期）

《丰收》——叶紫短篇小说集

唐 琼

"文学是写实的，战斗的！"

我一气呵成地读毕了叶紫君短篇小说集《丰收》，随着内在情绪的高涨和亢奋，提笔在原稿的首行写上这样简短的一句。

作为社会上层建筑文化领域中之一的文学，是在不断的斗争过程中生长的。尤其在人类的前史期行将终结的二十世纪四十年代的今日，文学已经从特权阶级独占享用中解放出来，随着旧时代残骸的死灭和新时代萌芽的茁长，而为新兴阶级的勤劳大众有力的斗争工具了。

一点也不夸张，一点也不矫情地我以极大的热忱和愿望介绍叶紫君的短篇小说集《丰收》给广大的读者。

作者叶紫君是一个青年，他有一颗追求光明的心，因此他在辗转动乱的流浪生活中，以严肃而又热情的态度，正视现实，并把握现实，通过了他的全部创作过程，把时代转变中几个特定人物的剪影，栩栩欲活地描画在读者大众的面前。

《丰收》《火》两个连续的短篇中，我们看到年迈力衰的云普叔，以其根深蒂固的宿命观念及容忍，承受那不断袭来的天灾人祸；尤其对于后者，他更显出驯服和卑从，结果当铁证的事实，明明白白告诉他，谁是敲骨吸血的敌人时，他已经力不能支了。但新的势力中的新的人物随即出现了，即就是立秋一群健实的人，他们深切地认清一切加在他们身上的压榨和威逼，都有人为的作用从中作祟，靠天怨天，都是不对的。因此我们在《火》中，可以看见一种如火如荼的群众运动，我们更可看见豪绅地主阶级及与其相为结托的统制势力的没落的狼狈相。

《电网外》的王伯伯真可谓死里逃生。他的用毕生所造成的一所小小的瓦房给烧焚了，他的血汗换来的黄黄谷子及其珍视如宝的家具，鸡猫狗牛给人一掠而空。大劫后，还要给人家用来邀领赈灾钱，两个孙儿给人扫射而死。然而，他会不自馁的，他为了两个大儿子和一群亲热的兄弟，他悄悄地独自向有太阳的那边走去，他终于踏上了健实的康庄大道。

在《乡导》中，我们可以看到刘媪妈以生命换来的为自己的亲儿和被屠杀的大众的复仇行为，又是多么的悲壮。

《夜哨线》中，那几个善良的朴质的灵魂——赵得胜，李海三，王大炮——当他们发现了，谁是真正的敌人的时候，他们也会紧紧地连在一条阵线上，向敌人反攻。

《杨七公公过年》是中国农村破产危机中农民离村的一幕悲剧。杨七公公带领儿媳孙辈，从故乡远奔他们脑海中满地黄金的现代都市上海。但当他们刚刚身入这块少数人的乐土的时候，层层的剥削和敲榨来了。这样不幸的悲惨遭遇，到他的儿子被捕入狱为止，都充分地暴露了，这块少数人的乐土上，人压榨人的关系的存在的可怖！

读完了叶紫君的《丰收》……等六个短篇，使我们自然地联想到：

（一）被压迫的大众的坚决反抗行动，只有通过伟大的实践中，才能建立起来。实践的教训提示着：人压榨人的制度一日存在，被压迫大众是一日不能放松他们制造自己的运命的艰巨伟大的工作。

（二）作者所描画的几个栩栩欲活的特定人物，都共同地有一个对另一世界的憧憬。当然，这不止于意想中的憧憬而已，最要者还是实践的行动。

（三）处于时代急剧转变中的现阶段，中国沦为次殖民地地位，在帝国主义及封建剥削制度对中国大众的掠夺和两者的对立形势上，尽有不平凡的题材可抓取可表现。无论如何，我们不能否认这时代虽然已有了新生的萌芽，但大量的悲剧，还在层出不穷搬演着。扮饰者无疑地是那含着眼泪向人的一群了。

在文学应提示大众、教育大众这一前提下，我们该大声疾呼："文学是写实的，战斗的！"

（原载 1935 年 10 月 1 日《第一线》第 1 卷第 2 号）

《星》

黄　照

若从这个作品的字面上加以估计，作者应当是我们眼前很熟习的一些形式中间的一个。作者也许不是一个新人。若真是一个新人，这作品可说是一九三五年中国最有希望的一个新人的作品。不过在这里去考察一个作者的真名与化名，却不是本份以内的事。这个短评要谈到的，完全——也仅仅只在这个作品艺术方面的得失。

《星》的故事是北方乡村里的一个野蛮汉子陈德隆，有一个年青美丽而又贤德的妻（她的名字叫梅春），他不但不知道爱惜她，并且在外面吃喝嫖赌样样都来，见面就是打骂。三年后，革命的进展到了村里，梅春剪了发，陈德隆也在酒醉之后同人争意气跑到镇上服兵役去了。他走后，梅春很快地同村里工会的副会长黄发生爱情，深深堕入情网，谣言的盛炽与丈夫的可怕逼得她同黄定下私奔的策划。恰巧另外一个痞子怀着醋意把消息透漏给了陈德隆，等她收拾起衣包要走时，陈德隆正由外面回来。姓黄的逃了。她受到一顿毒打。镇上的妇女协会把她从重伤下救了去，替她医治。陈德隆到会里要索，会长告诉他“她已不是你的老婆了”，梅春此后就和黄同居。一个晚上，陈德隆就去刺他们，却刺到别人，他只好远离家乡避祸。梅春同黄就很幸福的回到村里来生活了八个月。轰然一声民十八[1]的清党运动爆发起来，他们一同被捕入狱，不久黄就被杀，梅春在

[1] 应为民十六年。——本书编者

狱中受惊分娩得一男孩。这时陈德隆知道时局变换，才敢回家，半年流浪的生活把他野蛮的性格改变了不少。经村里长老的苦劝与帮助，他抵压〔押〕了田产把梅春从狱中释出，梅春因了幼儿的抚养事大，重复与他团聚。过了六年，梅春又产二子，但是因为陈德隆的本性难移，她在这六年中所受的折磨仍不减当时。同时，六年来家境也一天不如一天，加之有了这些孩子，陈德隆发脾气的时候更多了。后来梅春那个最心疼的孩子（在狱里产的那个）终于在凶暴与疾病交攻之下死了。她整个哭了三天，悄然在夜晚茫然不知去向地逃亡了。

拿恋爱与革命交织起来做一个热烈的故事，从前在左翼作家中差不多十之九有这种习惯，不过那些故事都嫌写得太着重事面的渲染而疏忽了人性的解剖，这篇《星》却把从前的习惯颠倒了一下，所以我们对于故事里的几个主要角色，不能一例看作一种抽象的意识的化身，而实是有强固的灵魂的血肉之躯站在我们面前。实际上，作者的用意也就只用革命的背景做故事的陪衬，与专门写点缺乏现实人物的革命幕序的空洞轮廓截然不同。也就因为这样，作者成就了这方面——把一个梅春，一个陈德隆倾全力写出来了；又失掉了那方面——黄出现的时候太少（尤其是在进行恋爱的当儿，私奔的前后，陈德隆行刺前后）以及他个人的背景（他在党里做些什么实际工作）和整个社会的革命进行现象叙述得太淡薄：所以我们只知道黄起初是“不认得？我姓黄啦！……我是会中的副会长，我就在那大庙里教书的啦。你不是在草场中见过我的吗？……”（这还是他自己对梅春说的）如此这般的一个人，后来就在半夜爬进（这只是一个黑团）梅春卧室的窗了，后来就先梅春而逃了，后来又和梅春同居了大半年，终于不知底细的仿佛被杀掉；关于社会的革命现象，则只看见一些剪发啦，招兵啦，梅春坐狱啦等等断片的侧面的描写。故事的经过太长，情节太富于曲折性，作者却又尽量要紧缩时间同文字的挥霍，也许是顾此失彼的又一原因。然而整个的说，这作品并不算失败，它成功的地方有的很超越的达到一个极顶点、如布局的坚定，行文的毫不费力，无畏的裸露人性，唾弃教训主义，都好象孤耸在黑夜的大海上的灯塔一般，有睥睨一切之概。

开头第一章，作者用很经济的手腕把这故事轻轻的启了一端，梅春在这里是写得太好了，梅春周围的人，那一个村子鸟瞰，使我们看了有瞭如指掌一般的概念。试看一个有良好的教养与纯洁的心田而又年青美丽的梅春，受到野蛮的丈夫无情的折磨至于难以忍受的时候："梅春姐对于丈夫是不能说不贤的，她自始至终没有向人家说过丈夫半点错过。她忍受着，她用她自己的眼泪和遍体的伤痕来博得全村老迈人们的赞扬。当她听到了那雪白胡子的四公公和烂眼睛的李六伯伯敲着旱烟管儿，背地里赞扬她——'好一个贤德的妇人啊！……''好一朵鲜花插在牛粪上啊！''癞子陈灯笼[1]的福气好啊……'——的时候，她就觉得那浑身的伤处，都象给一种无形的、慈祥的、勉慰的手掌抚摸过似的，痛苦全消了。她可以骄傲——尤其是对于那些浮荡的不守家规的妇人骄傲！"还是这样如羔羊一般的驯顺温柔，这个崇高的灵魂是值得我们景仰爱慕的。窥见了这个灵魂之后，我们失去了意识，这作品象童话里说的孩子们用手摸得着的太阳月亮一般，把我们吸引熔化，我们也愿意让它吸引熔化。

当我们象一个虔诚的信徒，一个解除武装的俘虏，追踪着一个美丽的憧憬，而那个憧憬忽然在眼前破灭了，我们会感到怎样的惊诧，失望，悲哀。第二章就有这样一个难关等待我们踏过，这里的梅春将要把自己埋葬在一个黑暗的深渊去了："她频频地向黑暗中凝眸：那一双星一般，长着长长睫毛的眼睛，便又轻轻地，悄悄地，在她的面前浮动起来了。她想：'真是希奇！虽然只一回平常的见面，但那个人实在象在那里见过来的！……'不过，她随时又：'我为什么要想这些事情呢？我为什么要想这些事情呢？唉！唉！……实在的，那双鬼眼睛真在哪里见过来的！'"这时候，我们的心里也有一种痛苦的挣扎，不容许太随便把一个有良好教养的女人安排到叛逆世道的行为上去。后来"她悲哀地，沉痛地又合上她的眼睛。她深深地想着：她还是要保持那过往的光荣的；她不能让这些无聊的，漆一般的想头把她的洁白的身名涂坏！在无论怎样的情形之下，不管那双眼睛是如何的撩人，她还是决心不要再和他碰头为妙！"这一段描叙才补偿了我们

[1] 就是陈德隆的绰号。

的耽惊，稍稍给与我们以慰藉。

一个黑暗的夜晚，梅春的情欲和理性的激烈的决斗开始了：

小窗门微微地启开着。一个黑色的，庞大的东西，慢慢地由窗口向里边爬！爬！……

梅春姐的全身都骇得冰凉了！她的牙门磕着！她几乎哑声的呼喊了起来！……

黑色的东西摸到了她的跟前——是一个人！一个穿长袍子的，非常熟识的身材的人！梅春姐的心中慌忙着！击着！跳着！……象耗子被抓到了猫儿口中般的颤慄起来！……

“吓吗？……”那个人伸手摸着她的肩头，一股麻麻的火一般的热力，透过她的冰凉身子。她嘶声的抖战的想推开他：

“黄，黄……你……你……唉！你……”

“我是……梅春姐，你，平静些吧！……我平常……”

“轻声些……你……唉……你不要害我的！……”

“……”

梅春姐挣扎的摆下他的手来，她为那过度的惊惶而痴呆着！她的被眼泪湿淋的身子紧紧地缩成了一团，她的心理更加慌忙的冲击着！……

黄，象一只狼般的再度的向她奔来，梅春姐已经无法能推开他了！为了那些壁前壁后的梭巡人的耳目，她呻吟地，悲抑地，向他哀求起来：

“你，……去，……去！……那边……菜园，林子里，我来！……”

“真的吗？”

“真的！…”

黄，就象一只矫捷的壁虎般的，向窗门翻走了！

这是全个故事里最吃力紧张的一刹那，也是描写梅春成功失败的分野的线条，问题是黄走了之后，梅春真的践约出去呢？还是赶快起来把门窗紧紧闩上？因黄的退出，因梅春环境，如果要使故事平淡合理一点，结果是不难推算的，那样安排也比较合于第一章的衔接。但是出于我们的意外是梅春在黑夜里跟着黄到了林子里，他们干燥的嘴唇互相碰到的时候，一切的思虑畏惧便都消失了。

我们必须原谅作者挑选这条违反世道人心的荆棘小路来跋涉，因为我们明白了，人性的裸露是比世界上所有的道德法律还真实宝贵。梅春既然是一个年青的女人，既然渴望着一个男性的安慰，既然饱受到丈夫的冷淡，那么，她为什么不能本能地放纵了自己的灵魂去作那可怕而又需要的冒险。那些赞扬褒奖只是无情的虚伪的锁链，对她只是作更残酷的压制，并没有减少她内心的痛苦，拯救她的灵魂，她把身体走近那险恶的境界去时，不是算是淫，也不是失节两字说得了的，那是一种生物界求生本能遗传下来的原始力的发动，是人性的裸露。

从这个转折上，也看得出作者唾弃了教训主义的态度和布局的坚定：如果先前所显示的梅春是一个圣洁的浮雕，这里的已经是有灵魂的血肉之躯了：如果先前的故事是理想的，这里已经走入写实的。但这个转折与其说是在这里开始的，毋宁说是在第一章里开始的，因为没有先前的细腻描写，这里的梅春难免热情而不猥亵，故事难免动人而不浪漫，然而也只有这两章写得最有力，以后就渐呈松散现象。

苛刻一点来说，第三章以下到末了为止，作者似乎有些把握不住自己的故事的发展途径，或者是故意要使故事多产生几个曲折，于是梅春的私奔被丈夫捉住，和黄同居以后丈夫的行刺及避祸，从狱里释出与丈夫重圆后孩子的惨死，这些不大近情却很带做作的情节原是要依赖革命的社会动态来推移的，可是作者关于这方面所写的实在太不具体太轻淡了。在文字上也同样可以找到许多不精密的地方，如陈德隆决心刺杀梅春和黄的时候的心理状态：

> 看着天，看着地，看着那土地庙旁边的一截枯腐了的白杨树的身子……。
>
> 突然地，他走过去，使力的一拳！——把白杨身子打穿一个大洞！

又如陈德隆行刺出发前的痛饮："只在一刻功夫中，一缸酒已经只剩了一点儿边边了。"以及梅春和黄回到村里来同居的时候，村里的革命空气：

> 姑娘们，妇人们，都非常欢喜她，同她亲近。老婆婆们，老头子们，都非常嫉妒她，卑鄙她，同她疏远。
>
> 当她遇着了姑娘们和妇人们时，她就说：
>
> "你们都不要怕你们的家中人了，你们都同我一样……"当她遇见了老婆婆们和老头子们时，她就说：
>
> "婆妈，公公，伯伯！你们都不要笑我，气我！现时都是这样的：女人是不能一世都很靠男人们，女人应当同男人们一样的做事！……"
>
> 一切姑娘们，妇人们都笑起来！乐起来！
>
> 姑娘们说：
>
> "爹妈！我要和男人家一样去做事情了！"
>
> 妇人们说：
>
> "男人家！你不要打我吧！我和你们一样的都是人啦！……"
>
> 老婆婆们气道：
>
> "鬼啊！鬼啊！贞节的妇人怕缠魂鬼啊！……"
>
> 老头子们叹道：
>
> "不得了的，不得了的！早就说了的！女人没有了头发要变的！世界要变的！……"

这些实在写得再抽象没有了，无论我们思想如何的简单，也不能承认这种文字能给我们说明一个故事，而使我们觉得满足。我们需要作者从中间采取出具体的事实，打开到我们眼前来，这才是涉及革命故事的作品应有的义务。

综合前前后后的观察，我们敢于下一个决定，作者是善于写人物的性格心理，而不善于写革命故事的。在《星》里，人物是写到了独步的程度，但写革命却差不多完全失败了。然而《星》毕竟是一篇可爱的作品，它之可爱，正好象梅春从狱里释出遇故夫时，"一阵羞惭，一阵战慄，一阵痛楚与悲酸！”那种复杂的心理变化与高度的情感之难抑，感染到我们心上的份量与滋味一样。

十一月十六日

（原载1935年11月24日天津《大公报》副刊《文艺》第48期）

叶紫的小说

刘西渭

这，这是什么世界啊！

——叶紫：《夜哨线》。

一个批评者，穿过他所鉴别的材料，追寻其中人性的昭示。因为他是人，他最大的关心是人。创作者直从人世提取经验，加以配合，做为理想生存的方案，批评者拾起这些复制的经验，探幽发微，把一颗活动的灵魂赤裸裸推呈出来，做为人类进步的明征，他应该是一个古代希腊人，尊奉的只是人与其崇高的意志，艺术便是这种理想的表征，活动是自由的，同时是向上的，人类幸福是它的目标，不受任何羁缚，除去他个性的范畴，仿佛一个大神主义者，心头有一个“天”在，并不信奉尘世的三姑六婆。

这也许是非非之想。我们抛离不掉先天后天的双重关联，存在本身便是一种限制。一个艺术家，无论是创作者，批评者，带着独有的深厚的禀赋，脱然而出，翱翔于海阔天空的明日。这种与存在相挣扎的力之激荡形成人生最美的伟观，正如浦罗米修士，反抗是他最高的意义。

批评者应当是一匹识途的老马，披开字句的荆棘，导往平坦的人生故国。他的工作（即是他的快乐）是灵魂企图与灵魂接触，然而不自私，把这种快乐留给人世。他不会颓废，因为他时刻提防自己滑出人性的核心。在他寻索之际，他的方法（假如他有方法）应该不是名词的游戏，然而也不是情感的褒贬。客观和主观全在他的度外，因为这里不是形而上的推论，而是肉眼肉脑的分析。罗斯金（Ruskin）指斥二者荒谬，以为“客观如此”与“主观如此”应当用“原本如此”与我“觉得如此”代替。我们不想指斥，但是我们以为最正常的，最鞭辟入里的，便最有道理。

当着一位既往的作者，例如叶紫，在我们品骘以前，必须先把自己交代清楚。他失掉回护的可能。尤其不幸是，他还没有活到年月足以保证他的熟练，他死于人世的坎坷，活的时候我们无所为力，死后他有权利要求认识，然而，距离这般近，相失偏又那样远，生在这“乱世之音怨以怒”的时代，违误相当值得原宥。

我们不晓得叶紫的年龄，仅仅听说他在一九三九年十月五日下午七时一刻逝世，留下三两无依无靠的孤儿寡妇，薄薄三册长短小说，和若干没有成形的材料与无可实现的计划。接着这不幸的消息，我们看到一些零星的纪念文字，相当揭露他贫病的飘零生涯。一个中等以下身材，柴一样瘦腿，说话腔调仿佛妇女，走路向前微微弯曲，喜欢笑，害着一种不可救药的肺病，贵族病。一个穷苦青年（他奋斗的意志让他永久是青年），流落在都市，文章卖不出钱，做小学教员糊不了口，跼蹐在阴沉的角落，接识了一些热情的朋友（和他一样穷），东拼西凑来过活。拖着一个干瘪的肺叶，每星期注射两次空气针，他还得时时忘掉自己，把别人的疾苦织进字句。自己向人借钱，他慷慨把钱借给别人。自从侵略的毒焰展到上海，文人纷纷走向内地，他带同妻小回到故乡[1]。

虽说身体孱弱，叶紫没有留下一篇感伤颓废的作品。从作品推测它的作者，犹如从雕像神往米开郎吉罗，我们会以为他强壮，健康，

[1] 叶紫什么时候来到上海，我们不清楚，大约总在1933年写作《丰收》之前。同年5月2日，他写成《丰收》；6月10日，《火》；9月1日，《电网外》；9月29日，《乡导》；12月26日，《夜哨线》；然后1934年6月13日，《杨七公公过年》：以上六篇收在1935年3月出版的《丰收》（奴隶丛书之一）。1937年4月，《山村一夜》（良友书店印行）短篇集问世，里面也是六篇：1935年2月20日，他写成《偷莲》；4月，《鱼》；1936年5月19日，《校长先生》；7月9日，《山村一夜》；10月2日，《湖上》，最后一篇是《电车上》。1935年3月，他写成中篇《星》，其中第四章于1936年8月补成，全书于12月问世。神圣的抗战爆发，他在9、10月之间离开上海。

魁梧。一种精神的拔山倒海的力量汪洋在这营养不良，朝不保夕的壳囊。生命似乎早就要走开，然而意志把它留住，直到最后一刹那，他还在思维他的长篇《太阳从西边出来》。他不瞑目。其实仅仅写下这个荒诞的题目，——荒诞，然而真实，因为最真实的不是事实，而是寄托，——他已经十足表示他精神的胜利。孟子把活着的最高表示叫做浩气，叶紫要是在身体上，命运上，甚至于作品上——我们回头就来穿凿——注定失败，他所象征的搏斗的精神足以令他不朽。在中国有万千青年这样做，也同他一样夭折，默默无闻，消逝在群众的波涛。叶紫并不孤独。正因为平凡，正常，永远在反抗，他才可贵。

叶紫生在（怕也长在）湖南益阳的兰溪。这在洞庭湖的西南。他的小说除去两篇——《杨七公公过年》与《校长先生》——和随笔 · 则《电车上》之外，全是乡土风光。小说里面的地名，因为各篇重见，我们相信并非捏造。没有去过洞庭湖，我们可以从那些名字想象它们的美丽；那向来为人爱比做风景的眼睛的水，或者是湖，或者是河，闪烁在每篇每章的额头；谈情有寥旷的湖心的蓼花洲；无路可走，便有雪峰山，银盆山好去落草；月明之夜可以去采菱，捕鱼，唱山歌。在全中国肥沃的稻田之中，这算得上一个。山光水色映在叶紫的心灵。

但是，大自然遮拦不住他情智的发育。他依恋风景，并不感伤。犹如沈从文先生（另一位湖南人），他知道运用风景配合心理的变化，虽说没有灌输生命的语言织绘，他用心追求这种效果。他们全爱故乡的男女：沈从文先生爱的是本位的人，叶紫却是某类的人。说实话，只有一类人为叶紫活着，他活着也就是为了他们，那被压迫者，那哀哀无告的农夫，那苦苦在人间挣扎的工作者。我们不知道叶紫是否田舍出身，实际这没有关系，对于中国人，土地是他们的保姆，看护和送终的道姑。它是我们起码的保障，然而忘恩负义，我们把它看做低矮的脚座。但是，以农立国，中国传说之中的第一首民歌便是关于农耕的：

日出而作，日入而息，凿井而饮，耕田而食，帝力于我何有哉！

这表示快乐，也象征反抗，充满了独立自得的情绪。我们在这里听到一个黄金时代农人骄傲的自白。经了三四千年封建制度的统治。物质文明（工商的造诣）与享受的发扬开始把农人投入地狱。正常成了反常，基本成了附着，丰收成了饥荒。“凡物不平则鸣。”讴歌田园的陶潜不复存在，如今来了一片忿怒的诅咒的抗议。

不是诅咒田地，因为我们还有良心；然而是抗议，抗议那可诅咒的不公道的遭遇。最初，忿怒是一般的，情感的，渐渐一个新法则与其构成的理想的憧憬出现，我们有了理智的解释，有了社会主义。不过，我们的忿怒那样激越，那样出人意表，一方面毫无准备，一方面毫无提防，便火山一样崩裂，狂飙一样卷起，一九二七年的事变向原野疾驰而下。风脚横扫过去，湖南正好首先轮到。“共产”两个字变成青年的口号，毶毶的蛇蝎。这和春梦一样，和噩梦一样，骤雨似地流了一阵血，火花似地散失了。

但是，这没有消灭。这成了野火。侥幸逃出虎口的青年活了下来。有的修正他们的行动，继续他们的行动；有的把火郁在笔梢，用纸墨宣泄各自的痛苦和希望。叶紫应该归在这后一类。他的全家曾经浴血，他说他的作品，“无论如何，都脱不了那个时候的影响和教训”。不幸是，“体力和生活条件都不够”，他的尝试一次一次失败；他“不能够一气地写下去”，然而仅仅材料，便堆满一只破箱。他的《星》勉强“补缀”成功，他指望用《菱》达到“一个较好的结果”，然而我们如今看到的，不过是没有完结的一章。至于他要写的“那久久被血和泪所凝固着的巨大的东西”，——不知道是否即《太阳从西边出来》，那应该做为一部杰作的，永远随着作者西沉了。

农人和一九二七年是他的前仓后库。然而，人人知道，许久以前，茅盾先生已然采用武汉政变，写成他一鸣惊人的《蚀》与若干长短小说；同样，江南的农人在他小型的三部曲出现：《春蚕》,《秋收》与《残冬》。最后，他以凝重的《水藻行》再度表示他缜密的注意和广大的同情。他为自己也为文学征服了万千读众，为同代也为后人开辟了若干道路。我们时常听人讲起，鲁迅创造的阿Q最是中国农民的典型。这话未免似是而非。阿Q是一个农村的短工，一个在田舍漂泊的流氓，自然这不是他的罪过，因为他同正人君子一样需要活着，可怜是他没有田，也不曾租田，我们从他看不见真正愿实的道地农人。阿Q有的是本能，一种弱者自卫的本能——人家把这叫做阿Q主义。其实我们在这里看见的，倒是一种普遍的人类的弱点，并非农民爱土爱乡的特征。仿佛活跃在中国政治舞台的一种寄生虫，所谓政客者是，最机诈也最愚蠢。他的痛苦出于社会积层的压轧。然而他的悲哀生在他的人性。来到茅盾先生的时代，经过将近二十年的相为因果的扰攘，交通方便了，思想展开了，好象齐太后的镯子，一切挽成一环，不知道什么地方开端，什么地方结尾，只见潮汐在都市乡村之间涨落。或者说的更正确些，一个什么样的酵母在发作，都市骚动，乡村鼎沸。政治革命不曾停息，社会革命放宽我们的视野。

没有比我们这个时代更其需要力的。假如中国新文学有什么高贵所在，假如艺术的价值有什么标志，我们相信力是五四运动以来最中心的表征。它从四面八方来，再奔四面八方去。它以种种面目出现，反抗是它们共同的特点。销毁如《沉沦》，铿锵如《死水》，隐遁如《桥》，轻鄙如《飞絮》，感伤如《海滨故人》，未尝不全站在传统的边沿，挣扎而前，希冀对于人性有所供献。鲁迅的小说，有时候凄凉如莅绝境，却比同代中国作家更其提供力的感觉。他倔强的个性跃出他精炼的文字，为我们画出一个被冷眼观察，被热情摄取的世故现实。不停留在琐细的枝叶，然而效果如宋画的宫苑，鲁迅的艺术是古典的，因为他的现实是提炼的，精粹的，以少胜多，把力用到最经济也最宏大的程度。修养上他最属于传统，然而一颗感受锐敏的灵魂，没有比他更反抗，也更孤独的。孤独，因为他用力把自己提出恶俗。

然而不怕恶俗，仿佛一个医生，把人生连脓带血摆在我们的眼前，有社会主义者的茅盾先生。鲁迅的小说类似空谷足音，来得最中人心的，首推一九二七年之后的《蚀》。同北伐过程相比，辛亥革命是柔荏的。这仿佛一个骗局，许多热情的男女被当时所谓的民国骗进骗出。这里可哀，也可笑。北伐把一个狰狞的现实活活揭露：我们的毒恨经过长期的酝酿，再三在失望的刀石磨错，终于磨成利刃，握住阶级的矛盾，要求全部洗改。没有人晓得这尖锐的斗争将以何种形式结束。我们现代前进的作家，直接间接，几乎人人在为这个理想工作。一种政治的要求和解释开始压倒艺术的内涵。鲁迅的小说是一般的，含蓄的，暗示的。临到茅盾先生，暗示还嫌不够，剑拔弩张的指示随篇可见：或者是积极的人物，有力然而简单（因为不在正面），例如多多头之群，或者是热烈的词句，感情然而公式化：在《春蚕》的第二节，我们看见这样一句：

> 他们都怀着十分希望又十分恐惧的心情来准备这春蚕的大搏战！

然而，翻过一页，同样冗长的感叹符志跳进我们的眼帘：

> 这是一个隆重仪式！千百年相传的仪式！那好比是誓师典礼，以后就要开始了一个月光景和恶劣的天气和恶运以及不知什么的连日连夜无休息的大决战！

一种可以意会的移情作用影住作者修辞的清醒。他在演说：他就欠跳下讲坛参加"决战"的行列。茅盾先生不过偶而酩酊。然而这种措辞，不知不觉，成为若干青年作家的表现方式。一种明显的案语，一种指导的引线，我们往往在一篇或者一章的煞尾遇到。《春蚕》正是这样一个例子。

撇开这些瑕疵，我们必须承认茅盾先生是一位天生的小说家。沈从文先生的淳朴要是感动我们，巴金先生的热情要是吸引我们，茅盾先生的材料却最切近自然主义者的现实。站在我们这些俗人当中，他最游刃有余。他明白现代物质文明的繁复的机构。他作品的力并不来自艺术的提炼，而是由于凡俗的浩瀚的接识。坏时候，他的小说起人报章小说的感觉；然而好时候，没有一位中国作家比他更其能够令人想起巴尔扎克。他的效果往往不在修词润句，而在材料的本质。小说家需要凡俗，凡俗即力。缺乏这种凡俗的质料，沈从文先生是一位美妙的故事家，巴金先生是一位伟大的自白者。

没有作品承继《蚀》。没有另一部作品更其接近一九二七年的小中产阶级的知识分子。茅盾先生不写一九二七年的农民；他有道理：他不熟悉。然而，自从《春蚕》问世，或者不如说，自从农业崩溃，如火如荼，我们的文学开了一阵绚烂的野花，结了一阵奇异的山果。在这些花果之中，不算戏剧在内，鲜妍有萧红女士的《生死场》，工力有吴组缃先生的《一千八百担》，稍早便有《丰收》的作者叶紫。

叶紫的小说始终仿佛一棵烧焦了的幼树，没有《生死场》行文的情致，没有《一千八百担》语言的生动，不见任何丰盈的姿态，然而挺立在大野，露出棱棱的骨干，那给人茁壮的感觉，那不幸而遭电殛的暮春的幼树。它有所象征。这里什么也不见，只见苦难，和苦难之余的向上的意志。我们不妨借用悲壮两个字形容。他不悲观，虽说他应当清楚自己寿命不长。给他的作品寻找一个比喻，那最确切的，最象征的，怕还就是他的身体。即使神圣的抗战不会发生，随便在什么时日，什么地点，脉息会有全部停止的可能的身体。他的情形是觖望的，然而远瞩未来，他的灵魂自身便是希望。他必须写。他必须撒布光明的种子。他把这叫做债。[1]我们说这是力，赤裸裸的力，一种坚韧的生之力。

他的内容，无论详略，永远是斗争的，有产与无产相为对峙，假如无产这方面失败了，他给无产留下象征的希望。在真实的叙写之中，我们常常感到勉强与夸张。决定他观察的角度的，不是一个艺术家的心情，而是态度和理论。《秋收》里面的通宝是一个典型的劳而无功的老农，犹如《樱桃园》里面的费尔司（Firse），在封建社会长大，随着破灭的封建社会死去，然而茅盾先生的政治意识不肯让他糊里糊涂撒手：

> 当他断气的时候，舌头已经僵硬不能说话，眼睛却还是明朗朗的；他的眼睛看着多多头似乎说："真想不到你是对的！真奇怪！"

这里积极的暗示超出了正常的自然主义。我们接受这种“似乎”的字样，因为这在我们理想的人性之内。同茅盾先生一比，叶紫成了一位

---

❶ 参阅满红先生的《悼丰收的作者——叶紫》，载在第1卷第2期的《长风》月刊。叶紫曾经对他讲："我现在的生活，全然不能由我支配。我精神上的债务太重了。我亲历了不知多少斗争的场面……凡是参加这些搏斗中的人，都时刻在向我提出无声的倾诉，'勒逼'我为他们写下些什么，然而，我这枝拙笔啊！我能为他们写下些什么呢？……"

百折不挠的军官。他的人马出生入死，疮痍满身，踬而复起。云普叔的遭际把老通宝的痛苦比成黯然无色，虽说病倒了，虽说“迟疑”，他有一口活气鼓励他的儿子造反。《电网外》里面的王伯伯还要悲惨，然而他不自杀，他跳下上吊的脚凳，

背起一个小小的包袱，离开了他的小茅棚子，放开着大步，朝着有太阳的那边走去了！

同样是《星》里面的梅春姐，丢下阴沉的家屋，

没有留恋，没有悲哀，而且还没有目的地走着。

她有目的。星光在指点她：

你向那东方去罢！

当时的东方是江西。

要是老通宝失败，茅盾先生另外给我们安排了一个小儿子，那不长进的反抗的多多头。他们属于同一阶级，象征两种存在：前者是过去在现实之中结束，后者是未来在现实之中成长。阶级在斗争，老少在交替。这是一种题目的对比。这种同一阶级的对比，我们不时在叶紫的小说看见。云普叔有一个不孝的儿子立秋同他山上的伙伴，杨七公公有一个倔强的儿子福生和他们的同乡小五子。父亲与父亲的一代（《星》里面的四公公，老六伯伯和关胡子……）是迷信的，安于命的；儿子与儿子的一代（那数点不清的凸出的一群……）是坚强的，叛逆的。然而，息息相关，在这同一阶级，服从与友爱滋润着外来的暴戾之气。

他们全要活着。他们没有道路去活。这种生之意志的执着，犹如地之恋的深永，正是我们农人美好的品德。为了少许希望，一线光明，中国人可以忍受猪狗不如的生存。叶紫的观察并不错误。王伯伯的出走不合情理，然而从这一点去看，未尝不是应当。还有比人世本身更不合情理的？

赤日炎炎似火烧，野田禾稻半枯焦，

农夫心内如汤煮，公子王孙把扇摇。

他们是逼上梁山。自古如此。强壮，仁厚，他们结成不可轻侮的一群。云普叔备了一桌丰盛的打租饭，未曾软化地主者群，反而遭受他们的抢掠。他是一个前车之鉴。佃户挽成一道绝崖，何八爷之流站立不得，滚下万劫不复的深渊。《火》是积极的指引，《山村一夜》是消极的教训。

作者无从把持他的情感。他憎恨那些虎伥，地主与军警。他把爱全给了农夫、革命者，他们的轮廓因而粗大，却并不因而多所真实。这是情人眼里的西施，然而仅仅是些影子，缺乏深致的心理存在。至于那些分不到他些微同情的男女，他的憎恨同样不容他过细停留。他把他们勾成花脸小丑。这里是盛怒，沉郁；这里是不饶恕。他不能够平静。他的回忆在沸腾。一切是力，然而一切是速写。我们明白主宰是政治的意向，但是，我们烦躁，因为惊叹符志那样多，我们在艺术领会之中，不时听见作者枯哑的呼喊。父母出卖女儿，“目不转睛的噙着泪水对英英注视着”，随即是：

再多看一眼罢，这是最后的相见啊！

作者不克自制，他从叙述一步跳到诗歌。刘嬉妈为了复仇做假向导，把军队带进埋伏的阵地。军队发见受了骗，给了她一枪。她“浑身的知觉在一刹那间全消灭了”，作者安慰我们，

她微笑着。

虽说没有惊叹符志，强烈的情感把现实化入象征的世界。我们接受作者的渲染，因为我们和他一样敬仰刘嬉妈。《星》的题目来自一个造作如若不是孩气的象征，情人的眼睛类似北斗星，北斗星好象光明。在这部一九二七年事变的插曲里面，惊叹符志多到不堪想象，俯拾即是：

> 当他们快要爬到那湖滨的时候，……突然地，给一个东西一绊，——梅春姐和黄便连身子都给绊倒下来了！
>
> 三四只粗大的黑手，连忙捉着，抓住着他们的胸襟！——当他们明白了这是怎样的一回事情之后，便一齐震得，疼痛得昏迷过去了！……
>
> 夜的黑暗的天空中，正开始飘飞着一阵细细的雨滴！
>
> ……

作者把自己遗失在他为别人修建的迷宫。

而且缺乏词汇。他没有字句调节他情感的沉浮。他指出“秋虫的悲哀的呜咽”，跳过三四段，重复一句（仅仅改换词性）：

> 虫声更加呜咽得悲哀了。

他修辞的方式和他的情感同样直来直往，每每陷入雷同，衬出他学殖的贫瘠。《丰收》有这样一个有力的句子：

> 整个的农村，算是暂时的安定了。安定在那儿等着，等着，等着某一个巨大的浪潮来毁灭它！

《火》里面仿佛故雨重逢：

> 田原沉静着，好象是在期待着某一个大变动的到来。

这在《夜哨线》成了公式：

> 夜色：深沉的，严肃的，象静着一个火山的爆裂。

我们勿需乎苛责，叶紫是清醒的，《丰收》的自序是一篇忠实的检举。他明白自己太缺少艺术成分。然后：

这里面只有火样的热情，血和泪的现实的堆砌。毛脚毛手。有时候，作者简直象欲亲自跳到作品里去和人家打架似的！……

他一语道破他的长处短处。他没有字句，他的热情也不容他有。他所能够给的是黑白分明的铅画，不是光影匀净的油画。他揉搓不出富有造型美丽的人。

不曾为自己准备工具，又“没有余裕的工夫”，他郑重声明他“年青得很”，“能够刻苦的，辛勤的，不断的学习”。从《丰收》到《星》，假如文字依然故我，是舶来的，是生涩的，我们看见他在努力扩展自己。他的农夫繁复了，例如陈德隆，一个粗犷然而值得原谅的汉子，是梅春姐的魔星，却同她一样是封建制度与社会组织的牺牲。一九三六年八月，在他大病之后，他补成《星》的第四章，开始从事另一个中篇。《菱》的第一章写了一万字光景，他搁下笔，去了内地。如今读着这没有完成的第一章，我们惊于他的进步。❶文字不再跳动，叙述增加妩媚，尤其是第五节，乡下人月夜采菱，官保（仿佛是这部小说的主角）划了一只小筏子，等候堡子里面的小姐，在湖心和一个赖皮打架……下文不可复睹了！

还有比这可痛惜的？死带走了最好的部分。

然而有人将牢牢记住叶紫。他成全了历史。在我们青年活动的记录上，他将占去一页。我们从他的小说看到的不仅是农人苦人，也许全不是，只是他自己，一个在血泪中凝定的灵魂。

一九四〇年二月十二日

（原刊文化生活出版社1942年出版《咀华二集》）

❶ 原稿未曾发表，现由巴金先生保存。

叶紫在病中——期待他的读者的鼓励

邝达芳

编辑先生：

曾在文坛上，尽过最大的努力，《丰收》的作者叶紫先生，他的作品已不和读者见面很久了。曾经看过他的《电网外》和《丰收》的人，当不会忘记的吧。

现在他病在湖南的一个乡村里，受着穷困的煎熬，然而他还努力地工作，在着手写一约百万字的长篇《太阳从西边出来》。为着使他的病能较快地好起来，可对于祖国的抗战尽更多的力量，我希望与叶紫先生相识或不相识爱好他的作品的朋友，对他作精神上物质上特别是金钱的接济。钱的多少是不论的，因为我们对于这样一个作家的关切，主要还在于精神上的鼓励！如有函款，可交桂林西路十七号读者书店邝达芳负责收转。敬礼！

邝达芳　五·九

（原载1939年5月13日《救亡日报》“作家书简”栏）

农民作家叶紫逝世

身后萧条妻儿穷困
生前友好发起募捐

曾以《丰收》一书轰动一时之农民作家叶紫，抗战后因肺病加重，遄归原籍湖南益阳兰溪镇休养。病中无法生产，只能举高利贷过日，但仍努力于创作计划中三十万言之长篇《太阳从西边出来》。最近以病状加深，同患疟疾，又以债务无法清偿，忧虑不已，于十月五日下午七时一刻逝世，身后萧条，不仅遗妻孤儿生活成问题，而且埋葬之费亦无法筹措。留桂叶紫生前知友闻讯，特联同发起为叶紫筹募营葬抚孤捐款，分纪念文章及现金两种（文章发表后稿费全部发作捐款），吁请各方朋友及爱读叶紫作品之读者予以援助。文款均请暂交桂西路读者书店邝达芳代收，转交叶紫之家属。

（原载 1939 年 10 月 24 日《救亡日报》"作家书简"栏）

为援助叶紫先生遗族募捐启事

《丰收》作者叶紫先生，不幸于十月五日下午七时一刻在湖南益阳兰溪故居，溘然病逝，同人惊悉恶耗，痛悼弥深，盖先生不独为青年文艺家之秀出，且身世之凄凉，经历之艰苦，实集人世之惨痛于一身，而为社会损害之结果，同俦之感，尤足使人发其深痛也。

叶紫先生生前从事文艺工作，不遗余力，以至积劳成疾，生活维艰；去春以来，回乡养疴，贫病相侵益甚，然先生曾不以环境稍〔怠〕其心，犹力疾从事写作，计划中之长篇《太阳从西边出来》乃其反映中国革命之巨制也，然卒以贫病交迫，终至不起，遗篇未及完成，即赍志以殁，先生遗憾之深，文坛损失之巨，可以知也。今先生溘然长逝，身后萧条，骸骨未归泉壤，妻儿已受饥寒，同人悼惜之余，爰特发起叶紫先生丧葬募捐，以为文艺战士身后之恤。

台端或为叶紫先生生前好友，或为文艺界同仁，必能解囊为助，共襄义举，不特殁存俱蒙厚惠，即我同人亦感同身受也。

发起人：夏衍、艾芜、新波、立波、沫沙、
奚如、芦荻、达芳、叶灵凤、郁风、
林林、黄苗子、杨刚、戴望舒、适夷

桂林太平路十二号救亡日报社转叶先生家属

（原载1939年11月19日香港《大公报》）

为叶紫喜

立　波

叶紫死了，初听到这个消息的时候，有一阵听到一个熟人死去时的不能避免的难过。但后来也就很快的平静，而且渐渐的又为叶紫喜。这原因非常的简单，以他的不能治好的病，以他的穷，更以在这乱离之世，人都只有自己招架的工夫，无暇顾及别人的时候，他早死一天，少受一天苦。

虽然是同乡，虽然在小孩子时候见过面，但后来大家在外面流浪，从未通音问。大约是五年以前，当我正从一个不见天日的地方出来，再到上海的时候，应[1]告诉我，我有一个少年时节的熟人，常常谈起我，我们后来会着了，他就是叶紫。他也是从另外一个不见天日的地方刚出来不久，正努力创作。但他好象比我少见些人世的丑恶与悲哀，很兴奋，整整谈一夜，而我只感到疲倦，想睡，希望他停止。可见他比我年青，我却有些应该自愧的早熟的苍老。

以后我们还见过几次面，以后便少再见面，各干各的去了，久不通音问。

今年春天在沅陵，接到了他从家乡写来一封信，说他的病好些，正在写一个长篇，只是穷得没办法，我想寄点钱去，那时竟连这点能力都没有。以后一天天延搁。但总以为以后可以去做的，谁知道很快的就成了一种不能消除的遗憾。

[1] 即周起应（周扬）。——本书编者

这个秋天，我回到家乡，想去看看他。却没有好久，湘北就紧张。我们在炮声之中过中秋，地方当局出了布告，命令城郊所有的居民，通通搬到离城三十里以外去。应和我的家，都在离城三十里以内的地区，必得搬，但都不能搬。虽说是习惯了镇定，但有时想起战区之内炮弹与血肉迸飞的情状，与敌兵到时烧杀淫掠的光景，看看自己的几百年的老屋与衰老的父母，也不无心悸。

就因为有这些心事，把看他的事放在一边了，后来因为一种家庭细故，匆匆的离了家乡，终于没有去看他。但总以为以后是有机会去看的。谁知道又成了一个不能消除的遗憾。

叶紫的身世凄惨，怕不只我一人知道。还在应该受父亲抚育的年龄，父亲和姊姊同时遇难。一个很有能力的叔叔亡命他乡，不知去向。家庭崩解，自己飘流，以后是病不离身，穷不脱体，过着借债和受人怜悯的日子，这样的过了许多年，于是遗下几本书和完全无靠的妻儿，在敌人威胁的地区，寂寞的死了。

用寂寞来形容他的死，想是恰当的。因为如果他是有权位，或是有金钱，或是有人能利用的什么，他也不至于只有穷苦无告的妻儿沉哀的泪水，和债主的叹憾去送殓的罢。

但是我还是要为他欢喜，因为至少他自己是无需为着只能逃难而又不能逃难而痛苦，无需再受人家的怜悯过生活。一句话，至少他自己是永远离开了佛家说是“苦海”，基督称为“泪谷”的这人世。未来的光明，固然没有看得到，现世的孽，也就无需再受了。

但是，我得自认，我是他的朋友。自认是这样一位寂寞者的朋友的这心情是昭然的：因为自己也是寂寞者。

但是我得供称，我没有尽朋友的责任，在他生前，我没有给过他帮助，在他身后，我又只能说出一些这样的话。把这作为遥祭的祭品，菲薄是不待人言的，好在祖国正有伟大的将来，在将来民族解放之后的狂欢时节，也许会有颇爱沉思的人，在想起许多过去的人们时，会想起他，为他的遭遇，为他的抱负与他的未竟之志，而起肃然之敬罢。

因为这个，我也得重说：我为他欢喜。

（原载1939年10月30日《救亡日报》）

悼叶紫同志

奚　如

作家叶紫，在读者中间，不会是生疏的吧，这人，和这名字，于我，却是很熟识的。他底病死的消息，使我很惊痛！

我们过去算是最深切的朋友了，从一九三三年秋天在左联底创作座谈会上起，——这会是由鲁迅茅盾二先生出席指导的。——直到一九三六年秋天我离开上海止，我们都很亲密的过从着，因为除了创作的立场相同之外，我们彼此还是同学——他是军校五期的，不免很兴奋地谈论过去的事，过去的朋友和同志们底事，感情就自自然然深了。

他底生活，他底作品，我都寄予深的同情。

我常常为他的贫穷和疾病担心，但也常常钦佩他与贫穷疾病斗争的勇气。

然而，当时很不理解：为什么他在这样穷苦的生活中，还把母亲、老婆、孩子们带在一道呢？在那样小的一间房子里，住着大大小小的四口人，他怎么能写得出东西来呢？

现在听到朋友的传达，才明白了那道理，就是他的故乡不能容留他的家属，因为他的爸爸是革命者，被人杀了头的。

虽是革命者被杀了头，但家属还是不能被宽恕的！

这实在是一件很悲惨的事啊！叶紫就在这种悲惨的命运下，消耗了他底青春和精力，直到早死！

当他临死的时候，我想：他一定不只哀惋他的老婆儿女，他的写五十万言的长篇小说的雄心，他一定会睁开眼睛问道：

“为什么社会这样折磨我呢？”

他死了，愿他的作品活下去！

更主要的，愿中国的社会，不再使一个作家短命！

（原载1939年10月30日《救亡日报》）

一幕人间真实的戏剧——悼叶紫

新　波

堑壕中还积着黑黝黝的污水，而战斗者却在此时倒去下去了，他不用说□他仅存于人间最后一秒钟时什么悲壮的语言，他的现实的场面，不是给还生存在这世界上的人一张很好的诉状，和一个很好的启示么？在这样一幕真实的人间戏剧，懦怯者看到一定是掩面而退，或甚至拭着他的衣履，认为这是伪造的人间底悲剧！对他所谓高尚的灵魂一种莫大的侮辱。

叶紫的一生，也就是在所谓高尚的灵魂底围攻下，但持着武器，混身鲜血的沉静地过去了。他是一个农民出身的作家，我们不只是从他底作品上看出他对于罪恶者底倔强，对于人类的爱的追慕底诚挚的性格。试翻□□廿余年来他底生活的记录吧，从他底父亲于大革命时被奸人戕害，直到他和人间告别了这一段路程，几无日不在饥饿，疾病，和种种恐怖的威胁中。他曾当过小兵，当过学徒，到了上海的时候，还过过一个时期警察的生活。在失望与流浪中，他不曾向真理以外的现实低首。

一九三七年上海的保卫战开始，他又卧病了，每当我们的空军凌空而过的时候，他总是起来拖着他的孩子站出弄堂口外，举首微笑。战争给他很大的兴奋，从浦东和□市传过来的密集的炮火，他感动得流出泪来！数十年来过着悲惨生活的民族，到今天才从黑暗中喷出一道智慧与力的光，当然，这兴奋不仅是叶紫一人，但曾将自己的心血灌给垂危底民族的战斗者，看到自己热爱的祖国在冰冷的天地中回到温暖的境域，这无限喜悦与令人奋起的情景，给以□高洁底艺术的心灵，该是含有深厚的温情的安慰啊！

除了病到连手足也不能动弹的状况外，他的病榻的旁边总是放着一枝笔和一叠原稿纸，一九三六年十一月初，他刚从病院出来，本来他的病状还没有完全消失，而他却计划写一本以北伐时代为背景的长篇小说《太阳从西边出来》。可是病魔的纠缠使他不能安静地动笔，不到数万言，不得已又暂时搁下来，然而他这一个雄大的热烈的希望，并不因他底生活与疾病的困迫而减退，就是当他临终的一刹那，还以不能完成这将是人类的光辉底史诗，作为毕生最大的遗憾！❶

由于他底坚强的信心，他忍受着目前这天地之间所给予他一切的痛苦，他毫无怨言，犹如一个殉道的教徒一样，在黑夜中背着沉重的十字架，以勇毅、沉着的目光，朝着他认为牺牲了自己可以给众生得享受慈和的阳光底路上走□，他回到他的故乡后的生活，简直浸泅在一些人所想不到的境况中，“……我真倒霉，肺病刚好一点，又染了这鬼病（指疟疾）。但没有关系，今天请人到二十里路以外〔设〕法买了六粒金鸡纳霜”，“告诉您，您的漫画我笑了两次半，还有半次没有笑完，头就痛上，疟鬼来了”。❷为了五分邮费，他却需奔跑几天才能得到；一分钱一个鸡蛋也无法去买，他还有待养的孩子与妻呢，一块钱要付一角的月利的高利贷，这种惨绝人寰的剥削，对于他的确也是一种致命的原因。

生者之于死者的誓言，它需要铁锤敲在钢板上一样洪亮而坚实，更需要无数鲜艳的旗子飘荡在他洪亮的音浪之中。这篇文章给这样一个战斗者的悼念实在太不够了，仅作为对已故的友人表示一片崇敬的微意而已。

（原载1939年10月30日《救亡日报》）

---

❶ 见叶紫夫人于叶紫死后给达芳先生信。

❷ 九月五日叶紫给刘祖同先生信

致邝达芳先生

达芳先生：

唉！我不愿告诉先生呢。恐怕你伤心呀！我心痛了！叶紫他……已经在阳历十月五日阴历八月二十三日下午七时一刻去世了。

先生，他还未绝气之前，心事很明白的，知道他自己不会有希望了，拿住我的手伤心痛哭地对我说：一个人死是不要紧的，我虽死了我精神不死，不过有许多心事未了，儿女又太小不能放心。我死后你和孩子都要饿死的！长篇小说还未写出来啊！并且朋友们一个个在望我快好啊！先生，叶紫说了这几句后他更痛心的叫着："朋友们！朋友们快来救救我吧！快来救济我的孤儿女吧！"要我写信通知各朋友与他作主想办法来救济我们的生活，在阴司里都感谢永记不忘！唉！先生我的心如快刀在割呢！你看伤心不伤心啊！孩子们每天不住叫爸爸要爸爸呀！我几次要自杀的，眼看孩子太小太可怜了。想了又想，如果我自杀死了，那他们又去依靠何人呢？那我的罪过不是更重吗？而今又无人处理叶紫丧事，我也不得主张。钱又没有。衣服棺木一切费用一百二十余元，这钱都是向左右贷用的，现在又要吃用，没有办法。先生，你接到这信后，请你在报纸上登个启事说叶紫死了，不过孤儿女请朋友们来救济我们吧！我的心乱得很，不能多写了，祝健康。

叶紫妻汤咏兰血书

十月十一夜十时一刻。

（原载1939年10月30日《救亡日报》；1939年11月17日香港《星岛日报》；1940年1月20日《抗战文艺》第5卷4、5合期"文艺简报"）

悼叶紫

适夷

与贫穷、饥饿、疾病以及现实生活的一切迫害和灾难，终其一生作着无气馁的斗争，而毕竟倒下来，直到他临死的一刻，他的手里还没有放松着自己的武器，象一个战士样的壮烈地死去——这是我们的一位有才能的青年作家叶紫的死。

用着《丰收》、《星》——那样的坚实的创作，把自己的生命献给了真实，献给了国民的叶紫，而人们报答他的却是寂寞、冷淡、以致高利贷，与买不起一个鸡蛋吃的生活。在这里，我们不单看见了叶紫的惨痛的遭遇，也看到了我们国民文学的苦难的命运。几乎所有一切为保卫真实而战斗的我们的文艺工作者，无例外地都尝受着生活的灾难，而叶紫不过是代表的典型。

但是真实的文学决不从被宠爱被养育的宫廷中学院中、沙龙中产生出来，真实的文学正要在这种灾难生活中产生出来！在今日，在流血的战场，在崎岖的征途，在阴寒无火的亭子间，以至在肺痨患者的病床，不是正滋长着我们的文学么？

"在今日的旧社会里，要生活得有意义，就不能生活得好！"（高尔基用过一针见血的话，道出了旧社会叛徒们的苦难生活的）而今天中国文艺的战士，正因为想起了民族艰苦的职责，坚执着记述真实的有意义的生活，才尝受着不好的、惨痛的生活的。他们是深深的理解文学的事业与一切革命事业同样，是一种舍身的事业，因为它的最后的目标同样是有意义的生活与好的生活相一致的社会。所以他们能在惨痛中感到牺牲的光荣，甚至象叶紫一样悲壮凛烈的死去！

从桂林、香港、上海以及各地援助叶紫遗族的热烈的运动，我们将在这里看见的不是小市民人道主义的廉价的同情，而是对文学事业这神圣工作的一般的真实的尊敬。

（原载1939年12月1日《文艺阵地》第4卷第3号）

叶紫之死（报导）

夏　明

一九三五年，在上海，鲁迅先生曾为一个青年作家的小说集作序："这里的六个短篇，都是太平世界的奇闻，而现在却是极平常的事情。因为极平常，所以和我们更密切，更有大关系。作者还是一个青年，但他的经历，却抵得太平天下的顺民的一世纪的经历。"在当时令人窒息的环境中，这本小说却为大家透了口气，便大大地畅销起来。那就是叶紫第一部小说集《丰收》。

这是一幕人间世真实的悲剧，在贫穷疾病的迫害下，十月五日，这个青年作家早死在他的故乡湘北益阳了。

"叶紫的一生，也就是在所谓高尚的灵魂底围攻下，但持着武器，混身鲜血的沉静地过去了。他是一个农民出身的作家，我们不只是从他底作品上看出他对于罪恶者底倔强，对于人类的爱的追慕底诚挚的性格，试翻开二十余年来他底生活的记录吧，从他底父亲于大革命时被奸人戕害，直到他和人间告别了这一段路程，几无日不在饥饿，疾病，和种种恐怖的威胁中，他曾当过小兵，当过学徒，到了上海的时候，还过过一个时期警察的生活。在失望与流浪中，他不曾向真理以外的现实低首。"（十月三十日《救亡日报》载新波作《哀叶紫》❶）

在上海的一间灶披间，住着他一家大大小小四口人，有衰弱多病的母亲，有携儿带女的妻子。（关于他的母亲有这样的故事，当叶紫在

❶ 应为《一幕人间真实的戏剧——悼叶紫》。——本书编者

牢里的时候，他的母亲老远跑来看他，因为没有钱，是睡在马路上过日子的。）他只靠一支笔乏力地挑起这副生活的重担来。而他写文章总是在家人闹嚷的环境里执笔的，而且连桌椅板凳都没有，只以衣箱充写字台，一叠书当作座凳。他对工作从不放松，他参加了当时的左翼作家联盟，经常出席左联创作座谈会。

他的作品在摧残中却也更加坚实起来。当小说《王伯伯》在《文学新地》发表后就得到世界的读者了。接着由鲁迅先生主持的《奴隶丛书》的第一部小说集《丰收》出版了。

这本书出版便轰动一时，在那里作者以其本身的亲历（本部分是这样的）披露了当时被“封锁”着的农民运动的真相。

老农云普叔痛苦于连年兵灾水旱的大荒年，而为着今年的“丰收”的狂喜却又昙花一现被何八爷硬生生地夺去了，终于，最后群众的“怒火”指示了他正确的斗争的道路。同时，在这里我们也看见了《电网外》（即《王伯伯》）那班亲兄亲弟似的队伍的面影，在当时这常会引起人们很大兴奋的。在这集子里，其他的三篇，《夜哨线》上觉悟士兵的叛变；从农村逃到都市来谋生的《杨七公公过年》的惨情；另篇乡妇刘嬸妈为那凶暴的队伍作“向导”使同归于尽。作者在自序里说：“这里面只有火样的热情，血和泪的现实的堆砌。毛脚毛手。有时候，作者简直象欲亲自跳到作品里去和人家打架似的！”读者是拥戴这种注视现实的作家的。

他在上海这样艰苦挣扎的生活使他吐起血来，从此和贫穷纠缠在一块儿的叶紫给人的印象，便更抹上了一层阴惨惨的氛围，那便是肺痨病。

一九三七年上海的保卫战开始，他又卧病了。每当我们的空军凌空而过的时候，他总是起来拖着他的孩子站在弄堂口外，举首微笑。战争给他很大的兴奋。

敌人的炮声到底饶不过他，使他不得不离开医药设备较好，友人帮助较多的上海，回到他的故乡湖南益阳去了。

回到故乡后的生活，简直浸沉在一种人所想象不到的境况来了。

八月间他睡在病床上给朋友写信：“这几天是我底病的最大难关，肋膜炎发，干痛，气管也发炎，咳得日夜不宁，每日均发热到38度（C

氏）左右。”但他以为“气候凉爽，这些病却会自己好起来的，去年还厉害得多，我有经验。”（今年八月七日给邝君信）到了九月间他来信说：“我真倒霉，肺病刚好一点，又染了这鬼病（疟疾），但没有关系，今天请人到二十里路以外买了六粒金鸡钠霜。”（九月五日给刘君信）

他与他的痼疾苦斗总是非常乐观的，“我不但不怕死，而且坚信死神决不敢到头上来，要使他象日本鬼子一样，长期陷他于泥淖中，而在反攻时歼灭之，现在还不到我的反攻时候呢！”（八月七日给邝君信）

病——拚连着，贫穷迫害着他。

“最近的生活比去年冬季还糟十倍，欠了二十元的高利贷（每元每月一角利息），被逼得要命，他们会用全世界最难堪的话来侮辱你。不是没有米，就是没有油，发一封信，常常要二三处方借到五分钱，但‘活人不断粮’是中国的‘古话’，我还没有死者，怕也是这话的力量，好笑得很。”（八月七日给邝君信）

叶紫家乡里的鸡蛋只要一分钱一个，他病中很想吃鸡蛋，可是连找一分钱来买这么便宜的鸡蛋也作不到。

他怎样希望得到朋友的信啊！

“来个信吧，不要为我的事情放在心上，即使都办不到亦毫无关系，但多发动几个朋友写信给我吧，寂寞是我最难于忍受的，没有饭吃是苦，但没有朋友来言，却比没有饭吃还苦得多！”（同上）几乎他给他朋友的每封信有这样说话的。

对于敌人，他虽在重病中，还是不肯饶赦的，看他六月间在前线炮声震耳的环境中写的信：

> “最近，在一九二七年大革命失败时，杀掉我的父亲和姐姐以及一千个以上革命者的一个大仇人，反动的封建土劣巨魁，因为劫夺军队枪枝、企图扰乱后方的汉奸，在长沙枪毙了。情不自禁写了一篇论报复欲的杂感，寄到《力报》去了，以后这四个月内，我恐连这样的杂文都停止。”（六月廿六信）

除了病到连手足也不能动弹的状况外，他的病榻的旁边总是放着一支笔和一叠稿纸，一九三八年十一月初，他刚从病院出来，本来他的病状还没有完全消失，而他却计划写一本以北伐时代为背景的长篇小说：《太阳从西边出来》。可是病魔的纠缠，使他不能安静动笔，写不到一万言，不得已便暂时搁下来。

叶紫临危时，他哀惋他底写五十万言长篇小说的雄心。

哀惋他的老婆儿女的命运，他握着他妻子的手伤心地叫着。

“朋友们！朋友们快来救救我吧，快来救济我的孤儿女吧！”桂林文化界在接到叶紫死讯后，便马上由夏衍艾芜等发起为援助叶紫先生遗族募捐。

叶紫是在十月五日死的，桂林是廿三日才得的消息，正当鲁迅先生逝世周年纪念过去不久的的时日，是不免令人联想起来，作为受鲁迅先生教导的青年——叶紫是无愧的。鲁迅先生在《丰收》的序上说：“我希望将来还有看见作者更多更好的作品时候。”现在是成为双重的悲哀了。

湘北大捷中追击敌人的炮声枪声喊杀声是为青年的斗士——叶紫同志奏着哀乐吧！怒腾起来，洞庭湖的湖水为我们的青年斗士诉说着不平吧！

一个为叶紫追求的合理的社会的建立，正在战斗中飞越地进展着。

这个社会将不使一个作家短命。

（原载1939年12月1日《文艺阵地》第4卷第3号）

记 叶 紫

林 珏

叶紫死是意料中的事；——他病的时间太长久了，但是记忆使我不能够持静，使我感伤痛苦。

两年前，沪战爆发的第二天，正当铁鸟征空的当儿，我们三口——妻，铁儿，和我——打杨树浦逃过来；因为没有自己挺立门户的力量，就又一次作了朋友们的食客。

同住的，除了几位旧日的朋友之外，还有丽尼夫妇和两个学着说话的女孩，叶紫是我们的熟客。

已经到了秋末，他还穿着一条黄色的短裤，两条瘦得和木柴一样的小腿，露在裤角下边，就更显得裤子肥大，不称体了，走路，身体向前弯曲着，他说话多少带点女人的腔调，笑是他的习惯，但是因为脸上的皮肤过于松弛，笑起来比哭还难看。

他害的是肺病，据他自己说，有一片肺叶已经干瘪不会呼吸了。每礼拜必须注射空气针两次，三年来从不间断，因此他的胸脯左边比右边突高起来。

正当这没有闲暇的时代，大家不常有闲谈的机会，作食客，虽然朋友们没有表示，不知道为什么自己心里总欢喜察看人家的脸色，因而常常引起痛苦。老婆又偏偏生了满腿毒疮，她痛苦，夜间不能安睡，我听见她辗转的声音，象谁用铁钳子播弄着我的心肺，……但是我没有办法，因为身边和水洗过一样的干净了。

炮火继续着，朋友们有的计划到后方去，有的准备远出西北，我仿佛被鬼缠着脚膝，懊恼，只有懊恼。

饭后一个人在弄堂里散步，胸襟和辽阔的天空一般，空旷，没有想头。

叶紫来了。他走近我，和往昔一样的笑着，一只手搭在我的肩膀上。

“你太太的腿，非看看医生不可。……或者买一点膏药！”说着他塞给我七角钞票。

当时不知道是一种什么感情，我望着他的瘦脸，半天说不出话语。

他很穷，我常常看见他向丽尼拿钱，因此我更觉得为难了。

“你不必客气……”他说着往房间里去。

战事继续了一个整月，大家兴奋了一个整月，朋友们在九月十四日的早晨，整队离沪了。

因为房子已经顶掉，我们在临搬家的前一天到叶紫家里去。

他们刚刚搭好一个旅伴，也在准备离去。

他的太太是一个能干，身体魁伟的女人，有一个六七岁的女孩，生的很美，只是眼边上的一块大疤，把那张可爱的小脸糟蹋了。男孩子那时候，约有一岁多的样子，腿象两段削了皮的生藕一样，跳跳窜窜没有一分钟稍停的时候，这三个人和叶紫比起来，实在太不相称了。

那天我陪他到医院去，路上走的很慢。

“你跟我到益阳去吧，把家安置下咱俩一道去长沙，天翼，牧良都在那儿，人多一点作事情也便当！”他郑重的说。“你们先走吧，我打算到开封去。”过了一会儿，我又问他：“到益阳注射方便吗？”

“还方便吧。……”他茫然的回答。

从医院出来，他坐黄包车回家去，我目送他的背影，一个绝望的忧郁，象魔手似的，抓在心头上。

（原载1939年12月14日《大美报》）

援助叶紫先生遗族

《大美报》编者

不幸的消息：《丰收》作者叶紫先生，于十月五日下午七时一刻在湖南益阳兰溪故居逝世了。一个杰出的青年作家，闭闭眼睛抛撇下一切，工作、理想，计划中的反映中国革命的长篇《太阳从西边出来》，还有，说来伤心，两个孤苦的小儿女，傍着饥寒过活的未亡人。

不错，收拾了他年轻的生命的也正是两位文人的熟客：穷和病。他到临死才抛下笔，一躺下却连一具棺木也没有。

叶紫夫人汤咏兰女士，曾经在十一月十七日的香港《星岛日报·星座》上发表一封信，那是一个饱和着血泪的申诉。孩子们要着爸，而且——更重要的，他们饥饿的肚子要着饭米！同时《大公报·文艺》和《星座》都刊出《为援助叶紫先生遗族募捐启事》，列名有夏衍，艾芜，林林，立波……及该两刊编者杨刚，戴望舒诸先生。

我们知道,《浅草》多数读者缺少的是钱财，多余的是热心。富丽的仕女们不会垂青这片寒伧的文艺园林。但我想，叶紫先生遗族渴待的是同情，不是怜悯，而两辙之鲋岂不更懂得彼此的甘苦？给先倒下的同伴身后伸一把援助的手，在我们正是义务。

亲爱的读者，您是不是也愿意为您所敬爱的作家掏一掏贫乏的腰包？假如能得到您慷慨的回响，编者个人愿意尽收集和汇寄之劳，……我们并不知道汤咏兰女士的住址，事先也没有经过接洽，这举动不过是一个缺少世故的热诚。但我想,《文艺》的杨刚先生和《星座》的戴望舒先生必然可以转交。读者能直接寄去最好，否则就将《浅草》做一个代收处。我们希望在两星期里有一个小小数目，和着深厚的同情，寄到湖南叶紫夫人手里去!

（原载 1939 年 12 月 14 日《大美报》）

忆叶紫

苏苏

在X兄家里，看到一份稿子，那题目是：《叶紫遗书》。

这真使我吃惊不小，我问X兄道：

"叶紫死了么？"

"这会骗人的么？"

我默然，叶紫的带有一点女性的面貌，立刻涌现在我的面前了。

"这个可怜的朋友到底死了！"

记得那时我们有几个年青的爱好文学的朋友，组织了一个"海燕文学社"（？），而我不知怎的，却偷偷地在老靶子路后面的一条弄堂里的一间小房间里，草拟着一个"无名文学社"的组织计划，和出版计划，我原来想把"计划"草拟得完善一点，再告诉"海燕"各朋友，征求他们的意见。却不料这时候，在各书局出现了一种三十二开本约三十数页的一本《无名文艺旬刊》，我真有点吃惊，但也快乐，因为我的理想竟已被人实现了。——这事在现在想起来，也可见那时候所谓文坛的"门罗主义"是的确和美国所倡导的"门罗主义"不相上下的。

《无名文艺旬刊》大概出版了两三期吧，这之间，我有一封信写给"无名文艺社"，把我在草拟中的组织计划和出版计划告诉了他们，不几天，接到了他们给我的回信，说是很愿合作。我便把这信告诉了"海燕"各朋友，说"海燕"既也是"无名文艺"的工作者，那末何不合并到"无名"去呢。当时大家决定由我去同"无名"办交涉。

那时我正写好一篇童话，叫做《雪人》，我想带着这《雪人》去办交涉。我先打了个电话去。在电话中，我听到一种湖南口音，或许是说那话的人太兴奋了吧，所以讲的声音很高，又加之我听不来湖南话，我只是“是是否否”含糊地讲了一通。后来知道，那就是叶紫。

没一天，接到一封信，约我到辣斐德路某里去谈谈。我就带着《雪人》去了。这是一间亭子间，开门迎我的是企霞，他的头发很长，有艺术家的风味，我一听他是宁波人的口音，很使我快乐，因为我私下里想：“要是象电话中那样的说起话来，这将不知如何是好呢？”企霞告诉我，叶紫很想和我谈谈，可是恰巧他又不在。记得“合并”的事就在那时谈妥了的。一小时后，我把《雪人》留下了，就告别了企霞。

大家是决定出《无名文艺月刊》了，原先在《无名文艺旬刊》中的某君等，想必和叶紫企霞等意见不大合吧，所以叶紫约我也约到那间亭子间里去了。后来决定出《无名文艺月刊》，就在新重庆路借了一家烟纸店的二层统楼，作为“无名文艺社”的社址。企霞因从宁波出来，没有地方住，就住在那里。

《无名文艺》的第一期出版了。封面是叶紫计划的。他在《社中日志》(？)中对我的童话《雪人》说是十几年来所少见的，这给我是一个很大的鼓励。可是后来茅盾先生在《文学》中批评《无名文艺》的时候，说叶紫对我的童话未免估价太高了，实在也不见得怎样好，使我以后对童话的写作就此停了笔，现在想来，一个老作家对文艺学徒的一言一语应该是多么的谨慎呵！可是叶紫安慰了我，并且还鼓励我。后来我写了《夜明珠》，但叶紫和企霞都说没有《雪人》好。

日子一久，大家是很熟悉了。记得有一天，叶紫和我在一起的时候，他对我说：“企霞很消极。常常和我吵架，说要自杀，我是说不服他的，因为我们太熟了，你不好劝劝他么？”为了企霞的消极，他是很关心的。隔不几天，他问我：“你劝过企霞么？他怎样说呢？”我说已劝过他了。他叹着气，告诉我：“《无名文艺》第一期的印刷费，是完全由企霞从故乡带出来垫付的，现在，恐怕要亏本……”关于印刷费的事，在企霞那里我也听到过他的牢骚。我们都是穷小子，但我们对“文艺”都抱着一种挚爱，可是在这凡百事业的开展都要靠金钱的时代，我们的苦闷也就来了。

叶紫发表在《无名文艺》第一期的《丰收》得到各方的好评，对他这的确是一种莫大的鼓励。记得有一天早晨，他跑到老靶子路我的家里来，手中拿着二十几张写着蝇头小字的白报纸，他说："这是我继《丰收》之后的一篇作品，你给我看看，有没有漏洞？"叶紫是很虚心的，这篇作品《火》差不多是给他所有熟悉的朋友都看过了。

《无名文艺》终于因为穷而没有出第二期，《火》是发表在《文艺》上。而"无名文艺社"，也在无形中解散了。这之间，虽然也有过一度挣扎，例如在电影女明星胡萍的家里，我们曾经开过几次会，想向南洋募款。

自"无名文艺社"无形中解散了后，而我又受了一种直到现在我还不能说出来的一种压迫，朋友在马路上看见我都"敬鬼神而远之"，我内心中的苦闷是达到了极点。

这之后，我们间虽然时常见面，但是我们间已不象在"无名文艺社"时那样的亲密了。为了推销他的《丰收》，我们间曾发生过一种小小的误会，但是这误会后来他自己来给我解除了。

抗战爆发之前的两个月吧，他来到我虹口的学校里，他的身体是瘦弱得连路都走不动。他还是在穷困中过活，我送他上十八路无轨电车的时候，我给了他三块钱的角票，他推辞着，说："你也困难吧？"车开行的时候，他的头伸出车窗，一个惨然的笑浮在他的脸上。

后来他又到我家里来了，问我为什么不写东西？现在看些什么东西？我便告诉他："我写些童话，看书看得很杂。"他态度很严肃地说："你跟企霞一样，不专门一样学问。企霞世界语也学会了几句，可是有什么用呢？"他劝我看一些文学的名著。我当时很感动，他去了之后，我写给他一封信，告诉他，我准备专心一志地研究文学。我到书店里去买了一本托尔斯泰的《安娜·卡列尼娜》，我开始用心地读起来了。

可是抗战爆发了，几次想到拉都路去看看叶紫，可是总没有去成。有一天在一位朋友家里借到一本《冰岛渔夫》，里页写着叶紫的名字，问起他的时候，说是已经回到湖南老家去了。

几个月之前，在一张《救亡日报》上看到叶紫写给一个不相识的青年人的信，那青年人为他的病，替他募款子，他感谢了他。我看了心里很难过，“唉！叶紫还在募款中生活呵！”可是在那封信里，他说他准备写百万字的一个长篇小说，题目叫做《太阳从西边出来》。为什么太阳从西边出来呢？如果这位老朋友还住在拉都路的话，那我是要立刻去问一问他的。而他是住在那么遥远的湖南呵！

现在，叶紫是死了！一种穷困的生活剥夺了他的生命！如果他活下去的话，我相信，他的前途是非常光辉的。可是，他死了！这难道是中国的作家的命运么？

写这篇文章，心绪真是不宁得很，又加昨晚发了一夜的烧。一想起自己现在所走的路，也真有些象叶紫所走过的似地。但是死者已矣，活着的人总还是要背着历史的十字架，走完他的路程的，我又为什么要心绪不宁呢？

十二月二日

（原载 1939 年 12 月 20 日《上海周报》第 1 卷第 8 期）

忆叶紫先生

景　宋

在刘军和肖红两先生刚到上海不久，和鲁迅先生通信间，时常诉说他们度着凄凉的旅居生活：成天闷在房间里，一个朋友也没有，除了给先生通信和等回信之外没有快乐。虽则因此先生只能格外多写回信来慰藉这两位新交的远来旅人，但是为了必不可免的工作而耽误了写回信，弥补这一缺憾，最好是给他们找到社交的对象了。

某一天，约了七八位朋友，在一个北京馆子吃夜饭，记得其中有特别介绍的一位就是鲁迅先生认为可以做朋友的叶紫先生，就在当场，他们很谈得投机似的，而且马上交换住址约期相见了。

消瘦的书生本色，豪爽的谈吐举止，不堪提起的惨痛遭遇，丛集在一身的他，给人一个深刻的印象，是同情？还是愤慨？

以后从刘先生的口中，也时常提起叶先生，并且他们似乎对于文学上有什么计划似地，要共同和先生商讨。在一个薄暮之际，大家在内山书店见到了，就由先生邀请，在附近的广东馆子吃便饭，顺便还邀请也恰巧在书店的曹聚仁先生。那天人不算多，吃的也简单，但谈得似乎很畅快。临了叶刘两位和先生，还临时开了一次三头会议，讨论的结果，就是关于出版《奴隶》丛书的事。先生同意了从旁尽力之后，决定第一次出版的就是《丰收》，继续有《八月的乡村》和《生死场》，稿请先生看过，兼作序，艰难的校对，付排，以及印刷费等等，则是他们辛苦支持而成的。但是不知甚么原因，他们疏远起来了，先生是再没法说什么话的，给他们特意介绍，已是几经考虑，大约也是第一次对朋友的举动。但介绍而已，决没有写保票的意思，随后《奴隶丛书》也就没有再出版什么新刊物了。

这丛书出来之后，也托先生介绍到内山书店去寄售，手续办妥了，照例是每年分两次结算，平常无论如何等钱用，如果不到结账，先生是总不肯去过问书款的。他知道人家忙，能够义务帮忙已是不容易了。但是这不能求之经济最拮据的人了解的，有时非常之需用了，叶紫先生就会来信催先生去代讨书款，这是一桩令人同情而又使人为难的工作。有什么法子呢，结果是估量着数目由先生先垫付了。后来叶先生生肺病，住在医院需款料理，而先生也正病肺，住在家里诊治。在叶先生稍好出院，要见先生了，而他却不能外出。在通信中就可以见到感慨。到一九三五年十月初，叶先生又以感冒需款见告。这时先生虽然外表似乎比较好些了，见了信也难免“惺惺惜惺惺”地在踌躇。我知道他意思，就说：“我们还可以筹出些少钱。”他说：“多少？”“大约还可以五十元吧。”于是先生马上写信给叶先生的夫人汤女士，请她到书店里来拿。钱是不多，然而这时先生是自己也在病中的，这种从井救人的精神，真不容易。那里晓得隔了多时得不到消息的叶先生，也经不起磨折而逝去了！他那一位可怀念的勇敢的母亲，也不知怎样了，还有他的家族，在苦难中挣扎。我是赞成编者先生所发起的援助，和韦因先生的“稿酬移赠”的办法，或者这样并不能算什么实力的援助，但是精神的鼓励，在四无慰藉的苦难中，也许更需要的罢。

（原载1939年12月22日《大美报》副刊《浅草》）

悼《丰收》的作者——叶紫

满 红

忆起叶紫，一副清癯沉着的面影，就映现在我的眼前，逐渐扩大开来；当我从深远的记忆里抬起头来，向那个面影拚力抓取的时候，它又不知所向了。

第一次与叶紫见面，是在《无名文艺》创刊问世后的不多时；记得是在一个雨声淅沥的傍晚，珍颖伴着我同去他的住所，途中，珍颖约略地讲到他对于叶紫的个人印象。

叶紫的住处非常局促，母亲、女人，孩子都蛰居在一间陋屋里。我们走进的时候，正见他聚精会神地伏案写稿。经了他女人的招呼，才算搁下笔与我们接谈，就这样，还一再掉头看看未完的稿子，似乎要把那个勉强打断的文思，重新联系起来。本来，一个作家在写稿的时候，经过了相当深刻的构思过程，正以全生命、全灵魂，通过他底笔倾诉他的心声。这个工作的遽然中断，简直是一种莫名的苦痛，我是相当了解这种心情的。

约略寒暄后，我就说了几句推崇《无名文艺》的话，更转述了茅盾先生对于他底一鸣惊人的处女作《丰收》的好评，立刻，他就羞怯得好象一个处子，带着谦虚的口吻说：

“本来，一个作家对于自身的作品总是格外爱护和关切的。在《丰收》没有写成以前，我只觉得对于这个亲身经历的故事，以及其中活泼泼的几个人物，亏负了一种精神上的债务。即至写成以后，我又觉得，我之所以完成《丰收》的创作，与其说是为了解脱个人精神上的重担，不如说是为了大众。终于斗胆地把它放上《无名文艺》上发表了。明知拙劣的技巧不值成名作家的一顾，然而我所关心的，全不是这些；而是一个故事究竟如何地感动人，如何地被读者接受了。”接着他又说：

“我现在的生活，全然不能由我支配。我的精神上的债务太重了。我亲历了不知多少斗争的场面，那是善与恶，真与伪，光明与黑暗，公理与强权的殊死的搏斗。凡是参加这些搏斗中的人，都时刻地在向我提出无声的倾诉，‘勒逼’我为他们写下些什么，然而我这枝拙笔啊！我能为他们写下些什么呢。《丰收》算是初次的尝试，我担心别辜负那班为人间的真善、光明与正义而抗争的人所流去的血！”

最后，当他送我们到门口时，他还说：“只要环境许可，我还是准备为他们写的。”

其实，叶紫不是一个多产的作家，《丰收》以后，我只见他在《文艺》上发表的《火》及《现代》上的《乡导》。他要以笔耕所入维持一家的生计，还差得远呢。因此，有一个时期，又不得不在一处小学校里兼点课，这样在生活线上挣扎，其清苦其坚卓可想。

有一年，我在杭州，几个朋友谈起要办一个纯文艺杂志《潮音》，嘱我赴沪拉稿。那时陈君冶（两年后在日本死了）主编《春光》，可巧就在《春光》书局编辑部又遇到叶紫，一别两年，他显得更深沉，更含蓄了。

他告诉我初来上海时，要说什么就说什么，要做什么就做什么。可是“道高一尺，魔高一丈”，三四年来的经历使他对于最后理想的信仰更坚决了，而他的警觉性也跟着提高了，在陷阱四伏的现实环境中，要实现最后的理想，在自己的言论和行为上是需要相当技术的。

回到杭州后的一星期，叶紫的稿件寄到了。题目是《夜哨》，那是一个描写叛兵的故事，写得太感动人了，作者好象就是叛兵当中的一个，他写出他们的全部的心情——他们的憎恶、苦闷和一个强烈的要求。说句夸张的话，这故事里的一字一句，都是作者通过他对于叛兵底最深切的了解，才写出来的。叶紫的着笔非常朴实，有时难免太简单了，然而，最可贵的，是他底丰富的经历，鲁迅在《丰收》序文里也这样写道："作者只不过是一个二十多岁的青年，而他所经历的，足以抵得上太平时代一个人几世纪的经历。"

由于《潮音》的无疾而终，我一面照样给叶紫邮寄稿酬，一面转请君冶把原稿改题《夜哨线》寄给王余杞在××刊物上发表。叶紫实在太穷困了，他给生活的重担压得喘不过气来，然而，他还保持高度的自尊心，从不向人诉长哭短，博得人家侥幸的怜悯，他要象一个人似地生活着。

此后，一度有人传说叶紫已经投入鲁迅先生门下，并且连稿子也给介绍到文化生活社及商务印书馆出版。其实鲁迅先生之奖掖叶紫，正如他爱护其他有希望有前途的青年一样。（读者可参阅《文艺阵地》××卷景宋先生作《鲁迅与青年们》）《丰收》是编入《奴隶丛书》出版了，然而一笔印刷费还是鲁迅先生东凑西拉代垫的。其他的不问可知。

与叶紫不通音问者久矣！"八一三"烽火一起，我就格外怀念这位并不怎样深交而又相知的可敬的友人。报纸及杂志里虽然时常发表一鳞半爪的"作家行踪"，叶紫的息信终是杳如黄鹤，一无所闻。然而，我底脑海里始终浮起一个念头：在江南的游击区里，在西北的新天地里，在全中国执干戈以卫国族的壮士和健儿队里，叶紫必以他底如刀的笔，当作斗争的武器，与整个的运动相呼应。因为，他所期待的时期已经开始了。

然而，噩耗传来，叶紫没没地死于他底烽火中的故乡了，留下了他的老母，他的妻儿，死了。

这是中国的一个损失，因为一个拥有世界读者的中国作家死了！尤其在伟大的运动尚未完成，民族的义战正在最紧急的现阶段，叶紫，中国需要你，然而，你死了！

永远地与祖国诀别了！

（原载1940年2月1日《长风》月刊第1卷第2期）

忆叶紫——略记他在上海时的一段生活

任 钧

作家的命运，是大家都知道的命运：
悲惨的一生，不雅的尊称，
和半饥半饿的在孤独中了结这一生！

——涅克拉梭夫（依据戈宝权氏译文）

……我死后，你和孩子都要饿死的！……朋友们！朋友们快来救救我吧！快快救济我的孤儿女吧！

——叶紫临终语（见叶紫夫人汤咏兰女士给达芳先生信）

自己和叶紫兄认识，在时间上，算是比较的早。

大概是一九三三年的春天吧，有一天，住在上海的一小部分文艺工作者们曾经有过一个类似座谈会或是聚餐会性质的，小规模的聚会。地点是在北四川路底的一家饭馆里。记得当日除鲁迅和茅盾两位先生之外，还有好些朋友都在座。自己和叶紫兄就是在这一次聚会中认识的。

因为是一个类似座谈会或聚餐会性质的聚会，所以，参加的人都不拘形式，边吃东西，边自由发表意见。记得当时，鲁、茅二位先生，以及其他在座的朋友们，都先先后后或多或少的讲了一些有关文艺创作方面的话，叶紫兄自然也没有例外。

当时叶紫兄仿佛曾提出了一些在创作实践当中所遭遇到的关于人

物和典型的描写问题来向鲁、茅二位先生请教，并征求大家的意见。鲁迅先生最先发表了一些意见，大致和《我怎样做起小说来》那篇文章里头所说的差不了多少。后来，茅盾先生及其他在座的朋友们也跟着讲了不少的话。大家显然都对这一问题感到颇为浓厚的兴趣。最后，叶紫兄还提出并报告了他打算或正在写作的短篇小说的题名和内容。那些短篇后来都被陆续写出来，而且大部分被收集在《丰收》里面。就中，《电网外》一篇给我的印象更特别来得深刻；一则因为那时候他把这篇的故事叙述得比较详细，生动；再则因为当他说明他打算把这篇小说题作《电网外》时，他那纯粹的湖南口音使得大家简直无法听懂；后来，到底还是我先把它听懂了；当时茅盾先生很觉奇怪，就问我："怎么你却把他的话先听懂了？""大概因为我是广东人，彼此到底是邻省的关系吧。"——记得我当时是这样回答他的。

从此，我们就时常有了见面的机会。

从此，叶紫兄的名字也就更频繁地出现在当时上海出版的文艺刊物上面，渐次变成了大家所熟知的进步作家之一。——特别是当《丰收》在《无名文艺》上面，《电网外》在《文学新地》上面（《电网外》在《文学新地》发表时，曾被改题为《王伯伯》，后来被编进《丰收》时，才仍改回原来的题名）发表之后。

然而，"作家的命运，是大家都知道的命运"，从此，作家叶紫也就陷进了悲惨的，贫困的，半饥半饿的生活当中！

原来，在当时的所谓"文化中心"的上海（其实又何止在当时，何止在上海呢？！）。一些靠卖文为活的人，要是一个"孤家寡人"的单身汉，倒也还可以勉勉强强地在吃不饱饿不死线上过一种焦头烂额的生活，而苟延残喘；然而，叶紫兄，则除了自身之外还不能不靠他的一枝笔，去养活他的老母，去养活他的妻儿！

于是，作家叶紫，便时常不能不为了必须借到几毛钱来维持一天或是半天的生活而踏遍了一切熟朋友的门槛（因为文艺圈子里的熟朋友们时常也是一样的贫乏，不见得走一家便有办法呀！）

于是，作家叶紫，最后，便不能不在饥寒交迫的生活地狱当中病倒了……

而且，所患的，偏偏又是那种一定要有优良的环境才能有万一的痊愈的希望的“贵族病”——肺病！……

一九三六年冬天，我从北四川路底搬到法租界拉都路福履理路的一所小衖堂里居住。不久，叶紫兄也搬进了同一的衖堂。他所住的那幢房子的后门正对着我所住的房子的前门。这样，彼此就变成了朝夕相见的邻居。

那所衖堂是新建的，尽是二层楼的广式洋房，很简陋，卫生设备之类自然是没有的，而且，交通也不见得便利。因此，价钱倒还便宜，每月连水在内，只要三十块钱。而叶紫兄所住的那排房子，则因为打开前门便是荒野，比较不谨慎之故，比其他的还要便宜二、三块钱。所以，当时，叶紫兄也跟我一样：是把全幢房子租下来了的。

不过，虽然说是已经把全幢房子租了下来，但要是完全由自己一家人住，那对于叶紫兄，显然还是一种过份的，简直是不可能的“奢侈”；所以，尽管房钱只有二十多块，而且象那样狭小的房屋，由自己一家人住也决不至于会觉得过于宽敞。可是，实际上，当时他还是把房子全部分租给人家住的（甚至连灶披间也没有留下，而把厨房临时转移到楼梯侧旁），除了客堂间之外。好在这时候，他的老母已经作古了，又没有雇用娘姨（当然是雇用不起呀！），因而客堂间虽然很狭小，也还可以勉强容得下他的五口之家（夫妇俩，一子，一女，还有一个侄女儿）。

所以搬到这比较偏僻的地方来住，主要的理由，自然是为养病。因为当时，他正在九死一生的大病之后，身体是那样的孱弱，又黄又瘦，连路也不能好好地走，正需要长期的休养。

既然是在养病，当然就不能写文章；既然不能写文章，当然也就没有稿费的收入；但，一家五口的日常生活还得维持下去，而且，那个在襁褓中的男孩子，因为母亲的奶不够，还得添些奶粉或是牛奶之类。这样，在经济上的穷迫，便不问可知了。

据我所知：他一家在这时候的最低限度的生活费用，是勉勉强强地依靠两种来源来维持的：第一，是出售《丰收》的所得，因为那本书是由鲁迅先生帮忙自己出钱印的，只是托书店代售而已，主权全属他自己；第二，是朋友们的接济。可是，《丰收》也不免有“歉收”的时候，而且代售书店又往往要藉故拖久，抵赖一些；这样，他就不能不时常依靠第二种来源。这就是说，他还是不时要拖着病弱的身躯到朋友们的家里去“想一点办法”；当然，有时候，是会有点结果的；但，有时候，也会反而赔了本钱。而实际上，他的精神和肉体又不容许他出去乱跑；因此，往往到外边去跑一趟回来之后，就会感觉到特别困倦，不舒服，须得好好地休息几天，才能复元。

总之，一壁跟残酷的病魔相搏，一壁跟困厄的境遇苦斗：这，便是叶紫兄在这一时期的生活的全部！

虽然如此，但那些肉体和日常生活上的一切磨折和苦难，却并没有使得作家叶紫低头或是感到绝望。他仿佛是一只骆驼，载着千斤的重负在沙漠上走；虽然不免有点感到吃力，但眼睛却永远望着前头，平实地踏出自己的脚步，决没有半声多余的叹息，也决不轻于向人们诉说自己的苦痛。

记得不久以前，曾在一本上海出版的文艺杂志上看到一封他在生前从湖南故乡寄给一个朋友的信。在那封信里，他曾叙述到他目前的生活状况，说他自己颇有点阿Q的精神：永远乐观，永远胜利；并且说，他过去和现在都是靠这种精神去战胜病魔的，而将来也一定还是这样（大意仿佛如此）。这，看起来，虽然不免带着多量的苦笑味的自嘲成分；但，从这些话里似乎也已经或多或少的反映出他那种始终顽强而镇静地在作“夹攻中的奋斗”的心境。

同样地，他对于文艺的态度，也始终还是那么忠诚、严肃、认真，并不因沉重的病苦和困厄的环境而有所动摇或改变。

正如鲁迅先生所说的一般：“作者还是一个青年，但他的经历，却抵得太平天下的顺民的一世纪的经历。”为要更多地描出那些经历，他是多么焦急地想要继续不断地写作呵！然而，他的病体却无论如何也不容许他再行继续执笔。于是，他只好用最大的忍耐心，把旺盛的创作欲暂时压抑下来；然后，再把那不至有碍于病体的限度上的精神活动，寄托在长篇的计划，构思，以及伟大名著的耽读和研究上。

那所谓长篇，便是他拟题名为《太阳从西边出来》的巨作，他几乎时常都在想着它，谈到它，而由衷地认为它将是他的毕生的巨著之一。这，只要看他在临终时都还在念念不忘，以“长篇小说还未写出来啊！”（见叶紫夫人汤咏兰女士给达芳先生信）为憾，也就不难想象：

他是多么重视他这部“未完成的杰作”呵！然而，有志未成身先丧！还有什么话可说呢？！还有什么话可说呢？！……

他对于伟大名著的精心研读，的确很使人佩服，很足为文艺工作者们的效法。他顶喜欢的，乃是俄国古典作家的作品，果戈里的《死魂灵》和屠格涅夫的《猎人日记》……等书，尤为他所爱读，精读。据他亲口对我说，有几部作品，他简直看了又看，足足看了十几遍；而在每本或每篇当中，凡有他所认为写得特别出色的地方，更不惜研读再三，几可成诵。他时常说：“当我在作品中描绘一个人物或是一种场面时，我便不由的想起那些名作家所曾描绘过的，相似的，或者比较相似的人物和场面；当我写好了之后，更将它们加以比较：看看是否可以赶得上它们的几分之几；倘认为还不至于相差太远，则保留之；不然，就实行改写，直到自己觉得比较满意时才罢手。”

在《丰收》的自序上，他曾经说过这么一段话：“……然而，这东西虽不成器，我却并不气馁。或者还正因为经过了一个这样的创作过程，才能使我更加努力的向文学前程迈进！我还年青得很。我能够虚心的接受一切善意的批评，我能够刻苦的，辛勤的，不断的学习。在前进的批评家、朋友和老作家的谆谆诲导之下，在自己的刻苦的辛勤的努力之中，我相信我不久的将来，总能有一点儿象样的东西出现。”

“虚心的接受一切善意的批评”，“刻苦的、辛勤的，不断的学习”，这正是作家叶紫对于文学事业的根本精神和态度。

虽然无论从任何一方面说来都决不能说是一种理想的，或是比较近于理想的养病环境；可是，由于叶紫兄的特别忍耐和顽强，他的健康却是在逆境中慢慢地有了进步。血，老早就不再吐了。除每礼拜打一次石灰针外，药也已经完全不吃了。体重似乎也多少增加了一些。

因此，当时，大家都由衷地替他高兴，相信他的身体一定会渐渐地好起来！

然而，不久，神圣的“八一三”抗战的炮火便在黄浦江边响起来了！

对于它，和一切不愿意作奴隶的中华民族的儿女同样地，他是用由衷的欣慰去加以迎接的，因为谁都知道：它正是民族复兴的喜炮呀！

话虽如此，但是，当他想到抗战所给予他的私人生活方面的影响时，一抹暗云便不能不在眼前浮动起来了。

前面曾经提到过——他一家在这时候的最低限度的生活费用，是勉勉强强地依靠两种来源来维持的：第一，是出售《丰收》的所得；第二，是朋友们的接济。可是，抗战一爆发，首先第一，书籍的销路，马上就成了问题；而许多朋友们也陆续地离开了上海，就是没有离开的，在一时整个上海文化机构几不能不因受抗战影响而暂时濒于停顿状态的情况下面，也大有自顾不暇之势，很难希望他们尚有余裕来接济他人。一句话，便是：在此时，叶紫兄是连最低限度的贫困生活也完全失去保障了！

“三十六计，走为上计”，后来，经过再四考虑的结果，他终于作了最后的决定：走！——朝内地，朝故乡走！

不用说，当时大家对于战局一定会延长和扩大下去的正确估计，也是促成他走的决心的一个因素。

但，“没有水便行不了船”，要走，就得有路费；可是，没有！怎么办呢？——这，却使得他感到万分的焦灼！

好在正有如带宿命论臭味的俗语所说的：“天无绝人之路”，几经奔走，到底得到了解决——原来他有一位亲戚住在闸北，抗战爆发后，家全给毁了，正找不到房子住（只要当时曾经住在租界里的人们都会晓得：那时候，找房子是多么的困难呀！）于是，叶紫兄便把房子让给那位亲戚去住，而对方则替他筹措回湘的路费。

这样，他就在九月半左右，率眷朝着整日整夜被敌机所威胁着的回内地之途冒险进发。

他首途时的姿态和装束，直到现在都还清清楚楚地涂印在我的记忆里。——由于忙于收拾和准备一切的缘故，清癯的脸颊上已经透露出兴奋的红晕，穿着一条运动裤，和一件淡绿色的中山服，脚登一对胶鞋，背着一个包袱和一只热水瓶，一手牵着孩子，一手拿着一把湖南雨伞。我明明知道他是朝内地逃难的；但，不晓得什么缘故，看到他那种装束和神情时，我总觉得宁愿相信他是一位抱着一颗悲壮的决心，正准备开向前方的战士！——其实我也并没有想错呀，作家叶紫可不是一开始便作为一位另一种意味上面的斗士而艰苦奋斗，直到死而后已吗！……

当彼此在密集的大炮声中握别时，我只默默地希望他全家一路平安，直达目的地，并希望大家不久便能够在抗战胜利的曙光中再见；而那时候，我的苦难的友人也一定已经跟祖国一样：从极端的病弱，变成了异常的壮健……。

然而，谁曾想到：沪滨一别，竟成了永诀，而我的由衷的希望，也始终停留在“希望”上头呢？

“……一个人死是不要紧的，我虽死了，我的精神不死……”（见叶紫夫人汤咏兰女士给达芳先生信）。叶紫兄，你说的一点也不错，而且也没有半点夸张的意味。那么，你就静静地长眠，静静地长眠吧！……

对于你的死，我们是感到十二万分的悼惜和不平的，因为罪恶的贫与病竟腐蚀尽了我们年轻的天才；但，同时，我们也不免为你感到异常的满足和荣耀，因为你的生命虽然是那么短促，简直短促得有如昙花一现，可是，你却为大众，为祖国，为真理，……尽了至大的，至高的，至善的努力！

所以，“半饥半饿的在孤独中了结这一生”的死者哟，你且静静地长眠吧！

一九四〇年“三·一八”于重庆

（原载1940年6月15日《文学月报》第1卷第6期；1946年7月15日《文艺春秋》第3卷第1期转载）

《叶紫选集》前言

作者叶紫，是我国左联时期有过显著影响的革命作家之一。他的创作在当时所以发生显著的影响，显然不仅由于他在艺术上有了较高的成就，主要的是因为他的一些最重要的作品都是写一九二七年大革命时期的农民运动和当时农村阶级斗争以及有关红军战斗的故事的。可以说，农村阶级斗争是他创作的中心题材；也可以说，这是他的一个鲜明的特点。

叶紫从事创作的时候虽然还很年轻，但已经有丰富的社会经验，又比较地熟悉农村生活，特别是他经历过大革命时期湖南的农民运动，以后他也经常为农村斗争情况所吸引。这是他能够以农村阶级斗争为中心题材的基础。

叶紫是湖南益阳县的月塘湖乡人，原名余鹤林，父亲是一个小公务员；当一九二六年湖南掀起轰轰烈烈的农民运动的时候，他才十四岁，正在当地中学念书；他的一个叔父是益阳县农民运动的主要领导者之一，担任县农民协会的副会长兼自卫大队的大队长，他父亲和姐姐也都参加了斗争，父亲担任县农民协会的秘书，姐姐参加县妇女运动的领导工作。叶紫自己参加过宣传工作；当北伐军占领武汉以后，他接受了叔父的意见，到武汉去进了武汉军事学校三分校。到第二年大革命失败的时候，他在五月间听到父亲、姐姐被捕，从武汉赶回家乡，到家时父亲和姐姐都已经被杀害。他自己也为反动派到处搜捕，因亲友掩护才得逃出了充满着白色恐怖的家乡。

正是这样的经历，使他同农民和农村阶级斗争发生了关系。他的父亲和姐姐的被杀，对他的影响又自然特别的深刻，使他增加了对于反动派的仇恨，也加深了他同农民阶级的关系。这一些经历，对于他后来创作的影响，就如他自己在中篇《星》的《后记》中所说："因了全家浴血着一九二七年的大革命的缘故，在我的作品里，是无论如何都脱不了那个时候的影响和教训的。我用那时候以及沿着那时候演进下来的一些题材，写了许多悲愤的，回忆式的小品、散文和一部分的短篇小说。"

当然，叶紫开始从事创作，还在这五六年以后他加入了中国共产党的时候。

他从家乡逃出后，又过了一个时期的流浪生活，接触的是下层社会的人们，看见了许多他所说的"不平"的事情，这也增加了对旧社会的认识。他也当过兵，熟悉了白军士兵的生活、情绪，和他们在部队里被压迫，以及反动军官鱼肉人民等等情况。当他以后转辗到南京、上海等地，江浙农村同样在濒于破产，农民反抗斗争也正在此伏彼起着，这时叶紫也同流亡到上海来的农民有过接触。

因此，当他一九三三年在上海加入了中国共产党，同时参加革命文学运动，开始从事创作的时候，成为他创作的强有力的动因的，是展开在他面前的农民斗争和他蓄积已久的题材——大革命时期的农民运动。他的第一篇小说《丰收》，处理的就是当时全国普遍的农民抗租斗争的题材，是极自然的事情。这篇小说，以他更熟悉的湖南农村为背景，所写的是佃农们经过了无昼无夜的拚性命的抗旱，接着又是拚性命的抗洪，得了一个丰收，结果是谷价突然从六元跌到一元二，被地主和政府盘剥得一颗不留还不够的惨状，和他们因此不得不又怀念起过去的农民协会时代，起来组织斗争的经过。

接着《丰收》，他发表了《火》，这是《丰收》的续篇。抗租运动终于掀起来了，并且由于地主和反动派的武装镇压而演成了"象爆发了的火山"一样的暴动；暴动胜利后，群众是跑去同红军汇合了。

这两篇合起来，是一幅从头到尾地表现了农民怎样由开始反抗而迅速发展到巨大阶级斗争的非常完整、非常深刻、也非常生动的图画。

这两篇，作者后来都收在包含六篇作品的短篇集《丰收》中。《丰收》集中的其它四篇，有三篇写的都是同红军战斗有关的故事。《电网外》，通过一个安分、保守、不以青年人参加革命为然的老农民王伯伯在一九三〇年长沙附近红军和白军的战斗中的遭遇，画出了红军如何爱护老百姓、白匪怎样杀人放火的无比鲜明的对照图。这个王伯伯，财产被白匪抢走了，房屋也被白匪放火烧掉了，人被乱枪打伤了，红军却救护了他，在红军撤退后他回到原来的村镇，在残砖破瓦旁边所目睹的是什么呢？“一大队团防兵押解着无数妇女和孩子们冲来了”，“一群一群的叫她们跪着”，他的媳妇和两个孙儿也都在里面，“机关枪格格格地扫射了”。为什么呢？为了拍下照相来，以作红军杀人的“真凭实据”。王伯伯抱住两个孙儿的小尸身打滚了一会儿以后，就人事不省了，苏醒过来以后，拿出了一根麻绳，挽个圈圈，拴在棚子的顶上，要将颈脖套进去，可是又突然停止，而后背起了一个小包袱，放开着大步，朝着有太阳的那边走去，朝着他的儿子和别的青年们比他早已先去的地方走去。这个王伯伯也曾经目睹了帝国主义兵舰的参加镇压中国人民。

这篇杰作所写的一切，都是万分真实的。

《夜哨线》写“剿共”的白军士兵的不安，渴望有机会跑到红军方面去或被红军俘虏过去，以及军官们下令抢、杀老百姓和掳劫妇女等真相。

《乡导》写一个老农妇对白匪报仇的惊心动魄的故事。她的三个儿子都被白匪在背上插着“斩决匪军侦探×××一名”的纸标斩决了，她自己也腿上鲜血直流，于是愿意自己再送给白匪一命，做了白匪的乡导去寻找红军的队伍，终于使一团白匪被红军消灭了。

另一篇《杨七公公过年》，作者就近采取了上海的材料，写的是由于被剥削得不能在农村生活、斗争又不能胜利、因而流亡到上海来求生的江北农民，到上海后所受到的帝国主义和资本家的压迫和剥削的情况；其中也写了工人的斗争。

《丰收》集，是作者的第一个短篇小说集，也是他的代表作。但此外，写农村阶级斗争的，还有中篇小说《星》和短篇《山村一夜》。

《星》处理一九二七年大革命的题材；它通过一个普通的农村妇女在大革命波浪中所起的变化和斗争，写了大革命在农村中引起的动荡，失败时的白色恐怖，大革命留给农村的影响等。

《山村一夜》收在叶紫第二个短篇小说集《山村一夜》中；这集子也收六篇小说，其中最重要的也是《山村一夜》这一篇。它写的是反动派怎样狠毒地愚弄了一个农民和诱杀了他的儿子——一个寻到了新路的革命青年的令人毛骨悚然的故事。

叶紫因为很早逝世，留下的作品不多。我们举例的从《丰收》到《山村一夜》的这些作品，在数量上也就占了他留下的作品的大部分，同时又都是他的最重要的作品；而它们就没有一篇不是写农村阶级斗争的。他的创作在当时起了显著的影响的，也正是这些篇。

叶紫对于创作，是十分认真而严肃的，是全力以赴的；这可以从这些作品中看得出来，也可以从这些作品中得到解释。因为他在党领导之下，以他的经历，特别是他所关心的农村革命斗争为基础而从事的这种工作，正是人民所需要的，时代所要求的。农村阶级斗争就是当时革命文学最重要和最迫切的、最能反映革命发展情况和当时祖国面貌的题材之一，当时的革命作家也几乎没有一个不曾写过这题材。

叶紫的这个特点，也就反映了当时革命作家——特别是一些年轻的革命作家——的共同的特色；这个特色就是，他们的作品及时地反映了当时极端尖锐的阶级斗争，锐敏地表达出时代的脉搏，从而使文学成为战斗的工具。

不用说，这也正是当时以鲁迅为首的革命文学的最根本的特色；而在年轻的革命作家——叶紫是其中之一，他们是当时革命文学的真正的生力军——中，这特色就更为显著。

鲁迅在为《丰收》集而作的序上就说："……但我们却有作家写得出东西来，作品在摧残中也更加坚实。不但为一大群中国青年读者所支持，当《电网外》在《文学新地》上以《王伯伯》的题目发表后，就得到世界的读者了。这就是作者已经尽了当前的任务，也是对于压迫者的答复：文学是战斗的！"

这些作品，足以显示当时党所领导的革命文学运动战斗成果的一部分，就因为它们，和别的革命作家的作品一样，反映了当时的时代，从而在促进当时人民革命斗争方面，在革命文学的建立和打退文学上反动派的进攻方面，都起过战斗的作用的缘故。

叶紫逝世于一九三九年，还未到二十八岁[1]。这里也可以提到一

[1] 叶紫，1910 年出生，1939 年逝世，编者注。

句，因为很早就逝世，他长期所构思的、自认为将是一部关于大革命时期农民运动的“大的、纪念碑似的”作品——长篇《太阳从西边出来》，以及同一题材的中篇《菱》，都只起了一个头而未及写出。所以，大革命时期农民斗争的题材，他已经写出来的还不过是他所蓄积的一小部分。

他留下的小说还有别的题材的五个短篇，即收在《山村一夜》集子中的另五篇：《偷莲》、《鱼》、《湖上》、《校长先生》、《电车上》。虽然也都是不弱的作品，但比起《丰收》等来，这五篇的份量和重要性就都差得多的。

他的散文，大半也是记述他的经历和所目睹的使他愤慨的社会现象。

叶紫在生前出版的作品，就是《丰收》（初版于一九三五年，上海奴隶社印行）、《星》（初版于一九三六年，上海文化生活出版社印行）、《山村一夜》（初版于一九三七年，上海良友图书印刷公司印行）这三种。另有《叶紫散文集》，一九三六年由作者自己编定，收散文十六篇，曾由上海商务印书馆打好纸型，因抗日战争爆发未能出版。本社在一九五四年曾出版《叶紫创作集》，收入了作者全部小说及从未出版的《叶紫散文集》中选出的散文九篇。现在这部选集的内容，基本上就和《叶紫创作集》相同，只减少了《偷莲》和《鱼》这两个短篇，此外则增加了鲁迅为《丰收》写的序作为附录，排列稍有变动，加了一两个注释和再校勘了一次。

人民文学出版社编辑部

一九五八年十月

（原刊人民文学出版社 1959 年 3 月出版《叶紫选集》卷首）

叶紫小说初探

曾祖荫

一

叶紫是我国现代文学史上一位有成就的革命作家。他原名俞鹤林，一九一二年生于湖南省益阳县，六岁进小学，十二岁进中学，北伐军占领武汉之后，他进了当时武汉的一所军事学校学习。一九二七年，大革命失败，他被迫离开家乡，流亡在外。一九三三年，加入中国共产党。同年，在上海《无名文艺》上发表了短篇小说《丰收》，引起了文艺界的注意。从此，就开始了他的文艺创作生活。由于长期过着艰苦生活，他害了肺病。一九三八年病势转剧，由上海回到他的家乡休养，同时开始写作他构思已久的长篇小说《太阳从西边出来》，不幸病势日益沉重，长篇小说仅完成了一部分，即于一九三九年八月二十三日逝世，时年仅二十八岁。[1][2]

一九三三——一九三六年左右，是他创作的丰收年代，他的三部小说集都是在这个时期写成的。现在留给我们的作品，除了一部散文集（收散文十六篇）外，还有短篇小说集《丰收》（收入六个短篇）、《山村一夜》（收入六个短篇）和中篇小说《星》。在这些作品里，作者

---

[1] 见《叶紫创作集》人民文学出版社，1955年版《作者小传》。

[2] 叶紫，1910年出生，1939年逝世，编者注。

以饱满的阶级爱憎感情，运用犀利的笔锋，塑造了许多生动的形象，真实地描绘了第一次和第二次国内革命战争期间中国人民的生活面貌（主要是农村）。这些充满热烈的战斗呼号的篇章，即使今天读来，也依然能有力地激励着我们，增长我们建设社会主义事业的信心和勇气。

我国现代文学，自从五四以来，在无产阶级的领导下，它的主流是现实主义的，而且一直在朝着社会主义现实主义方向发展。特别是一九二一年中国共产党成立以后，党对文艺的领导更为加强，因而社会主义现实主义的因素也越来越扩大，愈来愈多的革命作家走向社会主义现实主义的文学道路上来。叶紫，就是其中较有成就的一个。

正如鲁迅先生在《对于左翼作家联盟的意见》中所说："……无产文学，是无产阶级解放斗争的一翼，它跟无产阶级的社会的势力的成长而成长……"[1]我国社会主义现实主义文学运动就是伴随着党所领导的革命运动的发展，从萌芽状态而逐渐发展和成长起来的。一九二七年，大革命失败，蒋介石反动派进行了惨绝人寰的大屠杀，但是，革命势力仍在不屈不挠地进行着坚决的斗争，如有名的八一南昌起义，继起的毛主席领导的秋收起义，井冈山革命根据地的创立，特别是从一九三〇年起，在毛主席领导下的中国工农红军连续粉碎了蒋介石五次疯狂的"围剿"。为了北上抗日，又举行了世界闻名的二万五千里长征。一九三五年，在党的领导下又掀起了"一二·九"抗日救国运动。总之，这个时期，一方面是反革命势力疯狂地进攻，另一方面党所领导的革命斗争正逐步地走向高潮。而社会主义现实主义文学就是在这个斗争中不断地发展着，紧密地配合并有力地推动了革命斗争，而成为整个革命斗争中不可缺少的一翼。当时在革命文艺运动旗手鲁迅的关怀和指导下，出现了在不同程度上具有社会主义现实主义因素的作家和作品，其中著名的如茅盾的《子夜》，革命作家胡也频，殷夫和蒋光慈等的一些作品，特别是鲁迅先生自己的作品，更给予了叶紫以深刻的影响。对于他的社会主义现实主义因素的形成无疑有着重大的推动作用。还值得指出的是，这个时期，由于苏联马克思主义文艺理论的输入，文艺界的争论是很活跃的，当时也曾提出了"无产阶级现实

---

[1] 见《中国现代文学参考资料》，北师大编，285 页。

主义”“新现实主义”创作方法的要求（其实就是社会主义现实主义），同时，当时文学运动中起主导作用的无产阶级文艺理论在与反人民的文艺理论和创作倾向的斗争中，也取得了巨大胜利。这些，都为社会主义现实主义文学的发展开辟了广阔的道路。

叶紫就是在这样的历史条件下走向社会主义现实主义道路的。当然，即使处在同一历史条件下，也并不是每一个作家都能走向这条道路的。而且由于个人的出身，经历……等条件不同，即使走上这条道路的人也各有不同的特征。叶紫的社会主义现实主义因素的形成，是和他自己自始至终地与劳动人民保持密切的血肉联系，并不断从他们身上吸取前进的力量分不开的，是和他在斗争中不断追求真理，在党的领导下，对劳动人民解放事业充满着无限的信心分不开的。

他的创作态度是非常严肃的，创作目的也异常明确。他说：“我还要更细心地，更进一步地，去刻划着这不平的人世，刻划着我自家的遍体伤痕！……一直到，一直到人类永远没有了不平！我自家内心的郁积，也统统愤发得干干净净了之后……”❶他要为广大人民群众呼唤，写出他们的要求和愿望。他曾经对朋友说：“我现在的生活，全不能由我支配。我精神上的债务太重了。我经历了不知多少斗争的场面……凡是参加这些搏斗中的人，都时刻向我提出无声的倾诉，‘勒逼’我为他们写下些什么，然而我这枝拙笔啊！我能为他们写下些什么呢？”❷从这些话里，我们可以看出，作者是真正的站在被压迫的劳动人民之中，和他们同命运，共呼吸，作他们的代言人，为他们服务的。作者的写作是非常勤奋的，尽管身体不好，仍克服各种困难，不停的写作。他说：“我的休力和生活条件都不够，每一次的尝试，都归失败了。我不能够一气地写下去；为了吃饭和病，我只能写一段丢一下，写一段，又丢一下……然而，我不能停下笔来，放弃写作生活”。❸

是一种什么力量驱使他这样勤勤恳恳地写作呢？谁使他这样努力追求生活真理，为了劳动人民的解放事业不息地奋斗呢？

---

❶ 见《叶紫创作集》，人民文学出版社 1955 年版，428 页。

❷ 转引自丁易《现代文学史略》。

❸《星》后记。

鲁迅先生在评价叶紫时说："作者还是一个青年，但他的经历，却抵得太平天下的顺民的一世纪的经历"。[1]的确，叶紫的生活道路是不平凡的。他出生于一个革命的家庭里，第一次国内革命战争时间，全家人都是农民运动的骨干。父亲是乡农民协会的秘书，姐姐是乡妇女会的会长，叔父是县农民协会的秘书长。早年的家庭教育，对于作者革命人生观的形成是有重大作用的。当他还只有十四岁时，就在叔父的影响下，投身了革命的洪流。

一九二七年大革命失败后，地主武装重新占领他的家乡，并进行惨无人道的大屠杀，他的父亲和姐姐都被捕英勇牺牲。他从武汉回到家乡，也遭到了反革命的疯狂搜捕，幸为人掩护，才得以逃脱。这悲惨的遭遇，给予他年幼心灵的打击是沉重的。后来作者在回忆中写道："天啊！我象一个刚学飞的雏雁，被人从半空中击落了下来，我的那小小的心儿，已经被击成粉碎了！"[2]然而，他还是没有被困难吓倒，坚强而贤良的母亲鼓励儿子道："去！孩子！你是一个有志气的人，不要忘记了你的爸，不要忘记了你苦命的妈！去！到那些不吃人的地方去！"[3]叶紫是倔强的，他说："是的！妈！我去！你老人家放心，我有志气，你看，妈，我是定可以替爸、姊出气的……"[4]就这样，他提了一只篮子和一些旧小说，两套旧衣服，勇敢地闯进了社会生活的激流里。

他带着一颗复仇的心在漫无涯际的黑暗生活中流浪着，希望找到一线光明，学会一套本领"杀掉了我的仇人"[5]，"毁平了这吃人的世界"[6]。他所走的道路是曲折的，但他追求理想和报仇的心一直在燃烧着。他想当仙侠，不成，又去当兵，可是拼死拼活干了两年，好容易才升到一个上等兵。旧社会是决不允许一个有理想的青年出头的。他终于当了乞丐，到处流浪。后来到了上海，做过小学教员，报馆编辑，并曾一度在西林寺为和尚抄写签条糊口。

这种痛苦的流浪生活，使他深入地接触了下层劳动人民，亲身体验了他们的苦难和要求。他逐渐地清醒成熟了，他站在被压迫阶级的立场上，对社会现实有了较深刻的认识。他说："于是，我明白了，世

---

❶《鲁迅全集·且介亭杂文二集》。

❷❸❹❺❻ 均见《叶紫创作集》，人民出版社 1955 年版。

界上没有不吃人的地方，没有可以容许痛苦的人们存在的一个角落……”[1]在与黑暗现实的搏斗过程中，在党的教育影响下，他终于从狭隘的个人报仇进步到自觉地为阶级利益而战斗，逐渐地形成了无产阶级的世界观和人生观。一九三三年，就在上海加入了中国共产党，成为了一名无产阶级的先锋战士。

十分明显，叶紫在成为作家之前，首先因为他是个共产党员，是个为无产阶级事业艰苦奋斗的战士，因此，他就不可能是冷漠无情的事件的见证者，而是一个具有鲜明的阶级感情的革命战士。正因为这样，他才有可能经过种种努力，成为一个有成就的革命作家，乃至走上社会主义现实主义的文学道路。

二

《丰收》集是叶紫的第一部短篇小说集，也是作者小说中的一部代表作。叶紫是非常熟悉作品中的主人公们的。如前所述，他自小生长在农村，他和农民有深厚的感情，他热爱他们的品德，尊重他们的劳动，同情他们的苦难，因而热情地歌颂他们的革命斗争，他的这种情感洋溢于作品字里行间，深深地吸引着和教育着读者。作者自己在序里面也说："在这里，只有火样的热情，血和泪的现实的堆砌，毛脚毛手。有时候，作者简直象欲亲自跳到作品里去和人打架似的"。[2]的确，当我们接触了作品中那些革命的人民英雄的时候，我们感到一股明朗、积极向上的战斗热情鼓舞着我们，悲痛而不颓丧，忿怒而不失望，可说是这部集子的基调。

从内容说，这个短篇集也可以当作一部长篇小说来看，小说中有一条非常显明的线索：无论从正面或侧面，直接地或间接地都是围绕着农村里激烈的阶级斗争这个中心内容来开展情节的叙述和人物的描写的。

小说主要是反映了大革命前后农村的阶级斗争和农民的生活情

[1] 见《叶紫创作集》，人民文学出版社 1955 年版。

[2] 《丰收》自序。

况。我们知道，大革命失败后，叛变了革命的蒋介石反动派，没有也不可能解决中国革命的任何问题，相反地他们更彻底地投靠了帝国主义，并和农村封建势力勾结，对工人和农民进行了更为凶残的剥削和压迫，广大农民群众仍处于水深火热之中。对于这种半殖民地半封建的社会现实，作者暴露得是极其深刻的。在《丰收》这个短篇中，作者向我们展示了这样一副悲惨的图画：贫苦佃农云普叔，甲子年吃野菜拌山芋，一天还捞不到一顿；丙寅年又吃树根，而去年，一场大水，连青草也吃光了，只好争先恐后挖观音土吃，吃不到两天，云普爷“升天”了，临走还带走了一个六岁的虎儿。今年正赶上播种季节，全家三天没有饭吃，只得忍心卖掉心爱的女儿英英，以维持生活。而经过千辛万苦，谷子“丰收”了，结果都被地主官僚抢劫一光，最后还欠了三石三斗官粮。这位老农民气得吐血昏倒了。在《电网外》中，王伯伯的遭遇更是悲惨，他的房子被国民党匪军烧了，自己遭了一顿毒打。眼睁睁地看着无辜的媳妇孙儿被团丁用机枪扫死，而哭诉无门，只好上吊。这幅悲惨的图画正是半殖民地半封建的旧中国的农村的真实写照。然而，作者不是仅仅一般地暴露黑暗，更重要的是他能站在无产阶级立场上，深刻地揭露了造成这种惨象的根源。在《丰收》中，作者通过地主何八和李三爹两个形象的刻划，阐明了这种阶级压迫本质。何八是个残忍凶毒的恶霸地主，佃户云普叔青黄不接时向他借粮，他竟叫长工把这位老农赶出门外。到了《火》里，他甚至命令团丁向农民群众开枪，酿成血案。李三爹是一个狡猾的敲骨吸髓的高利贷者，他趁农民青黄不接的时候，主动地把谷子借给农民，借去一石谷，“过不了十多天，要还他三石”。至于保甲带领伪军公开搜抢粮食，更是司空见惯的事。作者通过艺术形象生动地指出了：地租，高利贷和苛捐杂税的阶级压迫逼得农民连气也喘不过来。

更值得注意的是，在《电网外》中，作者进一步指出了帝国主义的公开侵略行为。正当中国人民进行自己的解放斗争的时候，英日帝国主义和反动派勾结公然派军舰来屠杀中国人民。作者以愤怒的笔调深刻地揭露了帝国主义、封建势力和官僚资产阶级互相勾结的反动本质。

反动的阶级必然是垂死的阶级，尽管他们暂时的疯狂，但本质是外强中干的。作者在小说中也清晰地指出了这点。尽管地主何八及其狗腿子高爪子暂时十分凶恶，但最后终于在人民面前伏法。就是手握重兵的团防局梁局长，在农民起义者面前，也是手足无措，目瞪口呆。在《夜哨线》中，作者生动地描绘了国民党军队腐朽怕死、反人民的本质。他们不惜吹起冲锋号，运用了“巧妙”的战术，向手无寸铁的逃难的老百姓发起冲锋；然后大肆抢劫。作者曾经在反动军队中生活过，很了解他们的本质，所以暴露深刻，描写生动，讽刺批评得也很有力。

作者一面揭露批判了当时那种黑暗的现实，同时，又大声疾呼，号召人民群众起来推翻血腥的统治者。作者对反动阶级的斗争是坚决的，他认定广大农民除了坚决反抗以外，是别无其他出路的。但是，在当时一部分未觉悟的老农中间，他们还存在着不同程度的妥协思想和宿命观念，这种思想是封建统治阶级千百年来毒害的结果，它严重地阻碍着农民群众的觉悟，甚至把农民斗争引向错误的道路上去。《杨七公公过年》中的杨七公公就是这样的人物。在三大敌人的压榨之下，农村经济已经破产，地租和高利贷的盘剥弄得杨七公公痛苦不堪。而这位七十多岁的老农民，却还固执地认为只要安分守己、努力劳动，就可以过好生活。他的儿子反对纳租，他不赞成，在走途无路的情况下，他幻想着城市——上海是个福地，他认为凭他几根雪白的头发，就是讨铜板，“一天三千也是稳拿的！”终于逼着儿子一同到了上海。

但是，他在上海也仍然是受苦的，费了很大周折，好容易才揽了一些小工勉强维持生活。而杨七公公天真地这样想：“一个人只要守本分，无论跑到什么地方都是有办法的啊！这就是天，天哪！”

但是，惨酷的现实却粉碎了他对生活的起码要求，他遭了安南巡捕一顿打，连住的地方也没有了。不久，儿子因当罢工委员会的纠察队长被捕判了十年徒刑。杨七公公身害重病，急得一命归天——这就是他在上海过的年。杨七公公的命运是悲惨的。作者通过这个形象的刻划，一方面揭露了统治阶级的残酷压迫与剥削，同时也批判了杨七公公麻醉自己的落后思想，这种妥协思想使得杨七公公变得傻头傻脑，终于被罪恶的社会所吞噬！

为了唤醒人民群众起来推翻反动统治者，作者把很大的希望寄托在广大农民身上，他不断地从农民身上探求着阶级反抗力量。农民问题本来是我国现代革命中一个重要的问题，大革命的斗争经验告诉我们：在中国的民主革命中，工人阶级领导的中心问题是农民问题，只有取得了农民作为革命的同盟军，才能够取得革命的胜利。我国许多现实主义作家，他们都曾经在农民身上作过仔细的研究。还是革命民主主义的鲁迅先生就曾经长期地细致地在农民身上探索过追求过，他的深邃的目光，看到了农民身上蕴藏的巨大力量。甚至在不够觉悟的流浪雇农阿 Q 身上，也有着那种不自觉地倾向于革命的阶级本能。深受鲁迅影响的叶紫站在无产阶级的立场上，更深入地理解了农民。如果说，作者在杨七公公身上主要是描写并批判了他妥协、落后的一面，那么在云普叔身上，作者是既批判了他的落后，而同时也歌颂了他那种阶级反抗性。云普叔（《丰收》）是一个坚强固执的而又有些迷信的农民，他和杨七公公有许多共同点。他也深信靠自己的劳动，能发家致富。能改变自己贫困的生活地位。他的生活信念是："老子一辈子没有想过什么法子，只知道做，不做就没有吃的，"他不相信劳动后收不到粮食，教训儿子道："鬼话！好好的，难道会有一批强盗来抢去你的吗？"

他对地主何八抱着幻想，他不顾儿子的反对，请何八吃"打租饭"，求减一二分租息。但他的希望落了空，尽管他"跪下来了，向爷们象拜菩萨一样叩了三四个响头"，还是遭到了拒绝，只得泪汪汪地打开仓门，让黄金金的谷子被地主保甲抢走。在无情的现实面前，云普叔终于觉悟了，走上了反抗斗争的道路。但是，他能认识这一条道路是付出了严重的代价的。而当他一经觉悟之后，就有着巨大的反抗力量，成了一名勇敢的战士，后来加入了红军。

然而，农民阶级要想真正的摆脱贫困，走向幸福的康庄大道，不是靠自发的斗争能够完成的。广大农民群众只有跟着共产党走，才有真正的出路。党的领导这一主题，在三、四十年代的文学作品中还是少见的，特别是把这个问题和农民群众的解放斗争联系起来，这样的作品就更少了。作品在阐明这一主题的时候，虽然还不够有力，不够充分，但也显示了作者认识现实的深刻性。这一主题被表现较好的地方是作者细致的写出了当时党的地下组织以及党领导的革命斗争对于广大农民所产生的深远影响。云普叔在受尽欺压之后，作者是这样描写他的："十五六年农会的影子，突然地浮上了他的脑海里"，他觉悟了，并鼓励儿子去参加斗争。显然是党的教育唤醒了这位老农的反抗性。在这方面写得较成功的还有《电网外》中王伯伯的形象。王伯伯是个长期在旧制度压迫下受苦的老农民，当革命爆发，他不理解红军，认为红军"同长毛一样"，"成不了气候""不是东西"。他甚至阻拦自己的儿女去投红军，骂他们是"寻死"。但是，当他接触了红军以后，立即便"深深感动"了，"知道儿子们并没有和坏人一伙儿"。他对红军产生了深厚的感情，红军撤走时，他"不觉地掉下了两行眼泪来"。

当他看着媳妇孙儿被国民党团丁打死，他几乎丧失了生活的信心，想上吊。但是最后却有一股力量支持着他，他想："我不能死，我还有两个那样大的孩子，还有一群亲热的兄弟（指红军）……"他内心复又燃起希望和报仇的火焰，"他背起一个小小的包袱，离开了他的小茅棚，放开着大步，朝着有太阳的那边走去了。"

王伯伯的形象是有典型意义的：它不仅概括了旧中国农民经过无数次斗争，流了无数鲜血寻找革命道路的经验和教训，而且明确地指出了：广大农民只有跟着共产党走，才有出路，才能最后得到胜利。

王伯伯生动的形象影响是巨大的。鲁迅先生说："当《电网外》在《文学新地》上以《王伯伯》的题目发表后，就得到世界的读者了。这就是作者已经尽了当前的任务，也就是对于压迫者的答复：文学是战斗的！"❶

作者也热烈地歌颂了广大农民在党的领导下的反抗斗争精神。在《火》中，作者对农民群众那种英勇顽强的斗争精神是竭力歌颂的。值得指出的是，作者笔下的农民起义者，他们的内心世界并不是朦朦胧胧的，他们都有着崇高的理想，对未来的光明前途充满信心。他们的勇敢坚强是建筑在对社会发展规律的必然认识的基础上的，因此，他们才具有无穷的力量和乐观情绪。我们看看《丰收》中立秋这个形象的描写吧，在听了革命者癞大哥的话之后，他的内心活动是这样的。他"细细地把它回味，真有说不出来的道理：这个年头，不靠自己，

---

❶ 见《鲁迅全集·且介亭杂文二集》。

还有什么人好靠呢？什么都是穷人的对头，自己不起来干一下子，一辈子也别想出头。……不久的世界，一定是我们穷人的！”不难看出，立秋的反抗斗争并不是仅仅停在个人得失上，他的目光已触及到了整个“世界”，他是从解放劳动人民，夺取“世界”的理想出发来进行斗争的。在这方面写得突出的还有刘嫡妈（《乡导》）这个形象。刘嫡妈英勇机智，忠于革命，视死如归，她的形象是高大的。值得注意的是，在三、四十年代的文学作品中，刘嫡妈这样的形象还很少见。这是一种新人，在她的性格里，再也看不到农民的保守和自私，再也看不到旧社会在她身上所投下的那种阴影了。从这个形象看来，作者对农民的优秀品质是有较深刻的认识的，因而塑了这样一个感人的形象。

从上面的分析中，我们不难得出这样的结论：《丰收》集基本上是社会主义现实主义的作品。这部作品所体现出来的社会主义现实主义特点在于：作者站在无产阶级立场上，以马克思主义观点，深刻地剖析了当时社会本质，指出了国民党反动派，封建势力和帝国主义的压迫和剥削是造成中国人民贫困的根本原因。同时，又以响亮的声音呼唤农民群众起来斗争，推翻反动统治者。并以坚定的乐观精神，肯定了革命事业在党的领导下必然胜利。毫无疑问，这正是作者社会主义现实主义的特色，也是《丰收》在我国现代文学史上具有重要地位的原因。

然而，《丰收》还不是完全的社会主义现实主义作品，它还有不少缺点，首先是对于党的领导表现得不够清楚有力，有些模模糊糊，因而削弱了作品的思想性。叶紫是个共产党员作家，我们有权利要求他更充分地表现出党的领导作用来。当然，我们不是抽象地脱离作品本身要求作者写这写那，而事实上，三、四十年代，中国共产党领导的革命力量，是这个时期中国革命斗争的主要内容，是全国政治生活的重要势力，是任何一个社会主义现实主义作家都不能避开它的。具体到作品《丰收》中来看，党的领导虽然提出来了，但是大都是用暗示的方法，或者用次要线索来表示的。革命者的形象也刻划得不够理想。而象王伯伯和云普叔等老一代农民形象所留给我们的印象都是比较深刻的，作者很善于剖析他们的内心，表现得较为成功。但是革命者癞大哥的形象就显得苍白无力。作者虽然也写了他勇敢机智的品质以及他的政治组织才能，但这个人物不但出场很少，而且过多的是长篇累牍的演说，缺乏生动的内心描写，缺乏个性，缺乏具体行动，而流于概念化。不难看出：对于社会主义现实主义的重要任务——塑造出正面英雄形象问题，作者并没有解决或者解决得不够好。

然而，尽管有上述缺点，总的说来，《丰收》集仍不失为一部好作品，应当把它列入社会主义现实主义文学的行列。值得我们高兴的是：在这部作品中，我们看出了作者深刻的洞察力和饱满的政治热情，也看出了作者初露的惊人才华。而在他以后写作的中篇小说《星》中，这个特点更有了进一步的发扬。

三

《星》是叶紫唯一的中篇小说，也是我国现代文学史上一部以一九二七年党领导的农民革命运动为题材的，在思想性和艺术性方面比较成功的作品。

和《丰收》比较起来，《星》有许多特色。

从《星》里生动地反映了作者对农民革命群众运动的马克思主义观点。我们知道，一九二七年初，革命的实际行动已把农民问题提到了最突出的议程上来了，当时，农民运动已经以湖南为中心在全国广泛高涨起来。势如暴风骤雨，无论什么大的力量都压抑不住。它动摇了几十年来的专制政治制度的封建经济基础，其意义是无比巨大的。毛主席在《湖南农民运动考查报告》里说："孙中山先生致力国民革命凡四十年，所要做而没有做到的事，农民在几个月内做到了。"[1]因此这次运动才引起了反动派的惊慌，资产阶级，地主官僚们称之为"惰农运动""痞子运动"，丧尽天良地加以污蔑，力图扼杀这次群众运动。但是，叶紫却选取了这次事件作为他小说的主题，并热情地歌颂了党领导的革命群众运动。这不仅表现了作者敢于正视现实的宏伟气魄，而且也表现了作者对革命事业的无限热爱与忠诚。

要反映如此规模巨大的事件，并不是一件容易的事，它需要作家

[1] 见《毛泽东选集》第一卷。

坚韧的毅力和高度的艺术概括才能。作者通过小说主人公——梅春姐形象的塑造，比较真实地反映了这次事件的伟大意义和深远影响。

小说一开始，作者就把梅春姐安置在一个凄苦，沉闷的环境里——一个典型的封建势力笼罩的社会角落。——丈夫陈德隆是个嫖赌酗酒的二流子，他对妻子没有怜恤，没有爱情，还经常打她，骂她。周围一些轻薄的男人和妇女也嘲弄她。处在这样的环境里，梅春姐的生活是痛苦、悲哀，空虚而又孤独的，她内心充满着复杂的矛盾。不难看出，梅春姐的这种生活正是封建势力压抑下一般妇女的缩影。

终于，党所领导的气势磅礴的农民运动起来了，农民会成立了，世界变了。而这时，那双撩人的星眼撞进了梅春姐空虚的生活里，她爱上了农会副会长黄，她长久以来渴望幸福与自由的理想第一次得到了满足，她勇敢地向封建道德和奴役性的夫权作了坚决地挑战。这是梅春姐的胜利，也是广泛而深入的农民革命运动的胜利。

当然，旧势力是绝不会轻易投降的，陈德隆竟又挥起了往日的拳头。可是，世界变了，当陈德隆向妇女会要梅春姐的时候，他听到的是：

> “别提是你的老婆吧，”那女人气冲冲地站起来了，“告诉你，你的老婆爱上了旁的人了，这是她自己说的。我们这里的规章是这样：女人爱谁就同谁住。并且还不能打她，骂她，折磨她……”
>
> “真的吗？”
>
> “真的。”
>
> “我要将她杀了呢？”
>
> “你敢？我们抓到了剥你的皮！”❶

这是多么痛快的回答！

梅春姐在农会的教育下，在实际斗争中，迅速地觉悟了，她的性格完全变了：

> “她不再怕人谣言了，她不再躲在家不出来了，她完全变成了另一

❶ 见《叶紫创作集》。

个人。”

“她便象一头温柔的，春天小鸟儿般的，沉醉在被黄煽起炽热的情火里，无忧愁无恐惧地饮着她自己青春的幸福……。”

她跳出了个人不幸的小圈子，从斗争里找到了幸福和爱情。她的斗争再也不是仅仅停留在狭小的个人范围了，而是勇敢地和群众在一起，投进了战斗的漩涡，为了广大妇女们的翻身而忘我工作着。

作者向我们指出了一条真理：深刻的农民运动解放了人们全部的胆量和智慧，劳动者千百年被埋没了的天才一旦发挥出来，就能翻天覆地！从梅春姐的性格发展过程中我们清楚地看出了党领导的农民革命运动在千百万被压迫的灵魂里所产生的这种巨大意义！

当然，作者向我们展示的梅春姐性格的全部意义还不仅在此。更重要的是由于党的教导，不仅使她勇敢地摆脱了封建压抑，而且使她成了一个全新的人。在她的性格里，不仅有着一般的妇女解放的民主思想，而且她对无产阶级革命事业也有了一定的认识。正因为如此，当一九二七年大革命失败后，她仍坚贞不屈，并未消沉下去，为了继承革命事业，她抚养着黄留下的孩子香哥。她怀念着革命者老会长和木头壳，关心他们的存亡：“天啦……但愿他们都还健在呢……”

不幸，香哥病死了。但她还是没有绝望，革命的伟大事业在召唤她。她走出了家门，“没有留恋，没有悲哀”，仿佛和黄的眼睛一样的星星在指点她：“走吧，你向那东方走吧……那里明天就有太阳啦！……”她走向了革命。

作者为我们塑造的梅春姐的形象，也象胡也频同志的素裳一样，是三四十年代我国文学史上的新人物。

梅春姐不仅和我国批判现实主义巨著《红楼梦》中的林黛玉显然不同。而且和战斗的现实主义者鲁迅先生的单四嫂子，祥林嫂也不一样。单四嫂子守寡，她生活在愚昧和无助里，受尽人间的愚弄和凌辱，结果送掉了自己唯一的爱子的生命。她唯一的希望是想在梦中见到她的儿子，她的命运是悲惨的。祥林嫂和单四嫂子也差不多，她在死了比她小十岁的“当家人”之后，就到鲁四老爷家去当女工。但不久，又被婆婆以八十千的价格卖给深山坳里的贺老六。她生了一个孩子，生活稍为安定一点，但不幸男人死去，孩子又被狼衔走。她只得又回到鲁四老爷家去做工，受着精神上和肉体上的折磨。最后身体坏了，记性差了，而鲁四老爷也不需雇用她了。于是她只好在饥饿困苦的乞丐生活中，背负着沉重的精神重担，悄悄地死在鲁镇的新年祝福声里。毫无疑问，单四嫂子和祥林嫂都是当时社会条件下的真正典型，都具有巨大的现实意义的。然而，梅春姐和她们的命运不一样了，她在党的领导下走向了革命，她已经是革命战士了。时代不同了，中国共产党领导的革命斗争象火炬一般照亮了她前进的道路。因此，梅春姐是一个新的妇女典型。通过这一形象的塑造，反映了新时代所赋予她的新的特征，概括出了一个具有时代意义和现实主义的新的性格。

梅春姐和差不多同年代的柔石的《为奴隶的母亲》比较起来，也是不尽相同的。那位可悲的母亲离开了自己的孩子，被丈夫卖给地主做临时的生儿育女的机器。她为地主生了一个儿子，三年后又被地主赶回自己的老家来。她带着一颗破碎的心，丈夫、孩子，疾病和贫困依旧包围着她“沉静而寒冷的死一般的长夜，似无限地拖延着，拖延着……”[1]为奴隶的母亲的命运是可悲的，她始终没有找到光明的道路，在她的身上也缺乏应有的反抗，她是那样孤寂地苟活了一生。无疑，这也是这部小说的缺点，它还没有达到社会主义现实主义的高度。然而，梅春姐和为奴隶的母亲是多不相同，她在斗争中觅得了幸福，又在斗争中走向了革命。她的胜利，正说明了叶紫社会主义现实主义的胜利。

《星》的成就是巨大的，但也有些缺点。就人物塑造而言，农会副会长黄和二流子陈德隆都有许多不足之处。

比起《丰收》来，作者在描写党的领导和革命人物形象上是有了很大进步。如对副会长黄的外貌刻划，作者抓住了他那富有特征性的星样的眼睛，给人的印象是较深的。从小说的标题，到人物的肖像描写，到故事富有象征意义的结尾，作者都注意突出了有双关意义的“星”，这样做很别致新颖，引人深思，而且还能给人以线索分明，条理清晰的感觉。但黄作为一个革命者，一个农会的领导干部，还是不

[1] 见《柔石小说集·为奴隶的母亲》

够有力的。就其性格而言，作者对他多情善感的一面描写得很多，他对待梅春姐的爱情，也多少有些小资产阶级的浪漫蒂克。就结构而言，因为作者对当时的农会组织缺乏更细致的了解，因此有些描写显得不够真实。同时，作者也没有让黄直接投身到当时面对面的阶级斗争和轰轰烈烈的群众运动中去，锻炼他、考验他，从而展示他的性格。因此，这个形象就显得有些单薄。

陈德隆出身是个农民，然而作者描画出来的他的性格那么凶残狠毒，甚至比起地主来也有过之无不及。然而他又是一个被压迫者，这样描写的结果，在客观上冲淡了反动地主的罪恶，而且这样的描写也缺乏典型教育意义。这个形象是不够成功的。

应当指出的是：一部艺术品的价值首先取决于它提出的问题是否有重要的社会意义。作品所提出的问题对时代越重要，越有意义，就越能感动更多的读者，就越能唤起人们对生活的思考。在这方面，《星》无疑是成功的。

而差不多与《星》同时写成的短篇集《山村一夜》更显示了作者新的艺术特色。

四

《山村一夜》包括有《偷莲》《鱼》《山村一夜》《湖上》《校长先生》《电车上》六个短篇。

鲁迅先生在《丰收》序中，曾这样殷切地期望道："我希望将来还有看见作者的更多更好的作品的时候。"[1]先生的话没有落空，果然，在不久的时间里，作者又继续写了《山村一夜》等许多作品，而且其中确有许多篇什显出了作者的进步。如果拿《山村一夜》和《丰收》比较起来，就会看出许多明显不同的特色。

首先是题材的扩大。如果说《丰收》主要是描写农村的阶级斗争，那末，《山村一夜》里，作品触及的面就扩大了。作者不仅仍十分关怀广大农民的生活，继续描写了农民的思想，感情和斗争要求，而且进

[1] 《鲁迅全集·且介亭杂文二集》

一步广泛地接触了社会上的各个阶层的各种不同人物。这里有小公务员、妓女、小学教员、小市民和宗教徒……等等。从这些形象中我们可以看出，作者的视野更为扩大了，他对生活的认识也更深化了。如果说在《丰收》中作者是一位描写农村生活的好手，那末，由于生活面的不断扩大，艺术修养的不断提高，到了这个时期，作者已比较善于描写社会生活中的各种人物了。因而，作品概括的生活面越来越广。说明了作者不断深入生活，不断追求真理的严肃的劳动态度。

贯穿于《山村一夜》的仍是下层劳动人民与反动统治阶级的矛盾斗争。作者那种永不熄灭的斗争火焰仍在继续燃烧着，甚至越烧越旺。他同情的目光关注着被压迫被剥削的下层社会人民，描写了他们痛苦的生活悲剧，也批判了他们空虚，颓丧和软弱的缺点；热情地鼓舞他们，唤起他们斗争。对于统治阶级，作者仍是给了无情的揭露和辛辣的讽刺。

翻开作品，一幅下层社会人民血泪斑斑的图画立刻展现在我们眼前。《校长先生》中的小学教员张先生，他的老婆生了病，饿了两天，可是，张先生三四个月来根本就没有领到薪水。那个无耻的“校长先生”象哄小孩一样地欺骗他们，天天挨，一个钱也不发，而自己喝酒嫖赌，学校的教学，教员的生活，他都漠不关心，甚至还厚颜无耻地教训教员们：“饿死事小，失节事大。”

作品深刻地揭露了国民党统治下教育制度的腐败和小学教员们生活的悲惨，是一封有力的控诉书。

在《湖上》里，作者更进一步揭露了腐朽的社会制度所带来的妓女痛苦生活和一般为生活所迫的小公务员无聊，苦闷，颓唐的心灵。

妓女——莲伢儿的母亲，已是一个三十上下的女人了。男人外出当兵，十多年杳无音信。她无衣无食，只得出卖自己的肉体，忍受着精神上和肉体上的双重摧残。

她无法摆脱贫困的生活地位，她的内心有一股对社会的强烈仇恨。她甚至残忍地把刚生下来三个月的莲儿的双眼弄瞎，沉痛而又狠心地说：“世界没有什么好看的，统统是恶鬼……。”可悲的是她一生未找到自己的出路，后来被外号叫老耗子的小公务员打了一顿，气得发了疯。终于被那个罪恶的社会所逼杀。

这篇小说的笔调是阴沉的。这些可怜的人们都是被压迫者，他们有反抗、有不满，但是他们没有找到正确的道路。在暂时强大的反动势力面前，他们的仇恨畸形地发展着。在几度碰壁之后，他们之中不少是死亡或颓唐了，他们的命运是可怜的，可是，他们身上也存在一些弱点。作者是用既同情又批判的心情来写他们的。虽然，这些人没有走向正确的反压迫斗争道路，但这并不意味着作者已经失去斗争信心，已经迷路。恰恰相反，在这悲哀的气氛里，作者仍充满信心地写道："世界上并不只有恶鬼，只有漆黑，也有好人和光明的。"❶

在风格上与《湖上》迥然不同的作品有《偷莲》和《鱼》两篇。这里面，是诙谐生趣的斗争，是充满智慧和戏剧性的故事。

我们不难看出：到《山村一夜》中，作者的艺术风格已经有了明显的变化，比起《丰收》来，是趋于多样化了。既有沉郁、悲痛的抒情，也有机智、风趣的嘲弄；既有痛心疾首的呵责，也有顽强、愤怒的反抗。这种风格的变化固然与题材的扩大分不开，同时，与作者认识的深化、思想情感的激扬以及艺术修养的提高也是分不开的。

但是，在丰富多样的万花筒中，那种积极向上，热爱生活的激情仍是这个集子的基调。即使一些悲哀的抒情，也不会使人完全绝望。事实上，这种无产阶级的战斗意志，是始终贯穿于叶紫全部作品的一根红线，它深深地打动着读者的心灵。

这个集子中的短篇《山村一夜》，可说是作者这时期的一篇代表作。它通过刘月桂爹的口述，描写了革命青年文汉生被愚蠢的受了骗的父亲出卖的故事，反映了反动统治阶级的狠毒以及反动思想对于人民群众的毒害。也鲜明表现了作者明确的阶级观点和坚定的无产阶级立场。

文汉生闹革命被父亲以"首告"的形式出卖了，他的悲剧，表面上看来，似乎全是父亲愚蠢的结果。可是，仔细分析，是有着极其深刻的社会阶级根源的。

汉生和地主少爷曹德三在一起的时候，刘月桂公公就告诉他："记着，千万不要跟曹三爷往来。"但是，事实上这时祸根已经扎下了，曹德三已经混入了革命组织。刘月桂公公的看法是深刻的，他说："他们

❶ 见《叶紫创作集》。

愿不愿替穷人说话和做事，就要看他们高兴不高兴便了。”他们的所谓革命，不过是一种时髦的追求而已。果然过了不久，稍被反动当局吓了一下的曹德三就叛变了，反戈一击，公然带兵抓走了自己原来的同志，暴露了他的地主阶级反动本质。

作者极其深刻地指出了出身自不同阶级的人对革命所抱的不同态度，指出了阶级矛盾是怎样规定着人们彼此间的关系，是怎样从根本上规定着人们的友谊和感情。文汉生和刘月桂公公的一段谈话是描写得很深刻的。曹德三叛变后天真的文汉生曾这样问刘月桂公公：

> “我，我只是不知道：人心呀——为什么这样险诈呢？……告诉我，干爹……”

这位“年轻的时候飘游过多少地……赤手空拳地，入军营打仗，坐班房……什么苦都吃过……活了六十多岁了的”老人，带着沉痛的经验告诉他道：

> “是的，孩子。不是同一命运和地位的人，常生是这样的呢……”

这句话里含有多少辛酸的体验和感叹呢！汉生的遭遇，又是一堂多么生动的阶级教育课。

汉生的悲剧，当然也和他愚蠢受骗的父亲有关。从老长工的性格里，我们看到，反动阶级的思想毒素加在他身上的负担是何等沉重！他被苦役和剥削折磨成一个木人了。反动阶级不仅夺去了他壮实的身体，而且也损害了他纯洁的思想。作者锋利的笔锋深入到形象的灵魂深处赤裸裸地揭露了这种惨酷的阶级压迫。

当老长工把自己儿子送去“首告”的时候，难道他不是为了更爱自己的儿子吗？是的。可是他受骗太深了，地主阶级残忍地借他的手杀死了他的儿子。

通过老长工的形象塑造，作者向我们指明一条真理：对反动统治阶级只有坚决斗争才有出路。

从《山村一夜》的分析看来，作者的创作水平是在继续提高。但是老长工的描写也不无缺点。作者过分强调了他的愚蠢，甚至好友刘月桂的几次开导也无动于衷，而忽视了这个形象应有的反抗性，因而，也使得作品带有一些悲凉意味。

五

鲁迅先生在《丰收》序上曾经这样说过：“这里的六个短篇，都是太平世界的奇文，而现在都是极平常的事情。因为极平常，所以和我们更密切，更有大关系。作者还是一个青年，但他的经历，却抵得太平天下的顺民的一世纪的经历，在辗转的生活中，要他为艺术而艺术，是办不到的。但我们有人懂得这样的艺术，一点用不着谁来发愁。”❶鲁迅先生的评价是极深刻的，公允的，他的话概括了叶紫创作中的几个根本特征，那就是（一）作者是个经历丰富的被压迫者，他本身和作品内容就有着密不可分的联系；（二）作者不是也不可能“为艺术而艺术”，他是为无产阶级事业而奋斗的战士；（三）作者的创作真实地反映了现实，是“太平世界”的“奇文”，是关系到大多数人的“奇文”，他的作品与广大人民群众有着密切的联系。

从这样的特征出发，当我们仔细读着他的作品的时候，首先感到的是一股火样的激情攫取了我们。那些惨酷的屠杀，那些残忍的剥削，那些决死的斗争，那些英勇的反抗，无一不震动我们的心灵。可以毫不夸张地说，在他的作品中我们听到了那时代剧烈的脉搏跳动的声音，和作者的呐喊声。作者曾说：“一方面呢，我是欲找寻着安慰，我不惜用心用意地去读，用心用意地想，去理会；我想要从这里面找出一些什么东西来，这东西，是要能够弥补我的过去的破碎的灵魂的。一方面呢，那是郁积在我心灵的千万层，千万层隐痛的因子，象爆烈了的火山似的，紧紧地把我的破碎了的心灵压迫着、包围着、燃烧着，使我半些儿都透不过气来……。”❷

正因为这样，作者总是在作品中用叙述人的语言，呼之欲出地表

❶《且介亭杂文二集》。

❷ 见《叶紫创作集》。

达着自己鲜明的阶级爱憎情感，或是通过形象的塑造，体现出这种感情来，而且我们读着它，并不感到理智地说教，而是自然而亲切。例如在《火》里，当农民起义队伍攻进了地主何八的庄子以后，农民云普叔无法压抑的阶级怒火甚至把狗腿高爪子脸上的肉咬下巴掌大一块来。从这种发展到极至的阶级仇恨里，我们也不难看出作者燃烧的情绪来。对于地主何八，作者不仅揭露了他的剥削本质，而且带着鄙弃的感情描绘了他的可耻私生活。在《山村一夜》中，对于那个胆小受骗的老长工，作者那种哀其不幸，怒其不争的感情就更为鲜明了，他不止一次地通过刘月桂爹的嘴骂他，说他是蠢猪，是无用之物，作者带着沉痛的情感满面泪水地斥责了他。

如前面所分析的那样，正是因为这种情感的抒发，更加强了作品的感染力。

与这种激情相联系的另一方面，那就是作品朴实无华的艺术风格。的确，我们读了作品，丝毫没有感到作者在玩弄什么艺术技巧，也没有看到作者在故意玩弄文字，我们甚至感觉不到作者在讲究什么形式，我们只是被那种激动的感情吸引着。作者好象有一双巨大的手掌，他把现实中的卑鄙与丑恶，斗争与反抗，历历如数地老老实实地摆到了我们的面前。这种朴实的风格，揉和着那激扬的情调，使我们如身历其境，明白如画。作者自己也说："我没有办法，一边读，一边勉强地提起笔来也学着想写一点东西。这东西，我深深地知道，是不能算为艺术品的，因为，我既毫无文学的修养，又不知道运用艺术的手法。我只是老老实实地想把我的浑身的创痛，和所见到的人类的不平，逐一的描画出来，想把我内心的郁积，统统地发泄得干干净净……"❶当然，说"毫无文学修养"，"不懂艺术手法"，是有作者的谦虚，而且我们并不感到那不是"艺术品"，恰恰相反，那正是具有无产阶级政治性的艺术品。

显然，这种严峻朴实的艺术特色是与作者对现实冷静深刻的认识分不开的。

当然，不可否认，我们也应当看到作者艺术修养上欠缺的地方。

❶ 见《叶紫创作集》

有些作品，虽然作者找到了有意义的主题，却缺乏生动的艺术表现力，因而挖掘得不够深刻。如前面所指出的那样，作者在塑造人物形象方面，也还有不少缺点，特别是对正面形象的塑造，更显得不够有力。

在谈到作品的艺术特色的时候，还有一点使我们感兴趣的是：作品中那种浓烈的乡土风味。《丰收》和《星》以及《山村一夜》中的部分作品，都是以湖南洞庭湖一带为背景写成的。作者不仅概括地反映了当时社会现实，而且那令人向往的稻花香味和江南景色也从作品中沁透出来。看看《偷莲》那篇吧，美丽如画的荷塘夜色，慓悍机智的偷莲妇女，愚蠢色相的地主少爷，多么生动。如下面一段，是有关水乡妇女的描写：

> 桂姐儿恨恨地咬着牙，有意要使他跟着她兜几个圈子，然后等快要接近大伙儿的时候，她就故意地停了一停，闯在他的大划船边上！……
>
> 汉少爷伸过手来拖住她的船，她翻身一跳，就渡上他的大划船了！汉少爷迎面来拥她，胸前的叫吹子给打落到水中！
>
> 两个人互相的扭着扯着……
>
> 十多只埋伏的莲子船野鸭似地扑了拢来，十多女人跳上大划船。……
>
> 桂姐儿救起了，汉少爷抓住了！
>
> “用带子绑好他！”
>
> 汉少爷想叫——一团很大的棉花塞到他的口里。…………[1]

妇女们绑好了地主少爷，于是十多只莲子船在湖中穿来穿去，十多把剪子一齐响动起来，“每一只小船都装满了，每个人心中都是喜气洋洋的”。当她们胜利地回去的时候，还低声地、快乐地唱了起来：

> 偷莲……偷到月三更啦……
>
> 家家户户……睡沉沉，……

---

[1] 见《叶紫创作集》

有钱人……不知道无钱人的苦，……
无钱人……却晓得有钱人的心！……
紧摇桨……快撑篙……
守湖的人追来……逃不掉！
…………❶

我们仿佛也听到了一阵阵清脆的歌声，这种生动的描绘，传达了水乡人民的特殊的生活息气！

与这点有关的是作品的语言问题。一般流行的文学史的说法，大都是认为叶紫作品的语言是不好的。我也并不一反其是而说他作品的语言是最好的，但是，我们知道，文学是语言的艺术，如果说一个作品的语言十分糟糕，那个作品的价值就大成问题了。叶紫作品中的语言虽然有不少的地方不精炼，甚至还有些“学生腔”，但是，就整个情况看来，还是有它的特色的。我认为他的语言有两点是突出的：一点是朴素；一点是作者向人民语言学习的强烈倾向。前者是一望而知的。后者我想说几句,《丰收》和《星》里很明显地运用了许多湖南一带的方言土语,《山村一夜》有的篇章中用了江浙一带的方言土语。应当说，作者的大部分的方言土语是运用得恰当而利落的，不仅增添了作品的地方色彩，乡土风味，而且，有助于人物性格的表达。在一般用语上是如此，在其他一些地方，如民歌的引用和提炼也是值得提出的。看过中篇小说《星》的同志，一定还记得打一辈子单身汉的老黄瓜所唱的那首歌吧，这里不妨引用几句：

十七八岁的娇姐呀……没人瞅啦……
跪在情哥的面前……磕响头！……
哥说：“我的姐姐呀！……
不怕你膝头骨跪得……浮浮肿。
额头叩得……没有皮……
你呀！……要想情哥……万不依！……”

❶ 见《叶紫创作集》

姐说："我的哥哥呀！……
你要黄金白银……姐屋里有，……
要花花绿绿的荷包子……慢慢送得来……
你铁打的心儿呀……想转来……"
……❶

从这首情歌里，我们也很明显地看得出作者向农民学习语言的倾向。一个作家在自己的作品里提炼运用民间语言，向民歌学习，做得好与否，这当然是另一个问题。但是，不可否认，这样的道路是正确的。立志向民歌和生动丰富的民间语言学习，这不仅表明了一个作家与人民群众息息相关的生活态度，也表明了一个作家对人民高度负责的创作态度，无疑，是应当大力肯定的。因此，我们对于作者的语言，绝不能一概抹杀，应当看到他的成绩和特色。

总之，如前所述，叶紫是怀着鲜明的阶级爱憎感情，以严肃的创作态度真实而深刻地反映了当时的社会现实，他的作品不仅有高度的思想性和巨大的战斗意义，而且，也有相当高的艺术水平。但正当作者艺术才能飞跃进步的时候，却不幸去世了！这是值得我们深深惋惜的。

一九五九·十二·改毕

（原载《华中师院学报》1960 年第 2 期）

❶ 见《叶紫创作集》。

叶紫小说简论

刘增杰

一

叶紫（一九一二——一九三九）是一个创作生活十分短暂的作家。从一九三三年他开始在《无名文艺》上发表自己的第一篇小说《丰收》算起，到一九三九年病逝止，也不过仅仅五、六年的时间。如果从他的小说写作的具体时间来考察，则又可以看到，他的创作主要是在一九三三——一九三六这三、四年的时间内进行的。他留下的作品一共只有短篇小说集《丰收》、《山村一夜》，中篇《星》以及病逝前未曾出版的一部散文集。这也不能说是十分丰富的。作为一个青年作家，叶紫的作品显然还留有一些不够成熟的痕迹，有时在艺术上还相当粗糙，但在他的创作生涯还没有到达成熟期，病魔就夺去了他的生命。

在我国现代文学史上，我们有时可以看到一些这样的现象：一个作家，他的创作时间很长，写了不少作品，艺术上一年比一年老练了。但是，他的作品并没有给读者留下深刻的印象。随着时间的推移，他的作品在读者的记忆里消失了。可是，叶紫的作品虽然说不上丰富，艺术上也说不上完全成熟，但直到今天，他的作品仍然受到了读者的喜爱。这究竟是什么原因呢？回答也可能举出不少条的理由。但是，我认为最主要的原因，正象鲁迅先生当时所指出的：“作者已经尽了当前的任务，也是对于压迫者的答复：文学是战斗的。”[1]也就是说，叶紫作品的鲜明的战斗特色，是它具有生命力的一个重要条件。

下面，我们首先从《丰收》谈起。

二

一九三五年，以第一篇小说《丰收》命名的，叶紫的第一部短篇小说集《丰收》出版了。《丰收》中一共收入《丰收》、《火》、《电网外》、《夜哨线》、《杨七公公过年》、《乡导》六篇小说。《丰收》集的出版，受到了文艺界应有的重视和读者的欢迎。鲁迅认为，叶紫的这些小说，虽然“都是太平世界的奇闻，而现在却是极平常的事情”，但“和我们更密切，更有大关系。”[2]《丰收》集中的有些小说，发表以后就得到了世界的读者。[3]

《丰收》集所以能够获得国内外的读者，这和它所反映的内容是有密切关系的。

在大革命时期，由于党的领导和整个革命形势的推动，在我国南方的许多省份，农民运动蓬勃发展，“其势如暴风骤雨，迅猛异常，无论什么大的力量都将压抑不住。他们将冲决一切束缚他们的罗网，朝着解放的路上迅跑。一切帝国主义、军阀、贪官污吏、土豪劣绅，都将被他们葬入坟墓。”[4]农村轰轰烈烈发展着的革命运动，动摇了帝国主义和封建势力的统治。在革命的农民运动面前，地主、官僚害怕了，颤抖了。接着，挂着革命招牌的蒋介石，公开举起屠刀叛变了，开始疯狂地屠杀革命的工农群众。大革命终于由于敌人的叛变和党内以陈独秀作代表的右倾机会主义分子坚持投降主义路线而失败了。在农村里，本来已经被打倒的地主豪绅，又在反动派的支持下，骑到了农民头上。农会被解散了。农村变成了一个血腥的、恐怖的世界。在反动派的疯狂屠杀下，中国共产党和中国人民并没有被吓倒。中国人民开

[1][2] 《叶紫作〈丰收〉序》，见《鲁迅全集》第6卷。

[3] 《电网外》在《文学新地》上发表后，曾被译为俄文，在当时的《国际文学》上刊出。

[4] 毛泽东：《湖南农民运动考察报告》，见《毛泽东选集》第1卷。

始了更加英勇的战斗，在农村掀起了新的革命风暴。这就是大革命时期和大革命失败后农村的阶级形势。而《丰收》集正是以湖南农村作背景，从不同的角度，表现了当时农村中尖锐的阶级斗争。

《丰收》和《火》，集中地表现了农村中尖锐的阶级斗争。在《丰收》的第一章，作者所描写的云普叔对于自己不幸遭遇的回忆，可以说是广大中国农民血泪的历史。云普叔的家里，吃呆饭的一个也没有，但是，去年一场大水，不但使他卖掉了仅有的一所房子，逼得一家人搬到赵家祠堂来住，而且八口人也只剩了六个：当连青草都吃光，实在不能挨下去的时候，他跪在何八爷面前加借了三斗豆子，勉强糊口。“八月里华家堤掘出了观音粉，云普叔带着立秋挖了两三担回来，吃不到两天，云普爷爷升天了，临走还带去了一个六岁的虎儿。”❶

水灾，地主阶级趁着水灾进行的更为残酷的剥削，使得象云普叔这样勤劳的农民，更加贫困了，破产了。但即使房子卖了，人死了，云普叔并没有失掉生活的信心。他努力争取着丰收。家里虽然没有饭吃，他仍然拼命的劳动着。挑过草皮子后，他的肩和两腿的骨髓中间，象着了无数的针刺，浑身发痛，几乎终夜都不能安眠。第二天“天亮爬起来，走路还是一阵阵地酸软。然而，他还是镇静着，尽量地在装着没事的样子，生怕儿子们看见了气馁!”生活又逼得他卖了自己的亲生女儿英英。但是，他还是要争取丰收。他觉得：只要丰收了，什么问题就都可以解决了。天旱了，他领着儿子没明没夜地去车水。踏呀，踏呀，他咬紧牙用力地踏下去，直到痛得真的忍不住了，“才将那含蓄着很久的眼泪流出来，和着汗珠儿一同滴下。”

经过千辛万苦和日夜的提心吊胆，后来禾苗肥大，标线结实，丰收终于将要成为现实。云普叔苦难的脸上，浮出了满面的笑容。他盼望着丰收。他有着一个农民最朴素的希望：就是要生活下去。

这是多么微薄的希望啊！但是，谷子还没有收下，他的希望就渐渐地被现实打得粉碎了。穗子一天一天地黄起来，光顾云普叔的人也一天一天地多起来。堤局的委员来催堤费了，保甲先生衔了团防局长

❶ 叶紫：《丰收》，见《丰收集》。以下各节，凡未见出处的引文，均分别见叶紫的短篇集《丰收》、《火》及中篇《星》。

的命令，来催团防捐税，“救国”捐，“剿共”捐了。开始，云普叔对这一切并没有放在心上。他恭恭敬敬地答应着，说明只要收下谷子，立刻就给老爷们送去。只要让他活下去，好象加在他肩上的担子不管有多重，也要把它担起来。可是，担子太重了。当谷子刚收到家里，何八爷、李三爷的长工、保甲长带着的委员们领来的工役，把云普叔的谷子完全抢光了。当他气得横身倒下，口吐鲜血的时候，保甲长恶狠狠地对他的小儿子说：“少普！你等一会告诉你爹爹，还差三担三斗五升多捐款，限他三天内亲自送到局里去！不然，随即就会派兵来抓人。”在三十年代，我国广大农民就是处在这种境况里。遭了水灾，人们卖儿卖女，活不下去；丰收了，收下的谷子又被抢光，仍然活不下去。官僚、地主的剥削，已经达到了使农民生活不下去的地步。

在《火》里，被逼得活不下去的农民，展开了同地主阶级的正面斗争。这场斗争，作品中写得有声有色，给人留下了较深刻的印象。

如果说《丰收》和《火》是从正面来表现农村中尖锐的阶级斗争的话，那么，《电网外》就可以说是从另外一个角度来表现农村中的阶级斗争的了。作品着重地表现了农民与国民党匪军的斗争。通过王伯伯一家的遭遇，作品逼真地告诉读者：不仅地主阶级的剥削已经使农民无法生活；而且，国民党匪军的胡作非为，也使农民生活不下去了。战争来了。国民党的大兵要拆掉王伯伯的房子，因为据说他的房子阻碍了对河电网里的射线。结果，王伯伯的钱和鸡被骗走了，房子最后还是被烧了。残酷的现实，使他终于愤怒地呼喊：“你们这些狼心的东西呀！老子总有一天要你们的命的！……老子一定和你们拼！……你们吃人不吐骨了啦！”烧了房子，并不是王伯伯灾难的结束，更大的灾难在等待着他。当红军退了以后，国民党匪军又把他抓去禁锢了三天，并且进行了无数的盘问与拷打。直到被认为“并非乱党”时，他才被从一个叫什么部的“行辕”中赶了出来。这时，国民党的老爷们又逼着他，让他说房子是共产党烧的，让他说共产党杀了他家里三口人。而就在这个时候，他忽然看见自己的儿媳妇和两个孙儿，夹在被一大队团防兵押解的无数妇女和孩子中间。机枪格格格地扫射了。他的儿媳妇和两个孙儿倒下了。阶级斗争就是这样血淋淋的。

《杨七公公过年》也同样是一篇血泪文字。作品没有正面地描写地主阶级的剥削和压迫，而主要地表现了破产后的农民，为了寻找活路，流浪到殖民化的上海后的遭遇。在上海，想凭自己的力气活下去的农民，仍然无法生活。讨码头钱的警察，安南巡捕，整个旧的社会制度，逼得他们无路可走。结果，儿子坐牢了，杨七公公升天了。

《丰收》中的这些小说，正说明：在国民党新军阀的统治下，当时我国的广大农民，已无存身之处。社会已经到了非变革不可的地步了。

反映出当时农民生活不下去的境况，说明阶级压迫是农民活不下去的根源，从而使人们憎恨剥削制度，是具有相当大的积极作用的。但是，短篇集《丰收》的可贵之处，还在于它不仅写出了农民在当时的活不下去，而且还在于它正确地指出了农民应该怎么办，怎样争取活下去，为农民指出了争取活下去的道路。这就使它比那些单纯描写“谷贱伤农”，“丰收成灾”的作品，具有更大的思想力量了。

在《丰收》和《火》里，作者描写了一些和云普叔走着完全不同道路的人物形象。如立秋、癞大哥等。他们走的是斗争的道路，反抗的道路。他们同地主阶级，展开了一场激烈的斗争。作品还恰当地表现出：残酷的现实也终于使云普叔否定了自己所走的道路。在《丰收》的结尾，他终于理解了儿子过去不常在家的原因，十五、六年农民会的影子，突然地浮上了他的脑海里。他对立秋说：“好，好，好啊！你去吧！愿老天爷保祐你们！”而到了《火》里，云普叔直接参加了斗争。在《火》的结尾，作者特别指出：农民武装已经和雪峰山的红军取得了联络，周围百余里都没有了人烟，统统逃到雪峰山上去了。这更暗示：在党的领导下，广大农村里一场更大的革命风暴即将来临。在《电网外》，受着生活无数打击的王伯伯，虽然也曾觉得没有一点希望了，连菩萨也都不肯保他了。他解下床角上的一根麻绳，要上吊了。但是，他终于意识到：不能做枉死鬼，他还有两个孩儿和一群亲热的兄弟！于是，他放开大步，朝着有太阳的那边走去了！《夜哨线》表现了一群国民党士兵，在现实的教育下，终于同他们的真正敌人展开了斗争。即使象《杨七公公过年》这篇调子比较低沉的作品，最后也孕育着斗争。虽然杨七公公死了，他的儿子也坐了牢，但斗争并没有结束。小五子愤愤地举起的拳头，他所说的“这个年头，穷人，要不自己，自己，嗯！嗯！……”这半句话，正告诉我们：在城市里，斗争是不会停止的。至于《乡导》，这更是一篇歌颂当时的一个对敌人充满仇恨的母亲刘媪妈的成功作品。她最后虽然牺牲了，但“她微笑着”。

总之，叶紫用乐观、热情的调子，真实地反映了三十年代农村的斗争面貌。作品告诉我们：由于党的领导和大革命时期农民会的影响，生活不下去的农民，他们已经不再是任人宰割的羔羊，他们奋起反抗、斗争，并且最后都和红军的力量结合了起来。《丰收》中的这六篇小说，具有年轻的无产阶级文学的战斗特色，完成了它的历史任务。正是在这里，我们找到了短篇集《丰收》在当时引起人们重视的最主要原因。

《丰收》集的另一个成功之处，在于它塑造出来了一批性格鲜明的三十年代的农民形象。

在老一代的农民中，象云普叔、王伯伯、杨七公公、刘媪妈的形象，都是较为鲜明的。作者在塑造这些人物形象时，并没有简单化，他相当深刻地表现了三十年代农民内心的矛盾和斗争。云普叔，他承受了一个又一个的打击，但是，只要能活下去，他也满足。封建传统思想束缚着他。他最初并不满意立秋的反抗地主阶级的革命活动。他安分守己，总想靠自己的劳动来活下去，总想靠自己对地主阶级的尊敬、忍让来换取怜悯。水灾、饥饿，卖房子，卖女儿，这一系列的打击，都没有能够把他打倒，也没有能够使他认清地主阶级的本质。收谷子了，他按照往年的习惯，请地主老爷来吃“打租饭”。当老爷们吃过“打租饭”，他请求他们开恩遭到拒绝时，云普叔跪了下来，向老爷们象菩萨一样地叩了三四个响头。直到把他的谷子抢光，云普叔才认清了自己的真正敌人，否定了过去所走的道路，并在以后投入了斗争。

《电网外》的王伯伯，他从旧的观念中解放出来，他的认清自己的真正敌人，也是经过了血的现实的教育的。开始，当年轻人因为红军快要到来而高兴的时候，他自己想：“那班人是真的成不了气候的呀。同长毛一样，造反哪，又没有个真命天子。而且上次进城，又都是那么个巧样儿，瘦得同鬼一样，没有福气，只占了十来天就站不住了，真的成不了气候啊！”因此，当他听儿子说要入伙，他骂道：“混账东西！你们不要吃饭了吗？你们是真的要寻死了啊！入伙，造反，做乱党哪！连祖宗，连基业都不要了，妈妈的，你们都活久了年数啊！”为了家，为了那急待收获的谷子，为了家具，鸡、猫、还有狗、牛，当别人都逃走的时候，他没有离开家。直到国民党匪军烧掉了他的房子，枪杀了他的儿媳妇和两个孙儿，他才终于觉醒，向着有太阳的地方走去。

作品中的这些老一代的农民形象，具有极大的认识意义。从云普叔和王伯伯的道路，可以看出，农民，受着剥削与压迫的农民，是可以参加革命的，他们是工人阶级的伟大同盟军。但是，他们（特别是老一代的农民）走上革命的道路，并不是十分容易的。这需要现实生活的反复教育，需要党的领导和耐心引导。这一点，即使在今天，短篇集《丰收》也仍然能给我们一些启示。

《乡导》中的刘嬸妈，是当时的一个对敌人充满仇恨的母亲的形象。她的生活里满含着苦难和血泪。她的三个儿子被国民党匪军杀害了，她自己也被打得“腿上的鲜血直流，整块整块地沾在裤子边上，象紫黑色的膏糊，将创口牢牢地吸住了。”仇恨使她坚强了起来。她决心欺骗匪军，终于把他们引到红军的埋伏区，使敌人的一团人全军覆没。当匪军发觉受骗，敌人的旅长审问她时，刘嬸妈愤怒地责骂了敌人，并且“拼命地滚了一个翻身，想抱住一个人咬他几口！”最后，她光荣地牺牲了。刘嬸妈虽然还不一定说是具有崇高理想的英雄，但在当时那样黑暗的岁月里，塑造出这样一个具有强烈的反抗精神的母亲的形象，也应该说是作者对无产阶级文学的一个很大的贡献。

作品中的青年农民形象，如立秋、癞大哥、福生等，虽然写得还比较单薄，但也具有一定的意义。他们对地主阶级有本质的认识。立秋对他的父亲说：“拼死了老命，也不过是替人家当奴隶！”因此，他主张穷人团结起来，向地主阶级进行斗争。当别人问他怕不怕杀头时，他肯定地回答说：“怕什么啊！只要大家肯齐心，你没有看见江西吗？”党所领导的革命斗争，是他们斗争中的鼓舞力量。这些青年农民，他们敢于斗争，他们是同地主阶级斗争中的骨干力量。从他们身上，我们看到了我国农民身上所蕴藏的巨大的革命力量。

当我们探讨短篇集《丰收》的成就的时候，还应该谈到它在艺术上的成功之处。

强烈的革命乐观主义精神，是《丰收》的一个显著特色。在当时黑暗的年代里，作品不仅展现了斗争的光明前景，而且作者所描写的许多人物，都具有可贵的革命乐观主义精神。读过作品，人们没有惆怅，没有悲哀，只有愤怒和战斗。《火》里农民的坚决斗争，《电网外》王伯伯的向有太阳的地方走去，《夜哨线》里士兵的觉醒，《杨七公公过年》中小五子的拳头，《乡导》中刘嬸妈的壮烈牺牲，都具有高昂的革命乐观精神，在当时尽了它应尽的战斗任务。

作家在刻画人物方面也表现出了才能。他往往能几笔就勾画出人物的主要特征，给人留下深刻的印象。试看《丰收》中的云普叔和《杨七公公过年》中的杨七公公，作者着墨不多，就描绘出了这两个老农民的特征来。

《丰收》一开始交待的云普叔是：

> 时间是快要到清明节了。天，下着雨，阴沉沉的没有一点晴和的征兆。
>
> 云普叔坐在"曹氏家祠"的大门口，还穿着过冬天的那件破旧棉袍；身子微微颤动，象是耐不住这袭人的寒气。他抬头望了一望天，嘴边不知念了几句什么话，又低了下去。胡须上倒悬着一线一线的涎沫，迎风飘动，刚刚用手抹去，随即又流出了几线来。

《杨七公公过年》中关于杨七公公的描写是：

> 稻草堆了一满船，大人，小孩子，简直没有地方可以站脚。
>
> 杨七公公从舱尾伸出了一颗头来，雪白的胡须，头发，失掉了光芒的，陷进去的眼珠子，瘪了的嘴唇衬着朝天的下颚。要偶然不经心的看去，却很象一个倒竖在秧田里，拿来吓雀子的粉白假人头。

两个老农民，都饱经生活的折磨，一个将要破产，一个已经破产，作者所描绘的形象都是很鲜明的。

《丰收》也具有较明显的地方色彩。作者善于给读者描绘出一幅带有南方色彩的社会生活画面。这些画面，有时常常包含着较强烈的阶级内容。早在《丰收》与《火》发表以后不久，有人就曾指出了作品的这一特色："《丰收》与《火》的特色是地方色彩之活跃，如'打租饭'一事写出湘中佃农供应农村统治阶级的状况，它的效果一方面是显示了封建榨取的形式，别一方面则使情节逼真而动人。"❶《丰收》中的不少自然景色的描写，也带有鲜明的湖南农村的特色。春雨一连下了三十多天，人们普遍的担心着，怕再象去年一样，遭大水灾。这时候，天晴了。作家给我们描绘了这样一幅天晴后的生活画面：

天毕竟是晴和了，人们从蛰伏了三十多天的阴郁底屋子里爬出来。菜青色的脸膛，都挂上了欣欢的微笑。孩子们一伴一伴地跑来跑去，赤着脚在太阳底下踏着软泥儿耍着。

水全是那样满满的，无论池塘里，田中或是湖上，遍地都长满了嫩草。没有晒干的雨点挂在草叶上，象一颗一颗的小银珠。杨柳发芽了，在久雨初晴的春色中，这垅上，是一切都有欣欣开展的气象。

在《丰收》里，作家的许多经过提炼加工的语言，也具有一定的艺术表现力。在作者笔下，我们看见云普叔家饥饿的孩子们，"小的两个都躺着不能爬起来，脸上黄瘦得同枯萎了的菜叶一样"；云普叔因为要车水，但找不着立秋，因而他"暴躁得象一条发了狂的蛮牛一样"；当听到别人说，立秋变坏了，天天不知道和癞大哥他们一班人干些什么勾当，云普叔"几回硬恨不得把门牙都咬碎下来"。作者描写大旱得雨的情景是："禾苗都得了救，卷了筒的禾叶也开展了，象少女们解开着胸怀一样地迎风摆动"；描写云普叔为了争取丰收，没有一刻偷闲，因此，"身子疲劳得象一条死蛇"，"人疲得象一堆枯骨"。象这些语言，表现力都是十分强的。

正是由于短篇集《丰收》的较深刻的思想内容，它的一些鲜明的人物形象，它在艺术上的某些成功，从而使它发挥了应有的战斗作用，并获得了国内外的读者。

当然，我们完全没有必要掩饰《丰收》集的缺点。作为一个青年

---

❶ 凌冰：《〈丰收〉与〈火〉》，见《现代》第4卷第2期。

作家的第一部小说集，存在这样或那样的缺点，是毫不奇怪的。

应该指出，作家为我们塑造出来了一些个性鲜明的人物形象，但是，有不少人物，特别是一些青年农民形象，仍显得单薄，不够有血有肉，不够丰满。例如，象立秋、癞大哥、福生等，虽然也有某些个性特征，但总的来说，是缺乏鲜明的个性的。产生这样一个缺点，也并不是偶然的。另外，有些短篇在艺术上仍不够成熟，缺乏象《丰收》那样的艺术感染力量。语言还不够洗炼，缺乏必要的加工。应该指出的是，《丰收》以后的五篇，在艺术上虽也各有特点，但总的来说，并没有能够超过《丰收》的水平。这虽然有多方面的原因，但这和作家对作品缺乏必要的加工、推敲，也是有关系的。鲁迅在给叶紫的一封信里，曾指出《夜哨线》这篇小说，“有好的地方，也有不好的地方。”认为作品应该“减少字数，也就是用几句较简单的话，来包括了几行的原文”。[1]在《叶紫作〈丰收〉序》里，鲁迅先生在充分地肯定《丰收》的成就以后，同时也对作者提出了热切的希望：“我希望将来还有看见作者更多，更好地作品的时候。”叶紫此后的努力，在一定程度上实现了鲁迅先生的希望。

《丰收》主要是以大革命和大革命失败后的农村作背景来创作的，但是，作家还没有在较大的范围内，直接来描写大革命时期农村尖锐的斗争。读者有理由希望看到作家直接描写大革命时期农村生活的作品。《星》的创作，在某种程度上满足了读者的要求。

三

《星》，是叶紫的唯一的中篇小说。在《星》里，作者通过一个善良的农村青年妇女在大革命时期生活的变化，反映了革命在农村的蓬勃发展及其失败，反映了当时农村的社会生活和阶级斗争。

在《星》的第二章，作者以抒情的笔调，描写了大革命到来时农村妇女剪发的情景，以及由此所引起的风波。特别是在第四章，作品较充分地展开了关于农会在农村活动的描写：

---

[1] 《鲁迅书简》下册。

梅春姐因为被丈夫陈德隆打伤，被人送到镇上。当她又从镇上回来，她已经是一个热心妇女会工作的新女性了。她向妇女们宣传着新的道理，讲述着新的故事。她的活动受到了老头子、老太婆的嫉妒，但却受到了年轻妇人和姑娘们的热烈欢迎。作品中有一段描写是真实而又生动的：

> 可是，那些年轻的姑娘和妇人们却恰恰相反，她们大半都象疯了似的，全都相信了梅春姐的话，心里乐起来了，活动起来了！只等梅春姐一到村子里的某一个人家，她们就成群结队地将她包围着。她们都愿意加入和赞成梅春姐的这一个会，并且还希望梅春姐能把这一个会早些日子成立起来！……

而梅春姐自己，由于革命的到来，也开始过着完全新的生活。她摆脱了那个折磨她的陈德隆，和农会副会长黄自由地相爱着。这一切，都显示了农村中广大群众，特别是受压迫最深的妇女群众对于大革命的热烈拥护。

受压迫的农民群众迎接这次革命，但是，一切压迫者和守旧的人，对这场革命却恨之入骨。作品从某些侧面，表现了当时农村阶级斗争的尖锐。随着农会的活动，谣言出来了。有的人说，“过了六月，便要实行‘共妻’了”。有的说，“老头子们都危险，只要上了四十岁的年纪，通统要在六月一日以前杀掉，免得消耗口粮。”有的说，不能够走路的孩子也要通统杀掉。……这是反动派的阴谋；同时，也是反革命叛变即将开始的征兆。敌人终于叛变了，“不但是省城里有了变动，而且县城里也开来了新的反对的兵了”，“先前被赶出村子的人现在通统要溜回来了。他们全准备着，要和村子里各会中的人算账。”最后，副会长黄和梅春姐，都被敌人捉去。黑暗又重新统治着农村。作品中关于农村中新的变动的描写，使我们好象重温了大革命失败的历史。

正是在这些地方，作家使我们看到了大革命时期湖南农村的面貌。作家热情地赞颂了大革命给农村带来的新的变化；也怀着愤怒的感情，揭露了敌人对革命的破坏和对农民群众的疯狂屠杀。

作品中对于革命者的描写，也对读者有一定的启发。副会长黄，他对工作有热情，也有干到底的决心。他对梅春姐说："即使真的有什么大祸发生了，我们还能抛掉这里的事情逃脱吗？……姐，我们目前已没有其他的路了呀！不是死——那就只有努力地朝前干下去呢！"但是，黄并不是一个真正成熟的无产阶级革命家，在他身上，带有更多的小资产阶级知识分子的气味。他满足于工作表面上的轰轰烈烈，而没有深入地发动群众，做更多的实际的革命工作。结果，当敌人开始了突然袭击，他不但不能组织群众进行有效的反击，甚至连自己的生命也丢掉了。黄的形象正启示我们，不密切的联系群众，不对阶级敌人进行坚决的斗争，将会犯下不可饶恕的错误。

我们还必须谈到作家塑造的梅春姐这个农村妇女形象的某些成功之处。

梅春姐是一个受压迫、受损害的农村少妇的形象。她的丈夫陈德隆是一个赌棍。陈德隆整天打牌，喝酒，和一切浮荡的，守空房的妇人勾勾搭搭，而对梅春姐，他骂她，他折磨她，并且还常常凶恶地、无情地、在夜深人静的时候殴打她。可是，作为一个当时农村中典型的贤德的妇人，梅春姐对这一切都忍受了。大革命和副会长黄的到来，使梅春姐的生活开始改变了。她要求过人的正常的生活，她要求温暖和爱情。作品中关于梅春姐从镇上回来后热情工作的情景的描写，给人们留下了深刻的印象。作品告诉读者，在这个普通的农村少妇身上，蕴藏着巨大的革命力量，并表现了她对幸福生活的强烈的渴望。

有意义的是，作品把梅春姐的生活和革命紧密地联系了起来。当革命失败后，她又重新陷入苦难的深渊里。监狱里的虐待，黄的牺牲，她回家后所受到的陈德隆的更为残酷的折磨，都清楚地说明了：只有革命，才能使广大农民和农村妇女得到彻底的解放。

生活中新的折磨和痛苦，并不能使梅春姐象过去一样默默忍受了。革命的影响使她终生难忘。因此，在她的生活坠入比一年前更加乌黑，更加悲苦的时候，她呼喊着："天啦！……但愿他们都还健在呢！……但愿他们……"最后，当她和黄的孩子香哥儿被折磨得死去，她终于下了最大的决心，打好了一个小小的衣包，没有留恋，没有悲哀地走出了家门，向东方走去。梅春姐最后所选择的道路，是当时整个受压迫妇女的共同道路。作品塑造出这样一个妇女形象，在当时无疑地是起了积极作用的。

应该看到,《星》的缺点也是较为突出的。因此,下面想用较多的篇幅来谈论它存在的缺点,并探讨产生这些缺点的原因。

《星》的一个最主要缺点,表现在作品的题材处理上。描写大革命时期的农民运动,无论如何,阶级斗争总是突出的主题。因此,由于作者没有以阶级斗争作为一根主线,而是以黄和梅春姐的恋爱故事作线索来描写的,这就使大革命时期农村天翻地覆的变革,尖锐的阶级斗争,在作品里表现得极不充分,使作品的思想意义大大的降低了。

这不是说,在《星》里不能描写黄和梅春姐的爱情。问题不在于描写不描写,而在于怎样描写。是放在阶级斗争中来写,还是离开了主要斗争,甚至游离于斗争之外来写呢?《星》里的爱情描写,正是犯了后一种毛病。同时,作品中所描写的黄与梅春姐的爱情的发生,也欠真实。如前介绍,梅春姐虽然并不满意自己的丈夫,但她是一个被旧社会称为贤德的妇人。她和黄平时并没有接触,只是一个偶然的机会,她到自己草场去拿草,碰到了黄正与木头壳谈话,见了黄一面,回家后,一直到夜晚,她还心神不安。等丈夫睡后,"她频频地向黑暗中凝眸着;那一双星一般,长着长长睫毛的眼睛,便又轻轻地,悄悄地,在她面前浮动起来了。"以后,作者便用较多的篇幅,展开了他们之间的爱情的描写。用作者的话来说,那就是:"一头美丽,温柔的耗子,就这样轻轻,悄悄地,被抓到了猫儿的口中。"这些关于他们爱情生活的描写,有时我们感到并不具有很大的说服力。由于作者没有把他们的爱情放在阶级斗争中来展开,而是用一个带有某些浪漫色彩的爱情故事,用他们与陈德隆的冲突,代替了严肃的革命斗争和阶级斗争,因此,我们觉得,《星》里关于黄与梅春姐的爱情的描写,并不是完美无缺的。

我们批评作家没有正面地、集中地处理阶级斗争的主题,也不是说作家少写了一两个人物。例如,没有写进来一两个作为革命的敌人的地主。不是的,如果作家对农村的阶级形势缺乏正确的分析,即使写进了地主,效果也不一定会好的。问题在于:当时的社会变革,是革命与反革命,地主与农民的尖锐斗争,处于被压迫地位的梅春姐,她的压迫者固然有陈德隆,但更主要的,还是那个吃人的社会制度,是整个的封建地主阶级。而作品中关于梅春姐不幸遭遇的描写，它的原因好象只是因为有一个陈德隆。好象只要打倒了一个陈德隆，梅春姐就有了自由，可以翻身了。这当然是一种十分不正确的理解。因此，《星》的没有充分地表现当时农村中的阶级斗争，应该说是它的一个严重的弱点。

我们接着想谈一谈关于陈德隆形象的塑造。作为一个酒徒、赌棍，陈德隆的个性在某些方面是比较鲜明的。例如，作者使我们看到：他喝得醉醺醺的，他那因长癞子而脱落了发根的光头上，有几根被酒力所激发着的青筋在凸动。他的面孔通红，在刷子般的粗黑的眉毛下，睁大着一双带着血丝的，发光的，螃蟹形的眼睛。当酒醒以后，“他突然地，象一根发条似地从床上弹了起来，伸手到小柜中摸出他那仅有的几块放光的洋钱和铜板，一匹熊似地冲到村中去！”这些地方，他的个性是突出的。但是，他的某些较为突出的个性，并没有能够挽回整个形象的失败。

问题当然不在于在《星》里能不能写这样的人物。这是用不着争论的。在当时，农村中有这样或那样的陈德隆式的人物，作家是完全可以在他的作品中，写进这样的人物的。问题在于把陈德隆放在什么地位来写。而作家恰恰在这方面处理失当了。作品中的陈德隆，成了梅春姐的主要压迫者。似乎梅春姐的主要压迫者不是地主阶级，而只是一个陈德隆；似乎农村中的主要矛盾，不是农民与地主的矛盾，而是陈德隆和黄、梅春姐的矛盾。作家有意无意地，用个人之间的冲突代替了阶级冲突，用陈德隆对梅春姐的折磨，代替了整个旧制度对农村妇女的摧残。这当然就使《星》的内容大大减色了。而且，就陈德隆本人讲，他虽然是一个酒徒，是一个农村中流氓式的人物，但是，他总是可以认识的。而在作品中，有不少地方，作者好象故意渲染他的某些莫明其妙的，不可知的，野性的东西。作者所描写的陈德隆的某些疯狂的动作，并不能增加他的个性特色。同时，写陈德隆的这种变态心理，如果是为了说明阶级压迫，说明在地主阶级残酷压迫下，生活不下去的农民所产生的某些变态心理，也是有道理的。但可惜，我们在作品中，并不能十分明显的看到这方面的原因。陈德隆，他冲淡了当时的主要矛盾，掩盖了农村阶级压迫的残酷。因此，应该说这是一个不够成功的形象。

我们还有必要指出《星》在艺术上的弱点。有的同志告诉我，读过《星》以后，感觉它虽有一些成功之处，但总觉得缺乏那种激动人心的力量。这种感觉是有一些道理的。这虽然有些是由于《星》的思想上的某些弱点所造成的，但艺术上的缺乏特色，恐怕也是一种重要原因。总的来说，《星》在艺术上较为粗糙。在人物刻画方面，有时个性不够鲜明。例如，象黄这个在作品中占有重要地位的人物，就写得缺乏血肉。在语言方面，《星》缺乏精炼，缺乏色彩。作品中的一些欧化句子，使人读起来感到有些晦涩。有时，作品中的大段大段的心理描写，又使人感到沉闷和冗长。

总之，《星》是一部瑕瑜互见的作品。作者在《星》出版时，已经意识到了这一点。他在为《星》写的后记中说："这篇《星》是在去年三月间完稿的。因为受着种种方面的束缚，故事和人物都没有方法尽量地展开；以致在九月间的《文季月刊》上发表时，还留下着第四章那样一个大大的空白。目前，总算是勉强地补缀上去了。……我想，参差，错乱和不贯通之处，总该不能免的吧！然而，我却没有余裕的功夫，再来将它细细地修饰了。"

这里的"受着种种方面的束缚"，当然主要是指的政治方面。国民党反动当局的迫害，使他不能畅所欲言，把故事和人物尽量地展开；同时，也有作家的某些具体原因。例如，叶紫虽然亲身参加过当时农村的革命斗争，但他对革命组织，对革命领导者的了解，仍是很不够的。这也使他不可能真实地塑造出革命领导者的形象，不能完全正确地描写当时整个的革命形势。此外，贫病的生活对《星》的创作也有一些影响。《星》的后记就是作者在大病之后写成的。我们还应该看到，在叶紫创作《星》时，已经有了更为庞大的计划。他积累了一大堆材料，准备"用自己亲人的血和眼泪"，来写一部描写大革命的"一部大的，纪念碑似的东西。"[1]而《星》，只不过是从这一大堆材料里，割下的一点无关大局的东西。可见，作家的主要精力，当时并不在《星》的创作上。《星》也是叶紫的第一个中篇，而中篇是比短篇更难把握的。

[1] 叶紫：《〈星〉后记》。

可以看出,《星》所以存在这样或那样的缺点，是并不奇怪的。值得指出的是，直到叶紫病逝，他的纪念碑似的东西（即《太阳从西边出来》）和另一个中篇《菱》，始终没有能够写出来。这在我国现代文学史上，是一个令人惋惜的损失。

《星》的初稿是在一九三五年三月完成的。在此以后，叶紫又创作了后来收在他的第二个短篇小说集《山村一夜》中的大部分小说。因此，我们想接着来扼要地谈一谈《山村一夜》的得失。

四

短篇集《山村一夜》一共收入《山村一夜》等六篇小说。

这些短篇小说，总的来说，题材范围扩大了，也在一定程度上反映了当时的社会生活，暴露了旧的社会制度的罪恶。小说《偷莲》，通过地主少爷为了调戏农村姑娘桂姐儿，自己担任守湖任务，而结果被偷莲的农村妇女捉弄的故事，从侧面表现了当时农村的生活。《鱼》通过地主夜晚派人偷鱼的描写，展开了农民与地主之间的斗争。特别是小说《山村一夜》，作者通过一个老人对农村青年汉生遭遇的叙述，生动地表现了农村阶级斗争的尖锐，并有力地批判了汉生的父亲这个怯弱的灵魂。由于受到地主阶级的欺骗，汉生的父亲竟亲自把自己的儿子送给地主，让地主阶级杀害了。《山村一夜》可以说是一篇血淋淋的对于地主阶级的控诉书。《湖上》从侧面表现了旧社会的罪恶。《校长先生》在一定程度上批判了国民党教育制度的腐败。《电车上》是一个特写镜头。它相当生动地表现了在日本对中国的侵略进一步加深的时候，某些处在麻木状态的人们的精神面貌。在艺术上，短篇集《山村一夜》也有某些特点。有的篇艺术上更为完整了，有的语言也较为精炼了。这些都是应该加以肯定的。

但是，如果我们把《山村一夜》和《丰收》这两个短篇集作个比较的话，我们就必须承认，不论在思想上和艺术上,《山村一夜》都较《丰收》逊色。《山村一夜》的出版，已经不象《丰收》出版时那样的被人注意了。

《山村一夜》较《丰收》的最大逊色之处，首先在于作者所反映的社会生活内容方面。《丰收》是作者集中精力，描写阶级斗争的作品；而《山村一夜》虽然也写了斗争，但已远不及《丰收》那样的激动人心了。如果可以打个譬喻的话，可以说《丰收》是近于木刻的，它的那种粗犷的、战斗的精神是很突出的；而《山村一夜》，特别象其中的《偷莲》这样的作品。则近似淡淡的水彩画了。它给人的感觉是轻淡的。问题还不仅在于作品所反映的内容。题材固然是十分重要的，但是，我们在这里并不想责怪叶紫没有写《丰收》那样的题材。问题在于，作家是站在什么高度去写的。我觉得，叶紫的《山村一夜》的创作，表明他站的是并不算太高的。因而，对题材的积极意义，挖掘不深。象《偷莲》、《湖上》这一类的作品，作家并没有通过这些现象的描写，看出问题的本质。因而作品的教育意义是并不大的。有的同志认为，《偷莲》"是诙谐生趣的斗争，是充满智慧和戏剧性的故事"，说短篇集《山村一夜》"那种积极向上，热爱生活的激情仍是这个集子的基调"，"作者的创作水平在继续提高"。[1]这种评价，我觉得稍显高了一点。它并不十分符合《山村一夜》的实际。

从艺术方面来看，《山村一夜》较《丰收》虽有某些进展，但总的来看，它没有能够突破《丰收》的水平。在有些方面，如人物形象的塑造，它比《丰收》是更为粗糙的。艺术上的弱点，也使《山村一夜》的分量较《丰收》减轻了。

一般说来，一个作家的创作，总是从不成熟走向成熟的。但是，也有的作家，他的创作的高峰往往一开始就出现了，并且此后竟再也没有突破这个高峰的作品问世了。就一个作家来说，突不破自己已有的水平，这当然是一件令人烦恼的事。但是，有时第二部、第三部作品的并不成功，往往是走向新的高峰的起点。象叶紫，我们觉得，如果不是他逝世得太早，他的创作新的高峰的出现，是用不着怀疑的。当然，这种论断，决不能代替对作家第二部作品没有能够突破第一部作品的具体分析。事实上，《山村一夜》的较《丰收》逊色，是有着各种原因的。应该注意到，叶紫虽然对大革命时期的农村生活是较熟悉

❶ 曾祖荫：《叶紫小说初探》，见《华中师范学院学报》1960年第2期。

的，但是，在《丰收》以后，作家的生活主要是在上海的亭子间里度过的。他和当时实际的社会斗争是接触较少的。一个作家，在某种程度上脱离了斗争生活，他的创作是无论如何也不能不反映出他思想上的弱点的。

由于篇幅限制，本文只对叶紫小说的思想内容和艺术特色提出了自己的一些零碎看法，至于他的小说创作中的其他问题，将在另外的文章中作专门的评述。

一九六三年六月

（原载《开封师院学报》1963 年第 1 期）

论叶紫

吴文煇

叶紫，他在三十年代的革命文学史上，占有非常重要的位置。

但是，对叶紫的研究工作，却是非常不够的。一九五七年以前编写的现代文学史著作，一般都把他摆在很不显著的地位，五八年以后的文学史书，算是把他摆到较突出的位置上来了，但评价总还是不能令人满意的。专题研究的论著更是寥寥可数。总的来说，是介绍多于认真的研究与分析；更甚的，则把叶紫创作中的糟粕都看成精华，唱起廉价的颂歌❶。

对于叶紫创作的成就及其危机，都应该重新进行认真的研究和分析。做好这个工作，对于正确评价三十年代的革命文学创作，是有重大意义的。因此，本文试图朝着这个目标作一些探索。

一

《丰收》集，是叶紫的第一部短篇小说集，是他的代表作。也只有《丰收》集，才是叶紫的代表作。

鲁迅主编奴隶丛书，第一本就出版叶紫的《丰收》集，这不是偶然的。鲁迅写《叶紫作〈丰收〉序》，在发表了一番关于“伟大的文学”的议论之后，就前所未有地骄傲地宣布：“但我们却有作家写得出东西

---

❶ 如曾祖荫的《叶紫小说初探》一文，载《华中师范学院学报》1960年第2期。

来，作品在摧残中也更加坚实，不但为一大群中国青年读者所支持，当《电网外》在《文学新地》上以《王伯伯》的题目发表后，就得到世界的读者了。这就是作者已经尽了当前的任务，也是对于压迫者的答复：文学是战斗的！”这也不是偶然的。鲁迅的评价，不能仅仅看成是对青年作家的鼓励。在三十年代，以至在从五四到延安文艺座谈会的二十五年间，叶紫的《丰收》集确是最优秀的革命文学作品之一。

这是因为，叶紫的《丰收》集，整个都是反映当时农民和士兵的生活的；主要是描写农民，其中较弱的一篇，《杨七公公过年》，还接触到工人的生活。作者拿起笔杆，毫不犹豫地用了全部精力，去表现当时被压迫的劳动人民火热的斗争生活。他没有写小资产阶级的知识分子；好象连想也没有想过，可不可以写小资产阶级之类的问题。他的描写，用今天的眼光来看，可能不免于粗糙，在当年的文坛上，却是比较深刻，比较有力，比较亲切，凤毛麟角一般的东西。比如“丰收成灾”，在那时候是一个流行的创作题材，著名的作品有《春蚕》等等，然而，象叶紫的《丰收》一篇那样，极力描写了曹云普一家的苦难，挣扎，奋斗和希望，直到丰收之后，在剥削者的豪取横掠的魔掌下，突然陷入于毁灭，那样深切有力地展视了农村阶级压迫的严酷现实，那样震撼人的心灵，却几乎是绝无仅有的。叶紫笔下的农民象农民，不是概念的形象化，也不是小资产阶级知识分子头脑中的幻影，或者怪影。试拿《丰收》集和蒋光慈的《田野的风》一类作品比较一下，高下自分。

这还因为，叶紫的《丰收》集，是在强烈的阶级仇恨的推动下，用心血写成的。关于《丰收》与《火》两篇，作者曾经说明，曹云普和立秋这两个人物的模特儿，就是他的亲表叔和表弟。表弟“已被团防局抓去枪毙了”，“当家乡里来的一个年老的公公告诉我关于他们的状况时，我为他们流了一个夜晚的眼泪”，“为了纪念这位可怜的老表叔和年青英勇的表弟，这篇东西终于被我流着眼泪写了出来”[1]。其他几篇在实质上是相同的。因此，正如作者自己所说：“这里面，只有火

[1] 叶紫：《编辑日记》，载《无名文艺旬刊》创刊号，引文转引自《文汇报》1962 年 11 月 18 日周宏兴作《革命作家叶紫的一生》一文。

样的热情，血和泪的现实的堆砌。毛脚毛手。有时候，作者简直象欲亲自跳到作品里去和人家打架似的！”[1]作品里面爱憎分明，对被压迫阶级是热烈的爱，对压迫阶级是杀之而后快的恨；里面没有一般作家那种顾影自怜，低首徘徊的自我表现，也没有那种欲批判又同情，似颂扬还贬抑的复杂的小资产阶级感情。对于自己的人物，叶紫虽未能完全摆脱知识分子那种高高在上的态度，但不是亭子间里俯身的爱，也不是旁观者的怜悯与同情，而基本上是阶级的爱，阶级的感情。叶紫写了落后的农民，并且是集子中半数作品的主角，这包括《丰收》的曹云普，《电网外》的王伯伯，《杨七公公过年》的杨七公公。他没有迷恋他们的落后性，没有玩味他们的缺点，更没有专门去挖掘他们的“精神奴役的创伤”；他把他们看作自己的亲人，按照现实生活的逻辑，按照现实生活的革命发展，描写他们怎样忍辱负重地在死亡边缘上作苟延性命的挣扎，起初不敢起来斗争，而终于在革命火炬的照耀下面，抛弃了最后的一丝幻想，把埋藏在心底的阶级仇恨喷发出来，觉醒起来，走向革命。曹云普终于对儿子说：“好，好，好啊！你去吧，……”，并且在《火》中暴动起来，咬了几个民团三口，和群众一起打死了何八爷，最后一道上了雪峰山。王伯伯也终于“离开了他的小茅棚子，放开着大步，朝着有太阳的那边走去了。”杨七公公似乎是到死也未曾觉醒的，不过，他死的时候，不是“瞪着眼睛，咬着牙门，把拳头捏得铁紧”吗？叶紫按照自己对农民的理解和感情来描写人物，他不会有“能不能写缺点”的牢骚，不会有“是否一定要写转变”的疑问，更不会有“一定要写出复杂性来”的谬论；他的立场基本上是站在被压迫的劳动阶级方面的。

这还因为，叶紫的《丰收》集，不仅写出了旧世界的崩溃和苦难中的劳动人民，还表现了新世界的诞生和工农群众中的革命战士，革命英雄。他写出了中国共产党领导的农民革命，写出了工农红军对帝国主义和国民党反动派的英勇战斗；此外，《杨七公公过年》还接触到党领导的工人运动，《夜哨线》所写国民党士兵的暴动，根据李海三这个人物形象的描写，似乎也是暗示着和党的领导有联系的。《电网外》

[1] 叶紫：《〈丰收〉自序》。

一篇，是在文学中第一次展示了革命力量与帝国主义的直接搏斗；它引起了国际上的重视。当然，雪峰山的武装割据，上海的工人罢工，只是侧面地暗示出来，没有丝毫的具体描绘；《电网下》、《夜哨线》、《乡导》使人听到了枪炮声，闻到了火药味，也只是枪炮声和火药味；艺术的表现似乎是很不充分的。但是，《乡导》叙述了工农红军的光辉战绩，吹起了胜利的号角，显示了革命的声威；《火》，更具体地抒写了一场轰轰烈烈的有组织的农民暴动，燃起了复仇的怒火，讴歌了起义的胜利。叶紫的《丰收》集，给国民党反动派铁蹄下的苦难的人民，带来了希望，带来了光明。《丰收》集中的作品，大多有一条“光明的尾巴”，连《杨七公公过年》实际上也不例外。不过，它不是真正的“尾巴”，不是续貂的“尾巴”，它是整个艺术形象合乎逻辑的发展，它是有一定的艺术力量的。尽管新世界的诞生写得粗略，甚至比较抽象，它对整个艺术形象是起着统率作用的，是新生事物起决定作用。在这样的画面上，叶紫塑造了革命农民，革命战士，革命英雄的一群形象。其中，象《丰收》与《火》中的癞大哥、立秋，《电网外》中的儿子们，《夜哨线》中的王大炮和李海三，《杨七公公过年》中的小五子、福生、性格和思想面貌都不免于模糊，甚至有概念化的地方，《夜哨线》中的赵得胜则自发性更多一些；可是，他们大多是新的人物。《电网外》中一群负伤战士的群象，以其乐观主义与革命胸怀，在当时的确使人一新耳目。特别是《乡导》中的刘嬸妈，她完全是新世界中的新人物，一个革命母亲的英雄形象。这样光辉的英雄形象，在三十年代的革命文学创作中，几乎是罕见的明珠。左联时期一般革命作家都偏重于现实主义，叶紫的《丰收》集，却在革命现实主义的基础上，突出了革命的浪漫主义。比较起来，刘嬸妈的形象，好象不如曹云普的形象那么充实，但如果提高到文艺的发展方向来看问题，那么，《丰收》集虽以《丰收》一篇处女作得名，恐怕还是《乡导》一篇真正代表着它的最高成就。

叶紫不是徒然地带着《丰收》集闯进文坛，加入革命文学作家的战斗行列的，他的《丰收》集，给当时的革命文学创作带来了上述一些完全新的因素，从而在三十年代的革命文学史上，占据着一个独特的地位。当然，跟四十年代真正贯彻了工农兵文艺方向的革命文学作品相比，还有很明显的距离。但是，在延安文艺座谈会以前，叶紫的《丰收》集，事实上代表着一个比较正确的文艺方向。

我以为，这就是鲁迅给了《丰收》集以最高评价的根本原因。

《丰收》集的成就，是叶紫在革命文学史上不朽的贡献。

二

鲁迅为《丰收》集作序的时候，曾经希望："将来还有看见作者的更多，更好的作品的时候"。可惜，鲁迅的希望落空了。不仅不是"更好"，连《丰收》集的水平都保不住。从《丰收》集以后，叶紫的创作来了一个一百八十度的大转弯，急剧地走下坡路，陷入了严重的危机。

中篇小说《星》，便是叶紫创作陷入严重危机的集中表现。

可是，十多年来，叶紫的《星》却遭到了彻底错误的评价。突出的是无原则地赞美：有人把《星》列为叶紫的"代表作"之一，认为它无论真实性、思想性和艺术性"都是比较突出的"❶；有人说《星》"生动地反映了作者对农民革命群众运动的马克思主义观点"，其中梅春姐的形象"是三四十年代我国文学史上的新人物"，有人说《星》"有着比较浓厚的革命气息和煽动性"，并指出"梅春姐终于冲出黑暗的重围，和革命干部自由恋爱，参加了革命工作，开始过着新的充满活力的有意义的生活。"❷一般的评价则以为小说中"瑕瑜互见"，但所谓"瑕"，或则是不痛不痒地讲一两个"缺点""弱点"之类，或则是稍为严肃地指出了一些问题，如"过多牵缠于爱情纠葛之中，降低了主题的思想意义，也流露了作者自己的小资产阶级的思想感情。"但总的评价还是肯定的，说作品"描写革命风暴中农村生活和阶级斗争"，"具有明朗、健康、坚定的风格"，并指出革命使梅春姐"变成了有觉悟的新人"，"变成了革命队伍中的战斗员"。

事实究竟是怎样的一回事呢？

不错，如果极粗略的看去，《星》是写大革命的农民运动的，农协

❶ 王以平：《文学是战斗的》，载《湖南文学》1959年8月号。

❷ 复旦大学中文系现代文学组学生集体编著：《中国现代文学史》（上册）。

副会长黄终于被国民党反动派杀害了，最后，主人公梅春姐“向那东方走”去了。但这不过是骗人的一个空洞的外壳罢了。那里有什么革命，什么阶级对阶级的搏斗。在整部小说里面，所谓“革命干部”黄和他领导的农民协会，只做过一件“革命工作”，就是把陈德隆调去总会当兵，然而这也仅仅是为了便利黄和梅春姐的通奸而已。即使作者特意增补的专写“革命”的第四章也不例外。梅春姐的“女人会”也没有做什么革命工作，抽象的描写有梅春姐宣传自由、平等、剪发，还有她和黄商议动员“细媳妇”和寡妇嫁人，具体的描写也只有“女人会”唯一的“得力”干部，“有名的荡妇柳大娘”，“搽着脸红”到处卖乖卖俏，还有便是终于排不成的排戏。一部中篇小说全部“革命”的东西就是这么多了，这能够叫做革命吗？

与《丰收》集完全相反，《星》里面描写的农民的形象，绝大多数是极端地丑化和歪曲了的。首先是主要人物之一的陈德隆。陈德隆，不少评论说他是二流子，其实不全是那么回事；大革命失败以前他大概是中农，大革命失败后降为雇农，用小说里的话，是从“自耕自种的农人”变成“给人家帮零工的小雇佣”。这个农民几乎一无是处：他嫖赌饮，浪荡之极，在家则用了种种骇人听闻的手段来摧残梅春姐，他对旧世界无所不平，却对农民协会异常愤恨，极度仇视勾引了他的妻子的黄及其遗腹子香哥儿，直至把香哥儿折磨到死为止。他是罪恶的化身，他被写成梅春姐的苦难的主要根源。除陈德隆以外，作者用较多笔墨去描写的，不外是保守的老汉，无聊的村妇，和淫邪的农人。小说里到处是这种阴沉的图面。这不是把农民写成一群愚昧无知的群氓，还要竭力去挖掘他们“精神奴役的创伤”，又是什么呢！

中篇小说《星》的正面人物是黄和梅春姐。黄，这个农民协会的革命干部，在政治上看不到他有什么作为，只见他在反革命的复辟阴谋面前束手无策，还麻木不仁地坚持排戏，就在排戏中被捕，送了性命；在私生活方面，他黑夜爬进梅春姐的房里，强诱对方通奸，形如禽兽。这个人物，简直是对于革命者的莫大的歪曲，和不能容忍的丑化。梅春姐表面上是一个农村妇女，实际上完全是按照小资产阶级的面貌来塑造的。概括地说，在前期她是情欲的傀儡，中间莫名其妙地一变而为抽象的革命干部，而后又再变成母爱的化身；她的特点是多情善感。以前期来说，她开始是独守空房，寂寞难禁，被淫邪的“农人”的情歌挑逗得情怀缭乱，继而象着了魔一般地被黄的神秘的“星”所吸引，不由自主地终于与黄苟合了。那种情欲似乎复杂得很，微妙之至，仿佛连大脑也支配不了的；但它无法抵挡地支配着梅春姐的行动和命运。梅春姐这个人物的塑造，实质上是借一个农村妇女的形象来制作人性论的标本。《星》的真实主题，就是描写黄和梅春姐的“人性”与陈德隆及其他农民的野蛮性、落后性等种种“非人性”的斗争。对于这部中篇小说，有一种传统性的批评意见，认为作者夸张了陈德隆的反动性，冲淡了阶级敌人的罪恶❶；其实，这是一个很大的误会。翻开小说来看，陈德隆在政治上始终没有多少反动的表现，更谈不到夸张；只因为作者无心写阶级与阶级的搏斗，一意要表现“人性”与“非人性”的矛盾，这样一来，陈德隆就非成为主要的反面人物不可了。又因为在这外面，还裹上一层薄薄的“革命”外壳，才骗过了一些粗心的研究者的。

叶紫的《星》是宣扬资产阶级人性论和人道主义思想的。它所大力赞美的“人性”，揭穿了，就是资产阶级的思想感情，具体来说，就是资产阶级的自由、爱情和母爱。中篇小说《星》的发表，在当时虽不能说绝对没有丝毫的进步作用，但其消极方面的影响，则显然是基本的和主要的。

叶紫的第二部短篇小说集《山村一夜》，同样表现出这种严重的危机来。

《山村一夜》集，是以《山村一夜》一篇得名的。这篇小说同样有一个革命的批判的外壳，而且是比较厚一点，比较复杂一点的。我们拆掉它的外壳，就可以清楚地看到，它的核心是写一个老长工“从蠢子变痴子，疯子的伤心故事”。这个农民是革命青年文汉生的父亲，他没有名字，以“愚蠢的东西”，“蠢拙的爹爹”等称号出现于作品。他有“猪一样的性子，牛一般的力气”，后来“狗一样地住到一个草屋子里”；他“可怜，愚蠢，懦弱，而且怕死得要命”；他为了保存自己的儿子，把儿子出卖给敌人，而终于害死了自己的儿

❶ 这种意见，发源于丁易的《中国现代文学史略》。

子，痛悔莫及了。这里，一方面力斥农民的愚蠢，另方面阐扬那畸形的变态的父爱。这是彻头彻尾的资产阶级人道主义的艺术形象，它和被压迫的战斗的工农群众根本是格格不入的。整部作品充满感伤的情调。强打精神写下来的末段，真正成了光明的“尾巴”了。读着这个作品，简直使人象心头压上了大石一样，喘不过气来。在这里，叶紫似乎变成了某个陀斯妥耶夫斯基，或者其他什么人，总之，不再是《丰收》集的旧作者了。

《山村一夜》集中，《偷莲》和《鱼》两篇稍有意义，它们依然在描写农民的抗争。但和《丰收》集比较，这两篇的描写，都显得是浮光掠影的；《鱼》在气氛上还稍觉沉重，《偷莲》可轻飘得很。在作者方面，可能自以为是艺术上的新探索；在读者方面，却感到叶紫的“火样的热情”衰退了，《丰收》集的“血和泪的现实的堆砌”消失了，站在面前的还是那个作家，但逐渐丢掉了自己的战士的本色。《湖上》、《校长先生》和《电车上》，一写妓女，一写穷教员，一写宗教传播者；它们不过是对所谓世态，即社会上一些表面现象的轻描淡写。这种作品，无需革命作家都可以写得出来，对于当时的黑暗社会，顶多能起一点“椒盐”的作用而已。《湖上》更是赤裸裸地宣扬资产阶级的人道主义思想，在欧洲资产阶级文学里面可以发现很多它的同类。这些作品是令人吃惊的。它们表明，叶紫的创作，距离《丰收》所选定的比较正确的文艺方向，日益遥远了。

在叶紫的创作计划中，还有中篇小说《菱》和长篇小说《太阳从西边出来》；据说，前者写了一万多字，后者写了四万多字，都没有完成。谈起叶紫的人，对此纷纷表示痛惜。但我以为不然。终于没有写出来，倒可能是少背了两个包袱，多保存一点《丰收》的光荣，也说不定呢！因为，从《星》和《山村一夜》集看来，叶紫的创作正在走下坡路，正在资产阶级人道主义和人性论的泥坑越陷越深。

胎死了的《菱》和《太阳从西边出来》，可能是什么样子，现在已经无从判断了。后者的手稿早已散失，前者的手稿曾经保存在巴金先生处；据看过手稿的人介绍，其中第五节写“乡下人月夜采菱，官保（仿佛是这部小说的主角）划了一只小筏子，等候堡子里面的小姐，在湖心和一个赖皮打架”。又是月夜，又是小姐，大概有许多微妙的感情吧；然而“下文不可复睹了！”这位介绍者是当时的资产阶级作家和批评家。他研究叶紫，对于《丰收》集里面“主宰是政治的意向”甚为不满，认为作者强烈的爱憎损害了作品的“真实”，并因小说里“枯哑的呼喊”感到“烦燥”；他赞扬《星》，说叶紫“在努力扩展自己”，“他的农夫繁复了”；他看了《菱》的手稿以后，对于叶紫颇“惊于他的进步”，“文字不再跳动，叙述增加妩媚”，最后他说：“还有比这可痛惜的？死带走了最好的部分。”[1]这就引起了我们的警惕了。他的研究是很有意思的，从另一个方面帮助我们看清了叶紫后期的创作。

三

叶紫的《丰收》集为什么取得那样突出的成就，在《丰收》集以后，又为什么那样快地滑向下坡路，那样突然地陷入了严重的危机？这是值得我们深入分析的。叶紫本人在《丰收》集的自序里曾经说过：“不失掉我的原有的热情，加强我的技术的修养和生活的体验，便是我印这本小东西的主要动机。”这一段话，是颇能透露其中端倪的。

鲁迅给《丰收》集写的序，一开始就说：“作者写出创作来，对于其中的事情，虽然不必亲历过，最好是经历过。”接着又强调：“作者还是一个青年，但他的经历，却抵得太平天下的顺民的一世纪的经历，……。”这是很重要的一个分析，并且是有所为而发的。叶紫的《丰收》能够取得成就，就是最根本的原因之一。三十年代的革命作家，大多是小资产阶级知识分子出身，他们从个人愤世嫉俗地反抗旧社会开始，进入文坛，后来接触了马克思主义思想，便写起革命文学作品来。但是他们被国民党反动派隔离开来了，他们没有认真地去接近劳动的革命的工农群众，他们不熟悉工农群众，不了解工农群众。因此，他们描写的对象主要还是小资产阶级知识分子，当他们试图去表现工农群众的时候，要不就是强调工农群众的落后性而丑化了形象，要不就是按照小资产阶级的面貌去塑造而歪曲了形象。鲁迅对此是深有所感的。他自己就为了旧的不愿再做，新的还不会，在三十年代始终没

[1] 刘西渭：《叶紫的小说》，见《咀华二集》。

有再写过反映现实斗争的小说了。叶紫原来也是个小资产阶级知识分子，但他的情况有所不同。他自己的家庭是革命的家庭，他的故乡是农民革命运动蓬勃发展的地区，他亲身经历了大革命和它的失败。他来自工农群众之中，来自阶级斗争的前线，来自革命的故乡，他是从社会生活的底层浮上文坛的。叶紫的优点和长处，正是当时一般革命作家的弱点和短处；所以叶紫的《丰收》集，就使革命的文坛一新耳目，而独树一帜了。

可是，随着《丰收》集的面世，叶紫就进入了文坛，成了作家了；他彻底地浮上来了，他也被隔离起来了。此后，他就生活在小资产阶级知识分子的圈子里面。这时候他说，要加强“生活的体验”，是只能去体验小资产阶级知识分子的。这样的加强，如果缺少十分明确的阶级观点作指导，恐怕不免会转化为削弱；在叶紫本人，不幸事实正是如此。一切都迅速地走向它们的反面。从群众中来了，如果不再回到群众中去，或迟或早，事情一定是要这样发展的。叶紫的创作，终于迅速地滑向下坡路了。这大概是叶紫给我们留下的第一个严重的教训。

当然，作家的思想应该是更根本的原因。因为叶紫是党员作家，某些评论者，喜欢轻率地断定他已经建立了无产阶级的世界观和人生观，企图以此论证叶紫创作的辉煌成就。殊不知作家在组织上入了党是一回事，思想上是否真正无产阶级化了又是一回事。他入了党，这可以说明他在政治上是比较坚定的革命派，或起码曾经是比较坚定的革命派；但一个非无产阶级出身的人，尤其是文学艺术家，要真正树立起无产阶级的世界观和人生观，却是更艰难得多的。判断一个作家的思想，不能单凭他的党员称号，一定要认真考察他的各个方面，特别是他的作品。小资产阶级知识分子出身的叶紫，还远不是真真正正无产阶级化了的。不过，在他创作《丰收》集的时候，他的阶级仇恨是强烈的，他的战斗热情是旺盛的。切齿的阶级仇恨，使他敌我分明，在感情上和革命的劳动群众接近起来，火样的战斗热情，使他在艺术里追求战斗的生活；景仰革命的战士和英雄，迫不及待地要用自己的全付笔墨去讴歌他们。在这样的情况下，某些固有的小资产阶级劣根性是会暂时地掩埋起来的。革命的思想起了支配作用，政治挂了帅；这是《丰收》获得巨大成功最根本的原因。

难道《丰收》集在思想上没有毛病吗？有的。譬如《乡导》中的刘嬀妈这个人物，无疑是一个新人物的形象，但构成她的英雄行为的思想动机，是为儿子复仇多于为革命献身；这就是缺陷，限制了人物形象的典型化。这反映了作家世界观的缺陷。又如一些作品的细节描写，用了自然主义的手法，也是缺陷。这种手法的运用，与作者对农民的看法相联系，并与作家对文学的教育作用的看法相联关。那又反映出作家多少还有知识分子高高在上的态度，以及文艺思想上的缺陷。不过，总的来说，基础是好的。在这样的基础上，只要作家能在阶级斗争的实践中锐意改造自我，前途是光明远大的，是能够写出更多更好的作品来的。

话又说回来。自从叶紫踏入文坛以后，他就被隔离开来了，他就陷身于小资产阶级的汪洋大海之中了。加上当时又没有强调思想改造，并且缺少必要的途径，这对于还没有经过严格的革命斗争锻炼的叶紫来说，是很不利的。看来，在小资产阶级知识分子的圈子里面，日积月累，叶紫不但把自己固有的小资产阶级劣根性发扬开来，而且不知不觉地受到了资产阶级思想的浸淫和腐蚀，特别是深受了资产阶级的人性论和人道主义思想的影响。强烈的阶级仇恨，火样的战斗热情，就逐渐冲淡了。叶紫的主观愿望是不要“失掉”它们，结果还是逐渐消失了。在某种程度上，叶紫是被溶化了，或者说，是“和平演变”了。他写完《丰收》集以后，那样迅速地滑向下坡路，那样快地突然陷入危机之中，其最根本的原因也就在这里。资产阶级的思想，尤其是人性论和人道主义的思想，是革命作家之大敌；一个革命作家，必须经常投入阶级斗争的革命实践中，永远保持旺盛的战斗热情，注意抵抗资产阶级思想无形的侵蚀，不断地改造自己的思想感情，才能永葆其创作之青春。这是叶紫给我们留下的第二个严重的教训。

叶紫的创作之所以中途出现了危机，还有第三个重要的原因，就是他不善于批判地学习前人的经验。我们不要忘记，叶紫是来自斗争的前线的，他深知自己文学的底子薄，写作技巧和艺术修养都比较差，因此一直很注意学习。学习是好事情。早在写《丰收》之前的三四年间，他就由“传统的旧诗，旧文，旧小说，鸳鸯蝴蝶派的东西，一直读到文学研究会，创造社，太阳社，以及新近由世界各国翻译过来的文学作品。”[1]辛勤的学习，在《丰收》集中结出了丰硕的果实。一个初学写作的人能达到这种水平，是很不容易的。尽管资产阶级的批评家诸多挑剔，叶紫的《丰收》集，放在当时的文坛，其艺术水准，实在也不怎么低的。当然，与成熟的作家比较，还是有距离的。写完《丰收》集以后，大概经过一番总结，叶紫更注意学习了。当时他曾经说："我能够虚心的接受一切善意的批评，我能够刻苦的，辛勤的，不断的学习。在前进的批评家，朋友，和老作家的谆谆教导之下，在自己的刻苦的，辛勤的努力之中，我相信我不久的将来，总能有一点象样的东西出现。”努力和虚心都是应该的，但只讲努力和虚心，不讲批判地接受，就成问题了。不懂得对前人的经验必须批判地去汲取，不仅会在艺术上束缚自己，首先是在思想上束缚自己，甚至毒害自己，这是很危险的。这种危险性，在《丰收》集中还没有明显表现出来。因为那时作家的血和泪的印象还是新鲜有力的，复仇的怒火还是强烈旺盛的。在如此强固有力的印象和热情面前，不可能有任何的文学偶象存在。过去的文学作品，不管什么样的思想感情和艺术技巧，只有适用者存，其余都要淘汰。他没有自觉到，事实上已经有所选择，有所批判。以后的情况就不同了。一方面最惊心动魄的印象已经写过了，最激荡心灵的热情已经抒发了；另方面，他对小资产阶级知识分子的生活加强了“体验”，热情逐渐在消退，资产阶级人道主义的思想日益滋长。加上叶紫片面地夸大了《丰收》集艺术上的不足，孤立地追求技巧，把加强“技术的修养”看成自己主要的努力方向；这样一来危险性就要变成事实了。据说，当时他特别用心精读俄国古典作家的作品，有几部作品，“简直看了又看，足足看了十几遍”，其中“写得特别出色的地方，更不惜研读再三，几可成诵。”他还常对人说：“当我在作品中描绘一个人物或是一场场面时，我便不由的想起那些名作家所曾描写过的，相似的，或是比较相似的人物和场面；当我写好了之后，更将它们加以比较：看看是否可以赶得上它们的几分之几；倘认为还不至于相差太远，则保留之；不然，就实行改写，直到自己觉得比较

[1] 叶紫：《我怎样与文学发生关系》，载《叶紫创作集》。

满意时才罢手。”❶学习学到这种亦步亦趋的地步，死人完全支配了活人，又岂有不陷入危机之理呢？《星》和《山村一夜》这些作品的出现，正是有其深刻的根源的。学习过去时代的优秀作品和前辈的艺术经验，必须批判地吸收，万不可孤立地片面地去追求技巧的提高；学习时必须立足于工农群众火热的斗争，坚持革命的思想，保持饱满的热情，然后可能有真正是批判的吸收。这也是叶紫留给我们的一个严重的教训。

总起来说就是缺少一个正确的文艺方针的指引迷失了方向。

今天的革命文学工作者，很幸运得到毛泽东文艺思想的光辉照耀，又有前人的经验教训可以借鉴，应该贡献全部精力，创造出更多更好的革命文学作品来。

一九六五、十、七

（原载《中山大学学报》1965 年第 3 期）

❶ 任钧:《忆叶紫》，载《文学月报》第 1 卷第 6 期（1940 年 6 月 15 日出版）。

中国现代文学史上的一颗彗星

——试论叶紫《丰收》等小说的成就（节录）

鲍　霁

三

小说新鲜而深刻的主题，总是要通过人物典型来表现的。叶紫小说能取得历史性成就，也正是在于他塑造了一系列具有崭新意义的人物。

在叶紫为读者展览的文学形象的画廊里，云普叔、王伯伯这些老一代劳动农民，占有重要位置，是各种人物中刻划得最细腻丰满的一组。这并不是作者有什么偏爱，而是现实生活的真实反映。在个体经济为基础的旧中国农村中，他们都是一家一户的家长，是为全家生存温饱而苦心筹谋、带头奋斗的人物。他们对社会的态度，他们的精神状态及其演变趋势，对于整个农村的变动，对于农村革命的深入，具有重要意义。

云普叔这个形象所包涵的内容，是相当深厚的。看到他，我们会自然联想起鲁迅的《故乡》中的闰土。多子女带来的沉重家庭负担，饥荒、苛捐杂税的折磨，封建等级观念和迷信思想的毒害等，这些造成闰土和二十年代广大农民贫困愚昧的因素，到了三十年代依然如毒蛇似地纠缠着他。看到他，我们更容易联想起茅盾《春蚕》、《秋收》中的老通宝。他俩都是那么执拗地把自家生存发展的希望，寄托于勤奋劳动争得的丰收，为了争得丰收，他俩都是那么拼死拼活地带着全家苦干，而庄稼在成长过程中的每一点变化，也同样是那么强烈地牵动着他俩的思想情绪；丰收的出乎意料的结果，对于他俩都是异常沉重的打击，老通宝一倒不起，云普叔呢？也大病了一场。这个打击又使他们都得到深刻的教训，通过以上比较可以说明：云普叔这个形象，和五四运动以来的同类人物典型，是一脉相承的。他高度概括了这类人物的某些普遍性的因素。

但另一方面，云普叔又是个性鲜明的“这一个”；具有其崭新的特征。云普叔所处的环境与老通宝有所不同：这里不是“一二八”前后的江浙水乡，而是三十年代初期的洞庭湖畔。这里不仅更多地受到洪水的威胁，而且受过大革命时期势如暴风骤雨的农民运动的洗礼，阶级的对立与斗争显得更加尖锐、酷烈。诸如地主何八、李三和堤局陈局长等重重反动势力的盘剥压迫，无孔不入，凶杀残暴，遇有风吹草动便派兵抓人镇压，而农民的抗租运动以至最后暴动，从思想动员到组织串联，也都相当深入、周密，在不远的雪峰，更有红军的革命根据地。从主观条件看，云普叔比老通宝的经济地位更低，生活更贫困。他没有老通宝那曾经“发”过家的记忆，在他的记忆里只有接连不断的苦难，因此，他对于丰收的结果没有老通宝那种再次“发”家的奢望，而只是幻想能挣得全家的温饱。为达到这起码的生活要求，付出了自己剩下的可怜的一切。云普叔坚韧勤劳的性格，委曲求全、循规蹈矩的思想，更加突出。他忍痛卖掉心爱的幼女英英的情节、他安排打租饭哀求何八等恶魔“高抬贵手”的情节，都是具有典型意义的，给读者留下深刻印象。丰收的打击，促使了老通宝开始觉悟，不过也就此结束了他的生命。云普叔则挺住了丰收的打击，而由此获得的觉悟，成为他生命的新起点。当团丁抓走儿子立秋的时候，他暴怒了，长期蓄积在他心底的委屈、仇恨，如火山中的岩浆一下子迸发出来，向一切仇敌烧去！在冲向何八庄子的暴动农民中，他跑在最前面；在暴动农民抓住行凶的团丁和何八时，他恨极了，甚至咬下这些恶魔的耳朵和脸上的肉来！最后，他又随同暴动的农民大军投奔红军。云普叔从觉醒到投身农民暴动怒潮，发展得自然合理，形象地显示了他正在迅速成长的反抗斗争的性格。这种性格，对云普叔来说，如老树上的新芽，是以往老一代农民形象中未曾出现过的崭新因素，而这种新因素的出现，与党领导的农村革命的深入——这个新的环境条件，有着密不可分的关系。云普叔，确乎是文学史上的一个新的人物。

王伯伯，是叶紫小说所成功塑造的另一个老一代农民的典型，具有他自己的新特点。王伯伯的经济状况比云普叔乃至老通宝都宽裕，因此，他的保守思想也就更浓重。可是，白匪军的一把火，一阵机枪射扫，就叫他家破人亡了。他所遭受的打击，主要来自反革命军事“围剿”，在他的身上突出反映了劳动农民对白匪军的仇恨、对反革命军事“围剿”的仇恨，对支持国民党反动派的帝国主义的仇恨。这一性格特征，是以往老一代农民形象中未曾有过的新因素，而这种新因素，又只有在那特定的环境下才会形成。

青年农民，是当年农村革命中最积极、最有生气的力量。他们之中的进步、能干者，则被推举为各村革命运动的带头人。《丰收》和《火》中的立秋、癞大哥等，就是这一类农民的形象。

立秋不象他的父亲那样，因袭了那么沉重的旧传统的毒素。他要清醒、敏锐得多。当云普叔抱着“转运”幻想死拚的时候，他却直觉地感到：“现在已经不全是要下死力做功夫的时候了”。他不同意父亲那种委曲求全的态度，不甘心忍受这样的命运安排。可是，最初在没有得到党的领导的时候，他“没有方法能把自己的生活改造，或是跳出这不幸的圈圈”。如果是在以往的时代，那立秋就会永远跳不出去，只能愤愤地死去，或者转过来象他父亲那样生活。但是，时代不同了，三十年代的中国历史发展到共产党领导的土地革命时期，大江上下四处点燃革命的火种。立秋的身边出现了癞大哥。革命的道理，活生生的事实，使他的阶级觉悟迅速提高起来。他开始懂得了，农民要想破除这不合理的制度，摆脱贫困，只有靠自己组织起来干。他坚信癞大哥的话：“不久的世界，一定是我们穷人的！”为了革命，他总是那么热情饱满，不辞辛苦；他宁肯放弃自己家庭的劳动，不顾父亲的斥骂，从早到晚为大家的事情奔忙着。在抗租运动全面展开的时候，立秋已经成为基层的领导者之一了。这个形象虽然刻划得还不够丰满，可他的出现在文学史上是一个可贵的开端，值得珍视。

叶紫笔下的青年农民形象中，癞大哥所显示的特色也是值得重视的。由于当时白色恐怖对图书出版的限制，小说中不能明白指出他的身份，也不便在化身上使用更多的笔墨，可是从他的言谈举止上，有的读者还是可以比较清楚地意识到：这是党在农村基层的领导者的形象。他同当地农民群众自然地交融在一起，善于启发农民群众的阶级觉悟，组织和领导农民群众进行革命斗争。这是多么难得的啊！

《乡导》里的刘嬸妈，是叶紫小说中另一个饶有新意的人物形象。在几十年现代文学的画廊里，屹立着不少光辉的“革命母亲”的形象，而刘嬸妈，可说是其中最早的一个。

这位革命老妈妈最突出的特征，是她那强烈的阶级仇恨和伟大的献身精神。进山“围剿”的白匪军，残杀了三百多个红军赤卫队的弟兄和她所有的三个儿子，到处杀人放火。个人的不幸遭遇和阶级兄弟的大量牺牲，曾使她悲痛欲绝，那心肝“痛碎得同破屑一样”。可是，她并没有被悲痛毁灭，她把刻骨的仇恨化为果决、英勇的复仇行动。她忍住利箭穿心般的剧痛，毅然砸断自己的腿，以赢得白匪军旅长的信任，充当了白匪军的向导，把一团白匪军诱入红军的埋伏圈，结果那一群“吃人不吐骨头的强盗”被全部消灭。白匪军旅长象疯狂的野兽残酷无情地拷打刘嬸妈。刘嬸妈无所畏惧，大义凛然地历数敌人的罪行，最后，“微笑着”从容死去。刘嬸妈就是这样一个光彩照人的“革命母亲”的形象！

四

过去有些评论叶紫小说的文章，在肯定它的思想内容之后，总要对它的艺术方面加诸“粗糙”之类的非议，非难它的文字“很少修饰”或“缺乏文采”等。我以为，这类意见有简单片面之处。

我们评价一个作家和他的创作，切不可脱离其产生的历史环境。在当时的文学创作中，流行着空言连篇、内容贫乏的不良文风，也存在着好用文言成语，好生造谁也不懂的形容词之类的坏习气。对这种不良文风，鲁迅曾多次进行过批评，并且对症下药地提倡“直说自己本有的内容的著作”，甚至主张：“语汇的不丰”、“好象缺点而其实是优长之处”。[1]当然，鲁迅的意思并不是说，文学创作可以忽视形象思维的

[1] 鲁迅：《叶永蓁作〈小小十年〉小引》。

特点，不注意人物的刻划和场景的描写。鲁迅提倡的是“画眼睛”❶和“白描”❷。鲁迅的意思也不是说，文学创作可以不重视语言的锤炼。鲁迅认为，首先要重视语言的通俗易懂，言之有物。从叶紫的小说中，我们可以明显地觉察到，作者遵循鲁迅上述教导努力实践的痕迹，和从而形成的朴素、平实的艺术风格。

叶紫的小说里，关于人物的肖像从没有大段的描写，即使写到，也总是紧扣人物性格的某些基本特点，用极俭省的笔墨勾勒出来。例如杨七公公的外貌，仅在他出场时有这样几笔的描绘：

> “杨七公公从舱尾伸出一颗头来，雪白的胡须、头发；失掉了光芒的、陷进了的眼珠；瘪了的嘴唇衬着朝天的下颚。要偶然不经心地看去，却很象一个倒竖在秧田里，拿来吓小雀子的粉白假人头。”

雪白的胡须、头发，表示着杨七公公垂老的年纪，而“失掉了光芒的，陷进去了的眼珠”，则是这段肖像描写的关键一笔，记录了他一生的苦难，特别是眼前的经济破产、儿子领导抗租运动的失败，使他完全丧失了在家乡继续奋斗下去的勇气。这恰恰是杨七公公当时精神状态的基本特点。

关于场景描写，叶紫的小说里也从没有大段的孤立描写，即使出于情节发展的必需，也总是力求文字的简洁，并紧密结合人物性格的刻划。例如《丰收》中对洪水威胁的一段场景描写，在所有叶紫小说中要算是文字较多的了，也不过有如下一些文字：

> “一天，两天，水总是涨着。渐渐地差不多已经平了堤了，云普叔也跟大家着起急来……。
>
> “锣声又响了，一批一批的人都扛着锄头被絮，向堤边跑去。
>
> “‘哪一家里有男人不出来上堤的，他妈妈的拖出来打死！’云

❶ 鲁迅：《我怎么做起小说来》。

❷ 鲁迅：《作文秘诀》。

普叔忙得满头是汗地说：‘连堂客们都不许躲着，妈妈的，今年要和去年一样，一个也别想活！……。’”

这样，既写出了洪水的严重威胁，又写出了云普叔为夺取丰收所付出的心血。

至于叶紫小说的语言，则明白如话，几乎全是“直说”。这从上面引述的文字就可以看清楚了。

叶紫《星》以后的作品，艺术风格开始有所变化。它们的主题虽然不如《丰收》集几篇那么鲜明集中，个别人物性格也出现不够典型真实的地方，但是可以明显地看出作者正在努力进行新的探索的尝试。例如在《星》和《山村一夜》（收于《山村一夜》集）中，都相当注意景物的描写，气氛的烘托；对梅春和刘月桂公公的刻划，在表现人物内心深处的某些方面相当用力；语言的色彩也比较浓厚。

叶紫经过这段探索和尝试以后，开始了长篇小说《太阳从西边出来》的写作。这时，日趋沉重的肺病使他每天只能写作三个小时，而贫穷则使他连一分钱一个的鸡蛋也买不起。在这样贫病交困的境况下，他仍然十分乐观，决意把这部长篇写成“纪念碑似的东西”[1]……万没料到，一九三九年八月二十三日，正当人们期待着的时候，疾病和贫穷终于残忍地夺走了这个可宝贵的生命，连同他未完成的巨著！

当年高尔基逝世的噩耗传到中国的时候，叶紫曾撰文追悼，文章最末有这样几句话：“纪念他和哀痛他，只能由他遗留下来的作品里去找寻我们‘怎样去生活’的路。……他的作品将永远象一盏明灯那样的照耀我们前进！”今年，恰恰是叶紫逝世的四十周年。他的历史性贡献，中国人民也是会纪念的。这纪念，最好是从他遗留下来的作品里去汲取推动当前革命文学前进的有益经验。

（原载《河南师大学报》1979 年第 6 期）

---

[1] 叶紫：《〈星〉后记》。

叶　紫

（一九一二—一九三九）

林　非

叶紫的短篇小说集《丰收》，是现代文学史上一部很值得注意的作品。

这本集子中绝大部分的篇章，都以火一样燃烧的热情，真实而生动地描绘了旧中国农村中剧烈的阶级搏斗，描绘了贫苦农民觉醒和战斗的道路，因而强烈地跳荡着时代的脉搏。

在两千多年以来的封建社会中，农民群众受尽了剥削和压迫，但是他们始终保持着坚韧的精神力量。五四初期的有些作家，以同情和怜悯的笔墨，描绘了他们痛苦的遭遇，却没有写出他们心灵中反抗的火焰。鲁迅以农民为题材的短篇小说，远远地超过了当时所有的篇章，他挖掘出了潜藏在农民群众中的斗争精神。后来在党领导农民起来革命的新历史时期，又出现了一批描写农民群众反抗和斗争的小说，在现代文学史上写下了新的一页，《丰收》就是当时最为成熟的作品之一。

《丰收》写得朴素、明朗、结实和饱满，当读者打开这本书时，生活就象是扑面而来。这跟作者的经历分不开，他曾在自己描写的那种生活中战斗过，他的父亲和姐姐就是在这场斗争中牺牲的。他满含着爱和恨，咀嚼着血和泪，把这些惊心动魄的生活写了出来，正如他自己所说的，“这里面，只有火样的热情、血和泪的现实的堆砌。毛脚毛手。有时候，作者简直象欲亲自跳到作品里去和人家打架似的”（《丰收》自序）。作者又这样说过：“我的对于客观现实的愤怒的火焰，已经快要把我的整个的灵魂燃烧殆毙了”(《我怎样与文学发生关系》),丰富的经历，沸腾的感情，再加上他所掌握的艺术技巧，使他写出了成功的作品。

他的中篇小说《星》,描写农村妇女梅春姐在大革命中的变化。她离开了虐待自己的二流子丈夫，和一个基层干部过着美满的爱情生活，在大革命失败以后，那个基层干部被屠杀了，她被原来的丈夫从监牢中赎回，又经历了一段痛苦的生活以后，终于远走他乡，去寻找革命。这篇小说写得清新流畅，很有抒情气息，在艺术风格上显示了新的特色。作者所写的妇女解放的故事，在他笔下的那个环境里，是真实、可信和动人的。不过如果将他所写的那一段爱情故事，放在大革命的暴风骤雨般的背景中来观察，就显得有些不够典型了，简直看不出农村中残酷的阶级斗争，对于那一段爱情故事里的人物产生过什么影响，因而它所反映的生活的真实性，就受到了很大的损害。

叶紫自己曾这样说过，“因为受着种种方面的束缚，故事和人物都没有方法尽量地展开。”所谓“种种方面的束缚”,既有客观的原因，又有主观的原因。客观原因是作者处于国民党反动派的统治区，无法将革命的内容写得十分完整和明显；主观原因是他对这场革命还缺乏更多的经验，因此无法对它进行比较广阔和深刻的描写。他在撰写《星》的时候，正准备撰写“一部大的，纪念碑似的东西”(《星》后记),这就是刚起了个头的长篇小说《太阳从西边出来》,由于他贫病交迫而死去，我们便无法看到这部作品的全貌了。

叶紫的散文，跟他小说的风格是完全一致的，十分善于勾勒细节，描绘场景，很容易看出是出自这个小说家的手笔。他写国民党军队的那些篇章，象《行军散记》、《行军掉队记》、《夜的进行曲》等，将国民党军队中残暴和腐败的统治，写得跃然纸上，比短篇小说《夜哨线》的描绘，显得更为生动灵活。《古渡头》中那个受尽折磨的老船工，《长江轮上》中那个无钱买票而被痛打的产妇，都写得神情毕肖，栩栩如生，显示了作者刻划人物的工力。从他所撰写的散文看来，很有写好小说的基础。

他的散文也十分善于渲染气氛，象《夜雨飘流的回忆》,描写作者逃亡到长沙的时候，居住在城墙角落的一个旅馆里，这个地方象墓场一样阴暗，狂风和冷雨的侵袭，吹灭了摇曳的灯光，而鞭打牲口的凄厉的声响，又在折磨着作者受伤的灵魂。通过这些形象的烘托，渲染出自己悲痛欲绝的心情，是很能够打动读者的。他描写自己在南京的经历时，曾写到一个凄风苦雨之夜，他躺在存放棺椁的茅棚中，不由地想起被反动派杀害的亲人，通过环境描写来反映自己的心情，读来也十分感人。

正因为他的散文善于刻画人物，渲染气氛，所以，读他的散文就象是在阅读一篇情节紧张的小说。一般说来，小说是通过比较严谨的结构，致力于塑造人物的性格，而散文的写法就要自由得多。然而文学样式的界限本来就不是绝对的，我们读到过有些作家写的小说，竟象是一篇清新优美的散文，我们也读到过有些作家写的散文，却又很接近于小说。不管是什么样式的文学作品，只要是写得栩栩如生，而又凝聚着健康和饱满的思想感情，就都会受到读者的欢迎。

（原刊百花文艺出版社1980年出版《散文六十家札记》）

叶紫与《无名文艺》

张又君

十一月十八日《文汇报》上发表的《革命作家叶紫的一生》文中，谈到了叶紫主编的《无名文艺》。我和叶紫相识，以及为时不久的一段交往，正是在《无名文艺》月刊孕育和出版的时候，也正是叶紫创作《丰收》和《火》的时候：叶紫是怎样踏踏实实迈出他文学创作的第一步的，我至今还能记得起来。

一九三三年夏天，我收到一封信，是不相识的叶紫寄来的，信里提到“无名文艺社”的活动，和准备把《无名文艺旬刊》改为月刊，约我参加，并为《无名文艺》写稿。当时我刚刚在《文学》和《申报月刊》用笔名“黑婴”发表了两篇极不成熟的小说，叶紫是看了我的作品以后来同我联系的。

大约过了十多天，一个炎热的中午，叶紫搭了公共汽车到上海真茹的暨南大学来看我。他是瘦长个子，头发很长，脸色苍白，一望而知他的身体不太健康。那天他穿着一件蓝布长衫，白色布鞋。我同他握手时，他手上直冒汗。

我们的初次会见，是很愉快的。记得叶紫给我讲了组织“无名文艺社”的经过，讲了无名作家在当时的文坛上受到的歧视。他说，《无名文艺》就是要给无名作家提供发表作品的园地。他说话带着浓重的湖南口音，态度十分诚恳。我对“无名文艺社”的章程表示赞成，在叶紫的邀请下参加了。

星期天，我按照叶紫给我留下的地址，到上海去找到了“无名文艺社”，那是在跑马厅附近的马霍路的一间房子的二楼上。楼下没有挂什么牌子。楼上陈设非常简陋，只有一张破旧的桌子，和两张凳子，桌上散乱地放着一些刊物和纸张。靠墙有一张木板床，叶紫就住在这里。这一天叶紫留我在“无名文艺社”吃了午饭，是他自己去叫来的排骨饭，还有一碗汤。那时，我还不知道叶紫的经济情况非常不好，要不然，我是不会心安理得让他去付这一顿饭钱的。

“噢，我们的月刊有头绪了，印刷所已经接洽好，稿子正在汇集。你的小说带来了吗？”

吃饭的时候，叶紫这样告诉我。

我回答说，稿子回去挤时间写。叶紫又告诉我：他已经写好一篇小说《丰收》，可以在创刊号上用。我没有问这篇小说的内容，后来才知道，叶紫是怀着极其鲜明的无产阶级感情，写下这篇作品的。小说中的云普叔，就是他的表叔；立秋是他的表弟，他们在湖南家乡闹革命，遭到了国民党反动派的杀害。也是到了后来，叶紫才对我谈起他自己的家庭，在他流落到上海来以前，父亲和姐姐都给反动派杀害了；他自己是怀着满腔的阶级仇恨，在敌人的追缉之下逃出来的。

《无名文艺月刊》出版了。不用说，叶紫为这本文艺月刊的出版，付出了最大的心血。从组稿、看稿、编校一直到发行，都由他一手担当。《无名文艺》创刊号的头一篇小说，就是叶紫的两万多字的《丰收》，我的小说《没有爸爸》也发表了，当然写得很不好。叶紫告诉我，还有一篇小说是彭家煌写的（篇名记不起来了），他并不是无名作家，为了支持《无名文艺》，特地交给了叶紫。《无名文艺》是不发稿费的。彭家煌那时也在病中，生活很苦；叶紫对他的热心支持，几次表示感奋。

周宏兴同志在《革命作家叶紫的一生》中提到：“至于《无名文艺月刊》，是否还出了第二期，第三期，却不得而知了。”当时的情形是这样的：《无名文艺》创刊号出版以后，虽然得到前辈作家茅盾的重视，在《文学》上特加推荐；叶紫的《丰收》受到革命文学阵营的普遍好评，看来也并不因为“无名”而没有销路，但是代售刊物的书店却故意刁难，迟迟收不到钱。在这样的情形之下，叶紫东挪西借，凑够了又一期的印刷费，还是把第二期印出来了。

我有一次到“无名文艺社”去，没有会到叶紫，社里的一位青年告诉我，叶紫已经搬到法租界去了。我找到叶紫时，他和他的一家（白发苍苍的母亲，衣衫褴褛的妻子和一个小孩）住在又小又闷的灶披间里。叶紫斜躺在床上，弯起膝盖，捧着一叠稿纸在阅读。这是他在饥寒交迫中，力疾写成的《丰收》的续篇《火》。看见我进来，叶紫显得很高兴，想起床招呼，我把他按下了。

“你来得好，来看看我这篇小说，就要付排了。”

《火》发表在《无名文艺》第二期。农民遭到地主阶级和国民党反动派的疯狂进攻，白色恐怖并没有吓倒他们，革命的红旗又打起来了！我在这狭小的灶披间里读完了《火》，心情久久不能平静。

这一次，我才对叶紫一家生活的苦况有了较多的了解。叶紫同我熟了，也就不客气地谈到他的生活。一家四口，简直吃了早饭，还不知道晚饭在哪里。叶紫没有职业。《无名文艺》发不出稿费。叶紫一面同我谈话，一面不断地呛咳着，他这时候已经染上了肺病。我看见他的脸上没有一点血色，身体健康更坏了，心里很难过。

在这样的情形之下，《无名文艺》是无法继续出版了。“无名文艺社”不久也就无形解体了。

记得这一年的春节，想起叶紫，我到那个灶披间去看他，没想到扑了一个空，他已经搬家了。从二房东冰冷的回答猜测，叶紫可能是积欠了房租，被迫搬家的。搬到哪里去了？不知道。

我从这个时候起，就同叶紫失去了联系。后来，买到鲁迅出资以《奴隶丛书》名义为他印的小说集《丰收》，读到他在报刊上发表的作品，心里为他感到高兴。叶紫不再是无名作家，他的劳作，受到广大读者的赞扬；更加令人高兴的是叶紫还参加了党，得到鲁迅这样的前辈的许多帮助，参加了革命文学斗争的行列。遗憾的是直到抗战爆发，我离开上海以前，一直没有再同叶紫见过面。当听到叶紫在贫病交迫下，在湖南益阳家乡逝世的消息时，我已经漂流到遥远的海外了。

（原载《文汇报》1962年12月9日）

鲁迅与《无名文艺》

陈企霞

我和叶紫一起编辑的《无名文艺月刊》，在一九三一年三、四月间出版。那时我们都很穷，叶紫被捕放出，家中有老婆、母亲，生活很困难，我也没有钱，就向我未婚妻父母借了一、二百元钱，在朋友处又凑了一些钱，办起了月刊。叶紫的《丰收》第一次就是登载在《无名文艺》上。杂志编出来后，我们托人送了一本给鲁迅。鲁迅在杂志封面上题了词："留得青山在，不愁没柴烧。"我们理解鲁迅的意思，一是要我们态度含蓄些，防止刊物被国民党封闭；二是只要刊物办下去，他是可以给我们写稿的（当时我们曾要鲁迅给我们写稿）。从此，叶紫与鲁迅开始有小小的交往，我没有单独和鲁迅见过面，只不过有时在公开的场合，如木刻展览会上见过鲁迅，但谈话没有机会。我以后离开了文艺界，做党的地下群众工作去了，不久，就被捕了。

我们那时是本着很朦胧的追求革命的思想办《无名文艺月刊》的。但由于印刷费很贵，和现代书店的剥削，欺骗，明明书卖出了很多，书店却说书卖不出去，一面他们又偷偷地印，从中进行盘剥，最后导致杂志只出了一期，就不能再继续出下去了。

叶紫以后同鲁迅的关系很密切，是通过一次偶然的机会开始的。我三五年底出狱后，据叶紫告诉我，国民党汪精卫派在上海办了《中华日报》，文艺副刊《动向》的编辑是聂绀弩，（我们以前办《无名文艺》时，就认识他；在左联时，又是一个小组）我就叫叶紫一起去参加了《动向》的编辑工作。有一天，他俩在编辑部的栏杆上看马路上过路的行人，发现一人很象鲁迅，聂和叶追上去一看，原来那人不是鲁迅，而是周建人，叶紫提出要见鲁迅，后经周建人接洽在内山书店会见了鲁迅。以后，叶、聂到鲁迅家时还时常见到肖军、肖红等。《丰收》小说集出版时，鲁迅还专为之写了序。鲁迅与叶紫的关系一直保持到鲁迅的逝世，叶紫是鲁迅治丧委员会的委员，抗战不久，叶紫病故在家乡。

一九七七年四月

（原刊上海师大鲁迅著作注释组编印《鲁迅研究资料》）

“无名文艺社”的社址

韩尚义

一九三〇年三月二日左联成立。一九三一年二月柔石、胡也频、殷夫、冯铿等作家被捕枪杀于上海龙华。接着党为了反击国民党反动派的“文化围剿”，更广泛地团结和组织文艺青年，在左联外围成立了好些进步的文艺团体。“无名文艺社”就是其中之一，由叶紫、陈企霞等负责，一九三二年秋天在上海新闻报上登了一小块“征求社员”的广告，社址租设在南市尚文路文庙附近的一条干净的石库门房子里弄里。我去报名时是陈企霞接待的，他穿了一件灰布长衫，戴一幅近视眼镜，象个店员的样子。那时我只有十六岁，在一家香粉铺里当学徒，平时喜欢投投稿，我就把第一次在新闻报馆拿到的二角钱稿费交付了社费。陈企霞叫我填了表又给我一份简章后，我就告别回店。过了一个多月，没有什么活动，我就跑去找他们，可是他们已经搬走了。又过了一年多，到一九三三年秋天，我突然收到“无名文艺社”的通知，叫我去领社刊和交社费。当时我很兴奋，恨不得马上拿到第一期社刊，看看它是什么样子。可是身边没有钱交社费，怎么办呢？我就把一件从乡下穿出来现在已无用的毛葛马褂送进隔壁的当铺，就兴冲冲地跑到重庆北路三五四号——江阴路口的一家烟纸店楼上。一上楼就见到一个瘦小个子，穿一身子麻布学生装的青年。我把通知给他，他和我热情地握手说：“我是叶紫。”接着，他转身在书桌上取过一本《无名文艺》创刊号给我。这本创刊号的封面是当时时兴的大号扁扁的老宋体，十六开厚厚一大本。叶紫热情地说：“一直没有通知你新地址，实在是我们已搬了不少次的家了，不安定啊!”我点点头，表示明白为什么要搬的原因。我爱不释手地翻阅着创刊号，这期主要登了叶紫的小说《丰收》。我把当马褂的一块钱交了社费，喜孜孜地离开了我生平第一次参加的文艺团体。以后，又没有消息了。

左联成立五十周年前夕，我去南京西路看画展，顺路到重庆北路，那三五四号已经发展成一爿建光烟酒商店了。我抬头仰望那个朝西的小阳台和小楼上的单间房屋，不禁想道：现在楼下的青年店员同志是否知道这个楼上正是当年革命文艺工作者战斗过的阵地呢?

（原载《战地》1980年第3期）

叶紫史实考

叶雪芬

在我国新文学史上，三十年代的无产阶级作家叶紫占有重要的一页。他以充满战斗激情的笔触，在《丰收》、《火》、《乡导》、《星》、《山村一夜》、《古渡头》、《岳阳楼》等中短篇小说和散文中，真实描绘了大革命时期湖南农民运动和三十年代我国广大农村阶级斗争的历史画面，塑造了一代新的农民形象，歌颂了我党领导的革命斗争。叶紫的创作在当年的文坛上是独树一帜的，对中国革命和新文学的发展都作出了卓越的贡献。鲁迅在《叶紫作〈丰收〉序》中，高度评价与充分肯定了叶紫的创作，认为“作者已经尽了当前的任务，也是对于压迫者的答复：文学是战斗的!”

对于叶紫这样一位重要作家的研究，几十年来，虽取得一些成果，但总的来说，还是不够的。例如，一系列论著对叶紫生平的叙述或则笼统抽象，或则不够准确；后来的研究者又不断沿用旧说，陈陈相因，以讹传讹。而叶紫的创作与其身世是密切相关的，弄清其生平经历不是可有可无或无足轻重的事。我们觉得，要正确总结叶紫的创作经验，深入研究叶紫的作品，对叶紫生平有关史实进行考订是完全必要的。因此，不揣浅陋，试一为之。

一　生　年

对于叶紫的生年，历来有两种说法。一说是一九〇八年，如一九五八年版《鲁迅全集》第六卷的《叶紫作〈丰收〉序》的注释，不知根据何在。持此说的为数不多。另一说为一九一二年，根据可能是叶紫的《我怎样与文学发生关系》（一九三四年七月写作，载《文学》一周年纪念特刊——《我与文学》，一九三六年四月二十日修改）叶紫在这篇文章中提到“马日事变”时，说：“妈，五十五岁；我呢，一个才交十五岁的少年……”。据此推断，叶紫当生于一九一二年。有关论著，多用此说。例如，人民文学出版社编辑部撰写的《叶紫小传》（刊于《叶紫创作集》卷首，写于一九五四年十二月），北京语言学院编印的《中国文学家辞典》现代第一分册，一九七九年出版的《辞海》文学分册，苏联《简明文学百科全书》（俄文，九卷本）等书的“叶紫”条，《叶紫年谱》（载《中国现代文学研究丛刊》一九七九年第一期），以及各种新版本的《中国现代文学史》等，均持此说。

但是，我们通过多方调查，确定叶紫生于一九一〇年。根据是：叶紫的妻子汤咏兰说，叶紫和她同岁，她是辛亥革命前一年生的；叶紫的大姐余裕春说，叶紫是庚戌年（即一九一〇年）生的；叶紫的堂弟余照望说，一九三九年，叶紫逝世时二十九岁；叶紫的同乡、同学、好友吴绍衰说，叶紫比他大一岁，他是辛亥年生的。四位和叶紫亲近的人说法一致，不约而同，不能不信。

那么，怎样看待叶紫在《我怎样与文学发生关系》一文中的说法呢？我们认为叶紫在一九三四年写这篇文章回溯“马日事变”时，把年龄计算错了，不但他的年龄，而且他的母亲的年龄都计算有误。据叶紫手稿《回忆、感想、日记、笔记、杂记——一九三九年度日记》四月十四日（旧历二月二十五）记载：“今天是母亲六十五冥诞。”据此推算，一九二七年“马日事变”时，母亲应为五十三岁。另据汤咏兰、余裕春回忆，母亲刘氏一九三七年三月在上海逝世时为六十三岁。与叶紫日记所载吻合。可见，叶紫在《我怎样与文学发生关系》中，把母亲写大了两岁，而把自己写小了两岁。

二　姓　　名

上面列举的论著中，一律认为叶紫姓俞。至于叶紫的名字，则只知“鹤林”。

其实，叶紫本姓余，名字有好多个。他在余氏宗族中属昭字辈，故出生后，父亲为他取名余昭明。六岁时，进益阳县第七学区兰溪高等小学校读书，学名余鹤林。一九二二年，用余繁名，进湖南妙高峰中学读书。一九二七年“马日事变”发生，叶紫家破人亡，遂用未婚妻汤咏兰的姓，化名汤宠，在岳父汤汉卿帮助下，逃出故里，避难他乡。一九二九年底或一九三〇年初，叶紫飘流到上海，决心停留下来干一番事业，更名余自强。一九三三年二月五日，叶紫和陈企霞创办的《无名文艺旬刊》创刊号出版，叶紫用叶子的笔名，撰写了发刊词《从这庞杂的文坛说到我们这刊物》。一九三三年六月一日，叶紫和陈企霞等创办的《无名文艺月刊》创刊号出版，叶紫的短篇小说《丰收》，第一次用叶紫的笔名，发表在这期刊物上。《丰收》问世，引起文坛注目，叶紫由“无名作者”一跃而为“有名作家”，从此，便以叶紫为名，活跃在左翼文坛上。有时发表作品也用阿紫、紫、阿芷、阿止等由“叶紫”变化而来的笔名。一九三三年下半年，叶紫在半地下状态的进步刊物《文学新地》第一期上发表《王伯伯》（收《丰收》集时改名《电网外》）时，署名杨镜清（一九五八年版《鲁迅全集》第六卷的有关注释误为杨镜英）。一九三四年六月、七月，在《中华月报》第二卷第六期、第七期上，发表短篇小说《杨七公公过年》时，署名柳七。一九三五年三月一日，在《小说》第十九期上，发表短篇小说《偷莲》时，署名杨樱。一九三五年二月一日，在《生生》创刊号上发表散文《流亡》时，署名黄德。一九三五年九月十六日，在《文学季刊》第二卷第三期上，发表中篇小说《星》时，署名陈芳。一九三五年九月二十四日，在《申报》副刊《自由谈》上，发表散文《夜的行进曲》时，署名辛卓佳。

三 籍 贯

关于叶紫的籍贯，有的著述说得不够准确，如北京语言学院的《中国文学家辞典》现代第一分册中的“叶紫”条，说叶紫是湖南省益阳县月塘乡人。多数论著说法笼统，说叶紫是湖南益阳人。

准确而具体地说，叶紫是湖南省益阳县月塘湖乡余家垸（今属益阳县天成垸公社新茶坊大队）人。余家垸是个只有数户余姓人家的小屋场，在益阳县城东南十余华里处。叶紫祖籍江西。相传约二百余年前，一群江西破产农民扶老携幼，来到洞庭湖滨安家落户，叶紫的祖先就在此列。余姓是小姓，人丁少，地位低，世世代代受到大姓地主的剥削欺凌。大革命时期，农民运动兴起，叶紫全家投身革命，事非偶然。

叶紫六岁时，到兰溪高等小学校读书。他的父母和两个姐姐为此迁居兰溪镇。兰溪离余家垸约三、四华里，是个临河（资水支流）的小集镇，有些商店和手工作坊，比较热闹。

一九二七年，大革命高潮时期，叶紫的父亲余达才任益阳县农民协会秘书长，为了工作方便，把家迁进益阳县城，住在徐家宗祠里。"马日事变"后，余达才与其小女儿余也民在徐家宗祠内，被反动团防局长曹明阵的匪兵抓捕，不日牺牲在益阳城大码头。

此后，叶紫开始流浪生活，足迹遍及长江中下游数省。大约在一九二九年底或一九三〇年初，在上海停留下来，一直到一九三七年"八一三"上海抗战爆发，才回到益阳乡下养病。一九三九年十月五日，病逝于兰溪上渡口。

四　学　历

关于叶紫的学历，几乎所有有关著述，都说得不具体、不落实。例如，《叶紫小传》说："六岁进小学，十二岁进中学。""北伐革命军占领武汉后，叶紫也离开了当地的中学，到武汉去进一个军事学校。"《中国文学家辞典》"叶紫"条略具体一点："一九二六年北伐军攻占武汉后，他在武汉军事学校第三分校学习。"《叶紫年谱》又具体一点：一九二三年，叶紫到"离家二百多里的地方进中学"。但是，"当地"、"地方"指何处？叶紫进了哪些学校？上述论著都没有说清。显然，所有这些说法，均源于叶紫的《我怎样与文学发生关系》，而叶紫此文并非自传，涉及身世经历处，都是简单地，甚至跳跃式地勾勒一下，仅凭此文要弄清楚叶紫的学历及其他经历，当然是有困难的。

叶紫的学历在他短暂的一生中是较重要的经历。叶紫六岁（一九一六年）时，进益阳县第七学区兰溪高等小学校学习。此校是益阳当时的进步人士孙慕韩创办的。叶紫就读于该校时，孙慕韩与另两位进步青年袁铸仁、彭国材均在那里任教。一九二二年（一说一九二五年），夏曦回益阳，发展袁、彭、孙三人入党，建立益阳最早的党小组，袁等的思想、学识对童少年叶紫有所影响。叶紫的发蒙老师卜息园也是个志向非凡的人物，对叶紫的影响更为直接。叶紫十二岁（一九二二年）时，到“离我的故乡约二百里路程”（《我怎样与文学发生关系》）的长沙，进了座落于城南的湖南妙高峰中学。叶紫“为了孤独，为了舍不下慈爱的爸妈”，“在学校宿舍里躺着哭了四五个整天。”（同上）后来，又在“我的志愿”问题上，做过许多虚无缥缈的梦，时而想“做官儿”，时而想“做体育家”，时而想“做牛顿”当个科学发明家，时而又想“学李太白”做个诗人文学家……。十五岁（一九二五年）时，初中毕业，考进湖南华中美术学校。此校校址在长沙油铺街，校长是张素臣。叶紫在此与自己的发蒙老师卜息园和后来左联的战友魏猛克等人交往频仍。“五卅”后，长沙的学生运动风起云涌，在协均中学教师柳直荀、长郡中学学生曾三、岳云中学学生向钧、兑泽中学学生田波扬等的带领下，学生们对帝国主义及其在湖南的走狗赵恒惕进行了不屈不挠的斗争。叶紫跟随卜息园，积极参加学生运动，得到一定的锻炼。一九二六年十月，北伐军攻占武汉。叶紫在满叔余璜的推动下，投笔从戎，离开华中美术学校，进了中央军事政治学校武汉分校学习，直至“马日事变”，因家庭变故返回益阳为止。

五　家　　庭

叶紫的家庭是个革命家庭，大革命时期，全家都是革命的中坚，斗争事迹异常感人；大革命失败后，遭到国民党反动派的血腥镇压，牺牲多人。叶紫的非同寻常的家世影响了他一生的生活和创作，正如鲁迅所说：“作者还是一个青年，但他的经历，却抵得太平天下的顺民的一世纪的经历，在转辗的生活中，要他‘为艺术而艺术’，是办不到的。”（《叶紫作〈丰收〉序》）叶紫的忠实反映“太平世界的奇闻”的现实主义创作，得到鲁迅和革命文学界的高度重视。叶紫自己也说过：

“因了自己全家浴血着一九二七年的大革命的缘故，在我的作品里，是无论如何都脱不了那个时候的影响和教训的。我用那时候以及沿着那时候演进下来的一些题材，写了许多悲愤的、回忆式的小品、散文和一部分的短篇小说。”（《星·后记》）弄清叶紫的家庭情况，不仅有助于对叶紫及其创作的研究，而且可为今天进行革命传统教育提供一份生动的教材。可惜的是，有关论著对叶紫的家庭情况叙述得过于简单，有的且欠准确。《叶紫小传》说：“一九二六年，湖南掀起轰轰烈烈的农民运动，叶紫的父亲、姐姐和叔父也都参加了革命斗争。他的父亲原是一个小公务员，这时担任了当地乡农民协会的秘书；他的姐姐担任了本乡妇女会的会长；他的叔父这时则是益阳县农民协会的秘书长。”其他有关论著皆以此为准。

我们通过广泛调查访问，翻阅档案资料，了解到一些情况，愿对上说加以补充订正。

叶紫的祖父叫余宗祥，是个农民。生有四子，长子余达才，即叶紫的父亲。余达才种过田，驾过船，教过书，卖过布。后来，不知由于什么背景，到桃江马迹塘镇当上了团防局长，还曾一度把二弟余寅宾带去当保镳。所以叶紫在《我怎样与文学发生关系》一文中说：“童年时代，我是一个小官吏家中的独生娇子。”（《叶紫小传》把“小官吏”理解为“小公务员”似欠确切。）一九二五年底，余达才的小弟弟余璜带领一群青年农民，以“打疯狗”为借口，缴了余达才的团防局的枪枝，连逼带劝，把余达才引上革命的道路。余达才不久由袁铸仁介绍加入中国共产党，投身农民运动，任益阳县农民协会秘书长。（一九三九年任中共益阳县委书记的林煦春在《双手沾满益阳人民鲜血的刽子手——曹明阵》中，说余达才是“党外干部”，不确。林文载《益阳师专学报》一九八二年第二期。）一九二七年六月十六日，被益阳团防局长曹明阵（外号“屠夫”）诬以“无业游民共匪”的罪名，押至益阳县城资江边大码头砍头示众，时年五十二岁。曹明阵后因汉奸罪，于一九三九年六月四日在长沙被枪决。

余宗祥的次子余寅宾是个慓悍的农民。大革命时期，任月塘湖乡农民协会会长、天成垸清丈委员。“马日事变”后，带领全家老小，逃亡到洞庭湖中心华容县的罗家洲，改名换姓，隐居下来，直到抗战爆发，第二次国共合作时期，才领家小返回故园。逃亡整整十年，饱尝人世艰辛。母亲叶氏、妻子徐氏、余璜的前妻李氏及其五个孩子聂夫、腊夫、敬红、沉香、和朝等人先后病死、饿死、淹死。但余寅宾不向反动派屈服，一九三七年，又送次子余昭望（后改名余照望）赴延安参加革命。余照望南征北战，负伤致残，现在安徽工作。

余宗洋的三子余三湘，因病早逝。现有后代住在余家垸。

余宗祥的小儿子余璜，又名余半溪，后来在洪湖坚持武装斗争时化名李怀春。余璜与袁铸仁都是益阳有名的革命烈士。余璜于一九一九年进长沙实业中学读书，一九二二年毕业回乡，在私塾执教两年。一九二四年，被乡里举为益阳县自治会委员，他利用合法地位，动员知事戴东汉发放积米，为劳动人民谋利益。在此期间，他结识了著名的共产党人夏曦、郭亮、夏明翰、贺胜等，接受了马列主义，参加了中国共产党。一九二六年，他和袁铸仁、廖剑藩（即高文华，益阳廖家托人）等组成益阳最早的中共县委会，领导全县的建党工作和工农运动。他先是担任县总工会会长，后调任县农民协会会长，兼农民自卫军大队长（后改称司令）。“马日事变”后，余璜率领农民自卫军，打退了陈光中、蔡少秋、刘梦龙等团防武装的进攻。后来，一个姓张的反动军阀带领一个团的兵力，与曹明阵的团防武装相配合，大举进犯益阳。农民自卫军寡不敌众，只好向湘西撤退。党的负责人袁铸仁被叛徒出卖，壮烈牺牲。余璜率领余部加入红六军段德昌的部队。余璜智勇双全，累建战功，后任团长。红军攻下藕池、南县和华容，事先都是派余璜化装进城侦察。一九三二年，在洪湖突围时，为了保全掩护他的群众，在故十九师匪军的机枪面前，挺身而出，与爱人、共产党员郭雄（又名郭静、郭镜、吴敏，益阳北郊人）一起，被敌军残忍地砍成肉块，抛进水中。郭雄被捕前，把自己刚出生不久的男孩抛置荒野，并留下血书。这个孩子被湖北石首县一个姓王的农民捡起，用箩筐挑回家中，取名王罗生，在王家长大成人。解放前夕，余寅宾到洪湖一带访寻到这个侄儿，为他更名余昭北（向往北方解放区之意）。这个烈士的遗孤，现仍在湖北务农。余璜有遗诗一首，悲壮感人，诗云：“国弱休徒唤奈何，中流击楫且高歌；兴亡天下匹夫事，马革裹尸伏碧波。”

叶紫的大姐余裕春，嫁益阳腰铺子的农民曹玉楼为妻，一九二六年，生长女小文。抱着襁褓中的女儿，积极参加农民运动，任兰溪女子联合会会长。“马日事变”前夕，当了三天益阳县副县长。马日事变后，曹明阵悬赏银五十元捉拿余裕春。大恶霸周天爵带了一伙人到处搜捕她。但余裕春在夫家“族爹”（即族长）和乡亲们的保护下，女扮男装，东躲西藏，幸免于难。

叶紫的二姐余也民，小名慈满。大革命期间，还在益阳县立女子职业学校四科（缝纫科）学习，她是益阳县青年女子中最活跃最勇敢的人物，担任益阳县女子联合会会长，共青团负责人的职务。“马日事变”后，与父亲余达才同时同地被捕，同时同地牺牲，时年十八岁。

余也民的未婚夫孙剑仁，原是兰溪高等小学校的学生，经老师袁铸仁介绍入党后，任共青团兰溪区团委书记，少共先锋队长。大革命失败后，转移到源江县草尾一带从事地下活动，组织农民暴动。一九二八年被捕，牺牲在沅江公鸡咀。

叶紫的母亲刘氏，出身私塾师家庭。在被缚陪斩叶紫父、姐时，精神失常。此后，时好时发，身体很差。大约在一九三〇年底，历尽千辛万苦，到上海找到了叶紫。儿子被捕后，刘氏在上海无以为生，只得返回益阳。叶紫出狱后，母亲在家乡卖物、告贷，筹得几十块银元。贴肉捆在身上，再次到了上海，从此与叶紫夫妇共同生活。一九三七年三月三日，病逝于上海（见《叶紫日记》手稿），葬于浦安公墓。

叶紫的妻子汤咏兰，本系兰溪镇开漆店的彭柳春（又名光照）之女，从小被送给兰溪开赌场和棺材店的汤汉卿做女。生母曹氏，养母魏氏，即《叶紫日记》（手稿）中提到的“两个岳母”。一九二五年，叶紫的童养媳病逝后，叶紫与汤咏兰订婚，叶紫为未婚妻改名汤清。汤咏兰以汤清的名字进益阳县立女子职业学校缝纫科学习近一年，与余也民同学。一九三一年底，在上海与叶紫同居。共生三个孩子：一九三三年初生女儿蒂丽（解放初期参军，后当军医，现在广州工作）；一九三四年旧历十月十四日戌时，回兰溪探亲期间生儿子维太（又名定天、压魔。生辰八字与叶紫有七个字相同。汤咏兰返沪时，将维太留在兰溪娘家抚养。一九三五年夏，维太死于水灾后的瘟疫病）；一九三七年初，生儿子雪驹（又名小牛，解放后曾就读于益阳一中、长沙市三中、湖南师院中文系，一九六一年病逝）。汤咏兰现随女生活。

六　入党时间和入党介绍人

叶紫在流浪过程中，到处找党。参加中国共产党后，水流千里归大海，政治上有了指路明灯，个人的复仇斗争纳入了革命事业的轨道，生活道路发生了根本性的转折。但是，有关论著对叶紫入党这一重要问题的叙述只是一笔带过，《叶紫小传》及其他有关文章都只有一句话：“一九三三年在上海加入中国共产党。”

我们对叶紫一九三三年入党之说颇表怀疑，因为有些问题令人费解。叶紫在一九三一年被捕过，坐牢八个月，党通过一个和尚，出了一笔钱，把他营救出狱。这是为一些老同志所肯定的史实，也有汤咏兰（曾到龙华监狱探监）、贺永年（即贺绿汀的哥哥贺培真，系叶紫同牢难友）等人为证。这是毋庸怀疑的。叶紫为什么被捕呢？因为他参加了一些革命活动，暴露了一点蛛丝马迹。关于叶紫这个时期的活动，我们了解到这么一些：（1）一九三〇年上半年，叶紫曾和卜息园一道由上海回湖南进行革命活动，住在长沙来安旅店。汤咏兰闻讯，从益阳赶到长沙与叶紫见面。卜息园拿起汤咏兰送给叶紫的鞝了布底的新袜子，风趣地说：“你为什么给新袜子打补丁呢？”不日，卜息园去湘阴活动时被捕，他在狱中化名王世昌给汤咏兰写信，要她转告叶紫迅速转移。一九三〇年五月十日，卜息园被反动派杀害于长沙浏阳门外。叶紫潜往益阳磨子湾卜息园家里，与战友的遗体告别后回到上海。此事，汤咏兰记忆犹新。《叶紫日记》（手稿）也有所录，叶紫在一九三九年五月十一日的日记中说：“昨天是息园逝世九周年纪念，为了这伟大的朋友，我想写点纪念他的日记，但昨天的暴风雨竟弄得满屋透湿，人只得躲在床上。……难道暴风雨也是纪念这位先烈吗？……”五月二十四日的日记记载：“想起应该写篇纪念息园的文章而身体不允许。九年来，我除了在《丰收》上标了一句纪念话于卷首外，我没有再写过一个字，我是太对不起亡友了。记得在上海时，他答复一位笑他有官不做而去做‘永不会成功的’革命工作的朋友（那朋友笑他为“夸父追日”），仅寄了一首诗去，没有加一个字。这个人是在南京某部里当科长的，他曾经表示欲再介绍息园做官，被息园拒绝了。诗云：'春去秋来耐缠绵，花落花开断后连；旧迹仅凭潮洗尽，新生应共铁尤坚！笑看夸父曾追日，忍待娲娘更补天；乱世是非原未定，莫将成败论当年。'……想和他一首诗，仅得两句，云：'痛哭故人心欲裂，忍看时局志弥坚！'……"（2）一九三〇年下半年，我江南兵委得悉浙江温州玉环岛有三支枪，掌握在一个曾经参加过大革命的和尚手里，便指派叶紫到那里去找和尚要枪，并要他以这三支枪为基础，组织一个红军师。叶紫去温州居然找到了那个和尚，但经了解，和尚只有一支坏枪，已埋入地下。组织红军师的计划当然成了泡影。后来，清算"左"倾机会主义路线时，叶紫把这件事说给挚友陈企霞听，以说明"左"倾路线冒险盲动到了何等地步。

上述的叶紫的两段经历都在一九三三年以前，试想，在那白色恐怖极端严重的情况下，地下党难道会把这样重大的绝密的任务交给一个非党青年去完成吗？因此，我们对叶紫一九三三年才入党的说法有所怀疑。

那么，叶紫究竟于何时何地，由何人介绍入党的呢？我们以为陈企霞、汤咏兰二同志的回忆是有重大参考价值的。陈企霞一度与叶紫相交甚深。一九三二年，叶紫在章衣萍办的所谓"函授学校"工作。章衣萍为了招揽学生，竟在招生广告中吹嘘罗曼·罗兰与巴比塞是该校董事。其实，这所"学校"完全是个空架子，一切教务、事务都落在叶紫一人身上。宁波小学教师陈企霞报名缴费当了一名函授生，叶紫与他书来信往，情投意合，称兄道弟。是年底，叶紫要陈企霞来上海，一道筹办刊物。一九三三年初，他们创办的《无名文艺旬刊》出版了两期以后，便与"海燕"社的钟望阳、周钢鸣等合作，创办了《无名文艺月刊》。一九三三年六月一日，创刊号问世，因经济原因没再出第二期。就在六月份，由谭林通、胡楣（即女诗人关露）介绍，叶紫与陈企霞同时加入左联。不久，陈企霞加入中国共产党，调往他处从事政治活动。在这段亲密交往期间，叶紫曾给陈企霞看一放大照片，系叶紫与另一青年的合影，叶紫身穿西装，另一青年约比叶紫大几岁的模样，蓄着小胡子。叶紫对陈企霞说，这小胡子是他顶要好的朋友，是他的入党介绍人，已经牺牲了，他很怀念他。陈企霞同志说，叶紫一九三一年被捕失去党的关系，参加左联后再接上关系的。汤咏兰同志说：那小胡子就是卜息园；叶紫流浪到达上海不久，通过同乡志士卜息园等的中介，很快与党组织发生了关系。显然，这两位与叶紫关系密切的人都认为叶紫被捕前，在到达上海不久便参加了中国共产党。此说如成立，我们上面所提的费解的问题便迎刃而解了。

关于叶紫的入党介绍人（至少可以说是革命引路人吧）卜息园，研究者们一般都不大了解，要么避而不谈，要么谈而有错，例如《叶紫年谱》写到“无名文艺社”的成立时，引了茅盾在《几种纯文艺的刊物》中的话：“据说‘无名文艺社’组织的发生是一幕‘悲剧’，大概是一年前罢，有一位青年作家因为‘无名’，他的作品被某书店拒绝了，后来这位青年作家悒悒而死，他的朋友为纪念这死友反抗书坊老板的压迫，就组织了这个‘无名文艺社’。”《叶紫年谱》的编写者不仅确信这一“据说”，而且推断：“这位‘死友’可能即为卜息园。”我们认为，这一推断是不能成立的。即使“据说”可靠，那末“一年前”即一九三二年（因“无名文艺社”是一九三三年成立的），与卜息园死于一九三〇年五月十日（《叶紫日记》手稿所记）不是明显不一致吗？而且《叶紫日记》明明称卜息园是“先烈”，难道为文章不得发表“悒悒而死”的人能称为先烈吗？又如《叶紫的诗》（载《战地》一九八〇年第三期）一文竟把本文上面引自《叶紫日记》的卜息园的诗当作叶紫的诗，大加分析。其实，《叶紫日记》写得明明白白：那是卜息园在上海答复一位南京朋友而写的诗；叶紫为纪念卜息园牺牲九周年，想和诗一首，结果因病，仅得两句……。《叶紫的诗》怎么会张冠李戴到如是程度呢？上述这些错误的出现，除了作者不够细心的原因外，可能与不了解卜息园其人也有一定关系。

卜息园，据我们初步调查，他是益阳磨子湾人，曾是叶紫在兰溪高等小学校的发蒙老师，又是叶紫在湖南华中美术学校的要好同学。一九二五年，他和叶紫一道积极参加长沙的学生运动，那时他已是共产党员。一九二七年“马日事变”后，叶紫父、姐被杀，叶紫逃到长沙，不久，随同卜息园回转益阳，希图再次发动农民斗争，叶紫住在腰铺子曹家祠堂里，剖篾织笭笠为生，卜息园大概回磨子湾了。因形势不利，叶紫不得不于一九二七年冬初十月再次告别母亲，外出流浪，在长沙天心阁侧面一家小客栈住了八天，然后到处飘泊，寻找报仇雪恨的道路。（参看叶紫《夜雨飘流的回忆》）卜息园这一段经历不清。大约在一九三〇年初，卜息园在上海介绍叶紫入党，旋即二人同回湖南开展革命活动，卜息园不幸被捕牺牲。一九三五年，叶紫在鲁迅大力支持下，自费出版《丰收》短篇小说集，他在《丰收》扉页上题字："纪念我的亡友卜息园！"以寄托自己的哀思。一九三九年五月十一日和二十四日，叶紫扶病写日记纪念卜息园先烈，从《叶紫日记》所写，卜息园的确是一位富贵不能淫、贫贱不能移、威武不能屈的革命者，为无产阶级革命事业慷慨捐躯的不朽的烈士。今天的叶紫研究者们应该了解叶紫的这位入党介绍人，向他奉献敬意；而不应随意评论，使他的英名蒙上灰尘。

七　卒日与墓地

叶紫在上海时，贫困是有名的。"八一三"上海抗战后，叶紫絜妇将雏，回到益阳兰溪养病，没有生活来源，主要靠朋友们接济，贫病交迫，比上海时期尤甚。然而，作为一个共产党员，一个革命文化战士，叶紫生命不息，战斗不已，他参加了益阳地下党某些力所能及的活动，并以惊人的意志坚持学习和写作，而这些活动，又无不加重他的病。一九三九年十月五日（旧历八月二十三日）黄昏时分（下午七时一刻），他终于被病魔夺去了年轻的生命，死于兰溪上渡口老渡夫刘少山的茅屋中。有些文章说叶紫死于八月二十五日（如《新文学史料》总第五期上的一篇文章）是不确的。叶紫卒于公历十月五日，即旧历八月二十三日，可查看汤咏兰向邝达芳报告叶紫死讯的信（载《抗战文艺》第五卷第四、五合期），也可查《公历旧历对照表》。

至于叶紫的墓地，是几经迁徙的。叶紫去世后，家人将他葬在余家垸附近的新塘边，与其烈士父亲、二姐的坟墓遥遥相对，距离只有几十步远。一九五七年，叶紫家乡修水渠，渠道要经过叶紫墓地，益阳县委遂派人将叶紫遗骨迁葬益阳市风景区回龙山（一说狮子山），但今日之回龙山、狮子山均无叶紫墓，不知何故。

八 关于《太阳从西边出来》

叶紫曾将自己的身世向鲁迅和盘托出，鲁迅鼓励他据此写一长篇小说。这以后，叶紫开始酝酿长篇，并作材料准备，但为疾病和生计所累,在上海期间一直未动手写作,只利用部分素材写了中篇小说《星》和《菱》(后者未完成)。叶紫在《星·后记》中说："本来，我还准备在最近一两年内，用自己亲人的血和眼泪来对那时候写下一部大的、纪念碑似的东西的。可是，我的体力和生活条件都不够，每一次的尝试都失败了。我不能够一气地写下去，为了吃饭和病，我只能写一段，丢一下，写一段，又丢一下，二四年来，结果还仅仅是那么一大堆的材料，堆在一个破旧的箱子里。……割下了一点无关大局的东西来写了两个中篇，一个便是这一篇《星》，另一个便是正在写作中的《菱》。"

叶紫在兰溪养病期间，念念不忘长篇的创作，他在一九三九年二月二日的日记中写道："大长篇的材料，过去的都被毁掉了，以后我应当慢慢地、象修行似的、一个一个字地将它修筑起来。"二月七日的日记又写道："只有父亲和姐姐，不但血债未能讨还，坟愤〔墓〕不安，就连纪念他老人家的伟大作品，亦未能动笔。"三月二十四日的日记又提及长篇的事："四月一日起，一定开始那巨大的长篇工作——《太阳从西边出来》。搜集、整理和追述材料。"叶紫的日记只记到一九三九年六月二十六日，此后长篇写作的进展情况不得而知，但从其病势来看，日记都难以为继，创作更是谈何容易，估计在他去世前，写出的稿子极其有限。然而那是叶紫用生命写出来的，弥足珍贵，可惜荡然无存。在我国新文学史上，由于叶紫过早去世，反映大革命时期农民运动的"大的、纪念碑似的"鸿篇巨制始终是个空白。

叶紫长篇的手稿到哪里去了？这是许多人十分关心的问题。《新文学史料》总第五期上有一篇《叶紫生平琐记》，这篇文章提到《太阳从西边出来》时说："早在上海就已构思成熟，并写好了开头。回到家乡以后，叶紫的创作重心逐步转移到《太阳从西边出来》上来，大约写出了四五十万字，完成将近一半的规模。曾有人到他的茅草房里翻阅过这部手稿。叶紫死后不久，一个自我介绍叫邝达芳的同志，从桂林

《救亡日报》给汤咏兰汇寄了募捐而来的三十多块银洋，并索取叶紫遗稿，答应协助整理出版。汤咏兰将《太阳从西边出来》的全部手稿寄给了他。这些由叶紫抱病呕心沥血完成的珍贵文稿，一经寄出便如泥牛入海，再也没有消息。”此文意思说得不客气一点，就是：有那么一个自称邝达芳的人，以募捐为名骗取了叶紫的遗稿。这个邝达芳是个什么人呢？

我们曾经读过《叶紫日记》（手稿），从《日记》的字里行间，我们认识了一位叫邝达芳的同志。那是一个关心同志不遗余力的高尚的人。一九三八、一九三九年，叶紫被贫病困倒兰溪，处境维艰。党和同志们向他伸来支援的手。先有张天翼同志在《观察日报》上公开为叶紫募捐，后有邝达芳同志在《救亡日报》上刊登救助叶紫的募捐启事。他们不断寄钱给叶紫；并通过热情的信件给叶紫以精神上的鼓励；为了给叶紫增加经济收入，不但发表他的任何文章，而且刊登他的信件。深情厚谊，感人良深。他们对叶紫给予了有力的支援、无私的关怀。正因为如此，当叶紫不幸逝世时，汤咏兰首先向邝达芳写信报丧求援（见《抗战文艺》第五卷四、五合期）。这个邝达芳形象与《叶紫生平琐记》中的邝达芳形象相去甚远，我们觉得《琐记》所写有点不近情理，决心找到邝达芳同志，把事情弄个水落石出。不久前我们在北京访问了邝达芳同志。与邝老的一席谈话，了解到事情真相果如我们所料：《太阳从西边出来》手稿不在他手里。

邝达芳同志是一九三八年入党的老同志。抗战初期，他在《新华日报》广州分馆工作。日寇占领广州后，他和一些同志撤至桂林，在李克农同志领导下，筹建《新华日报》桂林分馆。邝达芳同志并兼《救亡日报》特约记者，中国新闻记者学会理事。就在这时，叶紫直接给他写信述说自己的困窘。邝达芳看到一个优秀的青年作家落得如此下场，十分难过，与夏衍、周立波等同志商量后，由他负责募捐救助。邝达芳同志始终热心做好这件事。不料时隔数十年，竟在《叶紫生平琐记》中看到那样一段文字。说到这里，邝老不无感慨地说：“我与叶紫夫妇通信数月之久，岂是叶紫去世后突然冒出来自我介绍叫邝达芳的人？！我们对叶紫关怀没有私心，岂会以募捐为名骗取他的遗稿？！为了救助叶紫及其家人，当年我连他的信件都拿来发表，岂有拿到他的遗稿不予发表之理？！我很早就离开了文艺界，窝藏叶紫文稿几十年有什么用？！一句话，我并未拿到叶紫的遗稿！”……

本文把我们所了解到的一鳞半爪的资料，提供叶紫研究者们参考，希望大家共同来把有关叶紫的史料弄得更加翔实可靠，为叶紫研究工作起点铺路的作用。教学之余，仓卒成篇，疏漏差错，在所难免，敬希读者批评指正。

一九八一年七月于长沙

（原载 1982 年 11 月《文学评论丛刊》第 15 辑，收本书时作者作了补正）

一 张 照 片

姜德明

一

新波来北京参加他的版画展览会是在一九七九年四月底。这一次，他从心底表示高兴。那时他的版画集已经编好了，里面搜集了大量资料，连三十年代久矣找不到的初期木刻创作也找到了不少，因此这个展览会也是很丰富的，从中可以清晰地看到新波四十几年的思想历程。可贵的是，新波的一颗心是通向人民的，他的脉搏总是同我们的时代一起跳跃，甚至可以说，他的全部作品紧紧地拥抱了这个时代。这是作为木刻家新波的最大的骄傲。

新波在中学时代因从事革命活动被学校开除，三十年代初到了上海，很快便找到党组织，参加了共产主义青年团。三十年代后期又参加了党。虽然他也干过贴标语等实际革命工作，但他更热爱以木刻为武器来为革命服务。值得重视的是，从一开始，他就以木刻艺术来反映生活。到了后期，他已经可以比较成熟地达到内容和形式的统一。在创作中他有过苦闷和矛盾的时候，但是总的来说他似乎是个乐观主义者，从来没有讲过丧气或灰心的话，哪怕是在十年动乱期间，他也没有放下伴随他一生的木刻刀。

一九七四年，为了创作鲁迅诗意木刻组画，在构思“俯首甘为孺子牛”那幅作品时，新波苦思冥想，企图在艺术上有所突破，他在来信中说，他的头脑里老是闪现出一头老黄牛来，可是若真的在画面上出现一头牛的话，那就证明他的作品失败了。因此，他要求朋友们也来帮助出点子。后来作品成功地体现了鲁迅的思想，当然还是他自己想出来的。

我看完新波的展览会不无遗憾地问他，为什么不见他为叶紫的小说《丰收》所作的插图？因为这套木刻是鲁迅先生所建议并赞赏过的啊！他深有同感，带着无可奈何的神情说："没法子呀，找不到那本书了，好多东西都不知下落了。"说着，他象记起什么重要的事情一样，忽然从旅舍床底下的皮箱里掏出一张照片来，很高兴地说："瞧，送给你的。"我接过来一看，那是两名西装青年在一座木桥上的合影。一个身上披着一件浅色大衣，一个双手插入裤袋里，风度都很潇洒。原来那穿大衣的是叶紫，旁边的正是新波。照片年代久了，又加上是翻拍的，上面好象罩了一层淡淡的雾，更增加了悠远而迷幻的色彩。新波连忙戴上眼镜，小心地在照片背后写下了两行字："一九三四年秋与叶紫在上海虹口公园摄。新波于一九七九年四月三十日于北京。"

我接过这张照片，听新波跟我讲他同叶紫是怎么相识的……

二

一九三四年，新波还不到二十岁。那一年对他来说是十分重要的。这年春天，他第一次怀着激动的感情把自己的五十多幅木刻寄给鲁迅先生，请求先生给予指点。（四十年后，我陪新波同志在鲁迅博物馆参观，他还从鲁迅先生保存的画件中发现了他当年的作品。）就在这一年，他同刘岘合作出版了《无名木刻集》，鲁迅不仅出资为他们买木板，还为这部木刻集写了序言。鲁迅先生编的《木刻纪程》也在这一年出版，选入了新波的作品《推》。正是在这一年，新波参加了左联和左翼美联。在这些团体里，他是一位热情的活动家，浑身充满了力量。他找到了党，并得到鲁迅先生的直接关怀，这对他以后的生活道路，产生了决定性的影响。

当组织遭到破坏，白色恐怖更加严重的时候，新波无法在上海停留了。在朋友们的帮助之下，他准备东赴日本。正在准备离开上海的前夕，陌生的叶紫受鲁迅先生的嘱托来访新波，并邀请他为自己的小说《丰收》作木刻插图和设计封面。当新波听说是鲁迅先生介绍他来的，尽管出发在即，还是欣然接受了这个任务。他在灯下读完那部反映了农村被压迫者呼声的小说以后，头脑里已构思好几十幅图画。他想很快拿起雕刀来，但是穷得连买木板的钱都没有。叶紫同他一样的穷，最后还是鲁迅先生掏了五元钱，新波才跑去买来木板，夜以继日地刻了插图十二幅，还有封面木刻和书名。在一九三五年三月以“奴隶社”名义出版的《丰收》初版本里，叶紫在《后记》里写道：“感谢新波先生日夜为我赶刻木刻，使我的这些不成器的东西，增加无限光彩。”

这“日夜”二字决不是客气活，一方面小说中的人物使新波激动不已，激发了他创作的欲望；一方面也因为他马上要东渡日本，不得不赶快刻。这一点，给新波留下的印象很深。

插图是赶刻出来的，可是并不草率，鲁迅看了新波的插图表示满意，还跟叶紫说：“这青年刻得细致，很有希望。”（见上海文艺出版社出版《鲁迅回忆录》二集）当叶紫把这些话告诉新波以后，两个青年人非常高兴，一起到四马路附近的一家小餐馆里吃了一顿便饭。

两位青年虽是初识，却因同是左联的战友，思想是一致的，崇敬鲁迅先生也是一致的，很快就成为好朋友了。为了感谢新波的日夜辛劳，也为了给将要远行的新波送行，叶紫作了东道主。饭后，他们一起漫步到虹口公园去谈心，那里离鲁迅先生的家很近，但他们并未去打扰先生，只在公园里的小木桥上留下了这张照片。想不到，现在两位当事人都已去世，谁能知道他们当时在一起谈了些什么呢？

我记得当时看过这张照片以后曾经跟新波开玩笑地说：“西装革履，蛮神气么！怎么会连买木板的钱都没有？”新波机灵地指着照片回答：“穷小子一个，两手在掏裤子口袋，里面空空如也，连回去坐电车的钱都没有。告诉你，这套西装还是从大马路一家旧货店买来的呢，不多不少，正好是五元钱一套。你看还挺合身，我就是穿着它往日本的……”

三

今年年初，新波的女儿黄元终于回到广州去工作了，临行前她路过北京住了几天，谈到当年父亲同一个人在公园的小木桥上有一张合影，不知是谁。我告诉她，我也有一张，那人正是叶紫，还讲了她父亲为小说《丰收》作插图的事。她立刻告诉我，不久以前她在清理父亲的遗物时，发现一张颜色变黄的剪报，是悼念叶紫的。我请她回去以后抄录一份来，她到广州后不久便寄来了。文章的题目叫《一幕人间的真实的戏剧》。文章说到叶紫在乡下贫病的惨状，只能靠借高利贷来过日子，连一分钱一个的鸡蛋也买不起。新波无限感慨地写道："堑壕中浸积着黑黝黝的污水，而战斗者却在此时倒下去了。他不用说在他仅存于人间最后一秒钟时什么悲壮的言语，他的现实的场面，不是给生存在这世界上的人一张很好的诉状，和一个很好的启示么？"新波的文章写于一九三九年，那时敌蹄还践踏着我们的土地，新波的内心是愤慨的，而叶紫也是死不瞑目的。

这张珍贵的照片，让我想到两位左联青年的友谊，想到一向关怀青年成长的鲁迅先生……。当我写完这篇短文，把新波佚文的抄稿连同这张珍贵的照片，轻轻地放入一个信封袋里，同时也把对故人的怀念深深地埋在心里，永远埋藏在心底里。

（原载《艺术世界》1981 年第 4 期）

叶紫和《奴隶丛书》

王季深

我与叶紫相交，只有短短两年，数面之缘，他给我的印象却是很深刻的。

一九三四年杭州之江大学、浙江大学和校外的几个文艺青年，集议办一份刊物，取名《潮音》，委托我到上海组稿。我到上海后，就商于立达学园的方珍颖和沪江大学新闻专科的同窗陈君冶。他们一致推荐叶紫，叶紫原名余鹤林，又名余藩，因为他的处女作《丰收》在《无名文艺》上发表以后，颇得好评，茅盾先生也称赞不止。

当我在上海他住的一个亭子间和他会见后，约略寒暄，说了几句推崇《无名文艺》和他的处女作《丰收》的话，还转述了茅盾先生对他的惊人之作的好评。他显得非常谦逊，娓娓叙述《无名文艺》问世的经过。在当时的上海文坛上，一个无名作家，又有那样鲜明政治倾向的进步作家，要想使自己的作品登上大型刊物，跻身于文坛是颇不容易的。当时，叶紫就和陈企霞等发起组织了无名文艺社，并与白兮（钟望阳）、周钢鸣、韩起等组织的海燕文艺社合并，出版了《无名文艺》同人刊物。

在《丰收》发表后，叶紫又继续写了几篇小说，如《电网外》（后来改名为《王伯伯》）等，都是以湖南故乡洞庭湖畔农村的斗争为背景的。全部创作都充满了对阶级敌人的深仇大恨。他的叔叔、父亲和姐姐都在参加一九二六年湖南农民运动的斗争中惨遭反动政权杀害，对此他是有刻骨之痛的。

他说，一个作家对于自身的作品是格外亲切的，在《丰收》没有写成以前，总感到对于这个亲身经历的故事以及活生生的几个人物，亏负了一种精神上的债务。但在《丰收》写成之后，他又觉得，与其说是为了解脱个人精神上的负担，毋宁说是为了替大众呼喊。他明知道自已创作技术的不够纯熟，不值名家之一顾，但他所关心的，不是个人的得失而是这些故事的惊心动魄，写出来可以使读者得到感染、激励而奋发，而前进。

最后，他表示“只要环境许可，我将继续为你们写作”。至于《潮音》的约稿，他决定就先拿出一篇《夜哨线》。

回到杭州后一个星期，叶紫的稿件寄来了，就是《夜哨》。是描写叛兵的故事，写得太感人了，作者就好象是“叛兵”中的一个。他写出了他的全部心情——他的憎恶、苦闷以及强烈的要求。这故事的一字一句，都是通过他对“叛兵”的最深切的了解才写出来的。叶紫的笔触非常朴素，有时难免简单了一些，然而最可贵的是他有着丰富的经历。鲁迅先生后来在《丰收》的序言中说：“……作者只不过是一个二十多岁的青年，而他所经历的，足以抵得上太平时代一个人几世纪的经历。”可见，生活的实践是创作的泉源。没有生活，创作就只能是一张白纸或是苍白的胡诌。

叶紫连续发表了几篇小说，再加上已经脱稿而又未发表的，可以出一个小集子了。可是，当时上海出版界一片萧条，书店很少出版创作小说。在国民党的文化“围剿”之下，一些进步的小说动辄被禁，甚至作者、出版者受到政治迫害，因此书店对此是有戒心的。

叶紫的第一本小说集《丰收》和肖红的《生死场》，田军的《八月的乡村》，辗转托人送到黎明书店，请予出版。黎明编辑部起初对这三位青年作家的稿子曾作考虑，但终于因上述的戒心未除，就婉言拒绝了。在这个当口，黎明书店的两位小编辑丁镜心和敖方肇，起了“峰回路转”的作用。当时，印刷费和白报纸都可以赊账。他们两人冒了风险，把这三部小说稿转给与黎明书店有来往的民光印刷所排印。书印好后，在黎明寄售，又分送给各书店。这三部小说都写得很好，且各有其特点，鲁迅先生“慧眼识珍珠”，把它们编为《奴隶丛书》，分别写了序言，向广大读者推荐，这三个无名作家，就此出了名，登上了文坛。

在《丰收》出版后，叶紫谈起鲁迅先生怎样在百忙中指导他们三人创作的事。鲁迅先生不但对整个结构提出中肯的意见，还作了文字上的润色，连错别字和用错了的标点符号都给一一改正了。他甚至带病给他们看稿。

“八一三”烽火一起，我格外怀念叶紫——这位并未深交而深切相知的文友。

然而，噩耗传来，叶紫终于在一九三九年旧历八月二十三日因肺病不治，死于他的故乡湖南益阳兰溪月塘湖乡，终年仅二十七岁。残酷的黑暗统治，夺去了叶紫富于才华的生命，他留下了老母和妻儿。除了《丰收》、《山村一夜》、《星》和若干散文外，他遗留在人间的还有一本未完成的长篇小说《太阳从西边出来》，只写了四万多字，就在贫病交困中搁下了笔。

（原载 1981 年 11 月 5 日《文学报》）

中国现代文学史（节录）

唐弢　主编

第十一章　第二节　叶紫和左联后期的新人新作

在第二次国内革命战争时期，比上述小说作家出现得稍晚，而在描写农村阶级斗争方面有重要成就的作家是叶紫（一九一二—一九三九）。叶紫原名俞鹤林，湖南益阳人。当一九二六至一九二七年湖南农民运动高涨时，他的叔父是益阳县农会的主要领导人之一，父亲和姐姐也都参加了农会斗争。暴风骤雨式的群众运动使那时还在中学读书的叶紫受到很深刻的阶级教育，他进了武汉军事学校第三分校。一九二七年蒋介石叛变革命，他的叔父、父亲和姐姐都惨遭杀害。叶紫从故乡逃出后，度过一段时期的流亡生活，对下层人民特别是农民的生活加深了了解。当他一九三三年在上海参加无产阶级革命文学运动并开始从事创作的时候，故乡洞庭湖畔农村的斗争便成为他的作品的主要内容，他的全部创作都充满着对阶级敌人的强烈仇恨。

叶紫有短篇集《丰收》和《山村一夜》，中篇小说《星》，此外还有一些散文。《丰收》中的六篇小说，除《杨七公公过年》一篇以流亡上海的农民的苦难生活为题材外，余均取材于湖南农村的生活和斗争。《丰收》是叶紫的第一篇小说，它反映了一九二七年大革命失败后农民群众在地主阶级残酷剥削下组织起来进行抗租斗争的过程。小说中的老农民云普叔终年勤劳，对地主抱有幻想，而结果则是他“辛辛苦苦种下来的谷子，都一担一担地送给人家挑走”，自己也终于忧愤成病。作品以深刻的思想力量和动人的艺术形象鲜明地揭示了：农民如果想不再受地主阶级的盘剥和掠夺，除了在共产党领导下组织起来对那些“抢谷的强盗”进行斗争而外，实在没有第二条道路。云普叔的儿子立秋走的正是这样一条道路。小说在《无名文艺》上发表后，叶紫这个第一次出现的新人立刻赢得了文艺界的赞誉。《火》是《丰收》的续篇，它描写了农民抗租斗争的勃发和进一步开展，象云普叔那样的老一代农民站立起来了，抗租的群众汇合到雪峰山工农红军的革命洪流里去了。革命群众的强大威力和胜利前途同反动统治阶级垂死前的恐惧颤抖和疯狂报复，在小说中形成了鲜明的对照。

《电网外》的王伯伯同《丰收》里的云普叔一样，也是忠厚勤谨的老一辈农民的形象。当红军迫近自己的家乡、反动派军队架设电网企图阻击的时候，他留恋自己的家屋，不肯随同儿子去到红军那里，结果是房子被烧，儿媳和孙子被杀。但王伯伯没有在反动派屠刀下表示懦怯和畏缩，而是觉悟和勇敢起来。他跳下准备上吊的小凳子，“背起一个小小的包袱，离开了他的小茅棚子，放开着大步，朝着有太阳的那边走去了”。鲁迅在《丰收》集的序文里说：“但我们却有作家写得出东西来，作品在摧残中也更加坚实。不但为一大群中国青年读者所支持，当《电网外》在《文学新地》上以《王伯伯》的题目发表后，就得到世界的读者了。这就是作者已经尽了当前的任务，也是对于压迫者的答复：文学是战斗的！”从这一段话，可以看出《电网外》发表后的巨大影响。其它如《乡导》一篇，写刘媾妈牺牲生命引白军进入绝境，对觉醒起来了的老一辈农民坚强的性格，有着更直接的描写。

收在短篇集《山村一夜》中的《山村一夜》一篇，是叶紫的另一重要作品。故事是在深山的风雪之夜里由一个孤独的老人桂公公讲出来的：一个胆小怕事、受地主阶级欺骗的老汉首告自己参加革命的儿子，以为因此可以受到宽恕，实际上却把儿子送进虎口，使他立即被敌人杀害。从桂公公的激动的语调里表现了作者对旧世界的强烈的愤恨，而老汉的畏葸愚蠢和他的儿子文汉生忠于革命事业的高贵品德，也很清晰地显示了出来。放弃对于敌人的任何幻想，坚决地跟着共产党走，才是农民的真正出路，这是在叶紫作品的真实具体的艺术形象里曾经反复证明的生活真理。

叶紫的作品较之同时代描写农村生活的作品，具有更鲜明更深刻的时代特色。他不仅写出了旧中国农村的残败和贫困，还写出了农民在血腥斗争中的胜利和光明的远景。他的故事所描写的，不是局限在某一地区的孤立的、偶然的事件，而是和整个时代的革命暴风雨紧密地联系着的、按着生活的客观规律正在出现的事实。他不仅写了老一代的农民，还塑造了已经走上革命道路的青年一代农民的形象；在老一代农民中，他又不仅写了他们的苦难和保守，而是写了他们的觉醒和新生。在他的人物身上，总是闪烁着强烈、浓郁的革命乐观主义的色彩。他说过：自己的内心燃烧着“对于客观现实的愤怒的火焰”，他从事文学创作，就是要“刻划着这不平的人世，……一直到人类永远没有了不平！”[1]这样一种革命的激情和信念，促使他在作品中努力反映旧社会的必然灭亡和新社会的必然诞生，它们不惟使人读了愤怒，同时也使人读了鼓舞，是无产阶级革命文学在敌人百般摧残下所取得的坚实的成绩。

叶紫还写过一些散文。一九三六年，他曾将它们辑成《叶紫散文集》，却因为抗日战争爆发，未能正式出版。其中所写各篇，大多取材于包括他在旧军队那段生活在内的实际经历。抗战爆发后，叶紫由上海返回湖南故里。当他开始撰写酝酿多年的长篇小说《太阳从西边出来》，仅仅写了四万余字，贫病交迫的生活就夺去了他年轻的富有才华的生命。这是中国现代文学的一个不小的损失。

（录自人民文学出版社 1979 年版。该书第十一章标题为《第二次国内革命战争时期的文学创作（二）》

[1] 《我怎样与文学发生关系》，生活书店《我与文学》1934 年版。

中国现代文学史（节录）

林志浩　主编

第十一章　第三节　小说领域的新人新作

在左联的提倡和指导下，小说领域的新人新作大量涌现，这是左联取得的重大成就之一。除了上面评述的以外，还有叶紫、张天翼、丁玲、沙汀、艾芜、吴组缃、肖军、肖红等等。这些作家从不同的角度反映二十、三十年代黑暗中国的社会生活和阶级斗争。由于农村革命的深入，不少作家对于农民的苦难，和开始走上反抗斗争的道路，关心和描写得比较多；工农劳动者成了文学作品中的主要人物。以知识分子和各类小资产阶级人物的生活为题材的作品，虽然还占有相当的数量，但其中一些比较优秀的作品，已经开始摆脱当时存在着的“革命加恋爱”的公式，写出他们在新的革命形势的推动下的思想转变和走向革命的过程。对于灰色的小资产阶级的生活和情调，则进行比较深入的鞭挞，以期唤起他们的觉悟。不少作品还真实地刻画了官僚、地主、市侩等丑恶形象，成了较好的反面教材。总之，题材比起五四时期来，更加新颖、开阔，从东北人民的反帝斗争，到西南边境的特殊风光和殖民地人民的苦难与斗争，以及其他一些过去罕见的社会生活，都在小说创作中得到反映，因而引起读者的重视。从体裁上说，也出现了以前所少见的为数较多的长篇。这都说明了当时小说领域的新成就、新收获。

叶紫，原名余鹤林，湖南益阳人，一九一二年出生于一个小公务员之家，一九三三年加入中国共产党，同时参加革命文学活动。他的创作计短篇小说结集的有《丰收》、《山村一夜》和中篇小说《星》等。正在构思的长篇小说《太阳从西边出来》和写作中的中篇小说《菱》还没有完成的时候，他便因贫困和疾病于一九三九年死在故乡。

叶紫的童年，曾目睹一九二六年“其势如暴风骤雨”的湖南农民运动，也看到了反动武装疯狂地镇压农民运动的血腥暴行。他的父亲、姐姐就是因参加农民运动而惨遭敌人杀害的，叶紫也因此被迫过着流亡生活。个人的痛苦和阶级的仇恨燃起了复仇的烈火，他决心拿起笔来，“去刻画这不平的人世，刻画着我自家的遍体创痕”。

作者就是怀着这样强烈的阶级仇恨，带着丰富的斗争生活体验走进无产阶级文学的战斗行列的。这是叶紫跟其他出身于小资产阶级知识分子的左翼青年作家不同的特点。

《丰收》是作者的第一个短篇小说。他以自己熟悉的湖南农村抗租抗税的斗争为背景，通过云普叔一家在灾后饥馑的年月，怎样忍饥挨饿，无昼无夜地抗旱防洪，拚命劳动，终于得到了丰收，但却换来了倾家荡产的悲惨故事，深刻地揭露了农民与封建地主阶级不可调和的阶级矛盾和农民贫困的社会根源。云普叔一家在丰收的年月也免不了破产的悲惨遭遇，是旧中国千千万万贫苦农民痛苦生活的缩影。作品有力地控诉了封建地主阶级和国民党反动派对农民巧取豪夺的强盗行为，也启示了农民在阶级压迫的社会里，要摆脱贫困的命运，绝不能把希望寄托于劳动，而必须寄托于革命。

云普叔是一个生下来就没有过过一时舒服的生活，但却“从来没有自馁过”的勤苦耐劳的典型中国农民。他性格憨直忠厚，意志顽强，在天灾人祸面前也没有畏缩过。他拚命地劳动，默默地忍受着天灾人祸的折磨。他相信自己，也过分相信别人，他不懂得贫困的社会根源，“只知道要做，不做就没有吃的”。这就构成了云普叔终身穷困潦倒并招致倾家荡产的主观因素。云普叔在阶级压迫和阶级剥削的现实面前，被逼迫得无路可走的情况下，终于觉醒过来，“十五六年农民会的影子，突然浮上了他的脑海里”，他同意了儿子的革命行为。这相当典型地表现了中国农民的阶级觉醒的过程。

在《丰收》里，作者不仅表现了老一代农民的觉醒，而且有意识地表现了年青一代农民阶级意识的成长，并且把青年一代农民的成长同大革命时期党所领导的农民运动的影响联系起来。因此，尽管作品没有正面描写党在农村的活动，立秋、癞大哥他们的反抗斗争的政治背景也不明显，但却使人处处回想当年“农民会”的革命情景，启发人们认识只有按照党所指引的方向走，才能彻底摆脱受压迫受奴役的命运。

《火》是《丰收》的续篇，描写获得丰收的曹庄农民，在云普叔的教训面前，认清了阶级敌人的凶狠面目，逐渐觉醒过来，在立秋、癞大哥等的领导下，联合起来抗租抗税，进而解除了地主的反动武装，捣毁了地主的庄园，没收了地主的财产，最后参加了党所领导的工农红军。作品用血的事实驳斥了国民党反动派对农民革命的诬蔑，歌颂了农民高涨的革命热情。《丰收》和《火》，是无产阶级革命文学的蓓蕾，显示了无产阶级文学的战斗力量。

在《电网外》、《夜哨线》、《乡导》等篇中，真实地描绘了红军和人民亲如骨肉的关系，揭露了敌人屠杀人民的凶残罪恶，表现了人民的革命武装斗争。作品还描写了国民党士兵赵德胜、王大炮，老农王伯伯的觉醒，概括地表现了中国人民并没有被屠夫蒋介石的血腥统治所吓倒，必将走上反抗斗争的道路，因而具有相当强烈的现实意义。在《乡导》中，成功地塑造了一位崇高的革命母亲——刘嬸妈的形象，她三个儿子都被敌人惨杀了，这不共戴天的血海深仇，使她看清了敌人的凶残，怀着刻骨的阶级仇恨和复仇的怒火，在敌人洗劫自己家乡时，用苦肉计骗取敌人的信任，把敌人引进红军的包围圈里，并同归于尽。这是一个智勇兼备的革命妇女的形象，在三十年代的革命文学中是不可多得的。

上述几个短篇，后来收集在《丰收》集里出版。这是作者第一个短篇集，也是作者的代表作。他把自己强烈的阶级爱憎熔铸在沸腾的农村阶级矛盾和斗争的题材里，使作品具有浓烈的时代精神和革命乐观主义的色彩，从而形成自己的创作特色。这是同作者不仅是一个作家，而且是一个革命者的修养和丰富的斗争经验分不开的。作者在《星》后记里曾说过：“因了自己全家浴血着一九二七年底大革命的原故，在我的作品里，是无论如何都脱不了那个时候底影响和教训的。”他的作品，是用自己的亲人和同志的血和泪写成的。鲁迅在《丰收》的序言里指出：“作者还是一个青年，但他的经历，却抵得太平天下的顺民的一世纪的经历，在转辗的生活中，要他‘为艺术而艺术’，是办不到的。”

《星》是继《丰收》之后的一个中篇。这是一首妇女解放的颂歌，也是一篇劳动妇女血泪史的真实记录。它在广阔的背景上，从妇女解放的角度，通过梅春姐的遭遇来表现大革命前后中国农村的变化和尖锐的阶级斗争。梅春姐是一个勤俭温顺的年青妇女，默默地负荷着生活的重担，忍受着丈夫的虐待和封建道德的束缚。但当革命的火种在农村点燃起来时，火光也温暖了她的心灵。在革命者黄的帮助和教育下，她终于勇敢地站立起来，摆脱了家庭和社会的束缚，争得了婚姻自由并重新建立了革命的幸福家庭。作者用讴歌的笔墨描写了梅春姐怎样由一个普通的年青妇女变成了妇女解放的宣传者和组织者。梅春姐和妇女们的解放是整个社会解放的必然结果，这在作品里得到了一定的反映。

作品还细腻地描绘了梅春姐革命家庭的幸福生活。然而革命失败了，革命者黄被杀了，刚建立不久的幸福家庭被破坏了，梅春姐度过短期的监狱生活后，又被投进了比往昔更加痛苦的深渊。但经过革命教育的梅春姐，在痛苦的折磨中，不再是无所企求地默默地忍受，她把希望寄托在革命者黄的儿子身上。一旦儿子被从前的丈夫虐杀以后，她就勇敢地冲出痛苦的樊笼，踏上革命者黄的血路。梅春姐是具有相当意义的形象，而且性格比较鲜明。她勇敢地走上革命道路的行动，使读者从悲愤中看到了革命的曙光。

梅春姐原来的丈夫陈德隆是农村二流子的形象。他敢于肆无忌惮地虐待梅春姐，并凶狠地杀害了革命者的后代，这是整个社会制度给他撑腰的结果。作者没有明确地揭示出他的凶残暴戾的性格与黑暗的社会制度的联系，这就容易使读者简单地把他作为反革命力量的代表人物来看待，模糊了对真正敌人的认识。

《星》的缺点是过多地描写了梅春姐翻身后的爱情生活，对当时尖锐的农村阶级斗争缺乏正面的反映，因而削弱了作品主题的思想意义。与此相关的革命者黄的性格也叙述多于刻画，缺乏典型细节的表现，形象显得苍白乏力。但整个来说,《星》是一个比较成功的作品，在革命失败后的描写中，悲愤而不气馁，痛惜之中寄托着信心和希望。作品的情节基本上是紧凑的，语言也通俗明朗，具有生活气息。

《山村一夜》是作者第二个短篇小说集，收了六篇小说，除了《山村一夜》是写反动派怎样阴险狠毒地诱杀一个寻到了革命新路的青年农民的悲惨故事外，其余五个短篇都从不同的角度对旧社会的黑暗腐朽进行了猛烈的抨击和揭露。但就其思想意义和艺术成就来说，都没有超过《丰收》和《星》等作品。另外，作者还根据自己的见闻，写下不少战斗性很强的散文，显示了他多方面的文学才能。

在当时，党所领导的农民革命运动的真相，红军斗争的实况，白军腐朽的景象……，是被国民党反动派严密封锁着的。这是人们最关心的政治问题。叶紫以自己的作品，较早地反映它。他写的不是个别的、偶然的现象，而是反映出时代的风云，富有时代的精神。他不仅写了农民的苦难生活，更重要的是表现他们的反抗斗争。而且这种反抗斗争已经逐渐克服自发的形态，走上了自觉革命的道路；在这条道路上，不仅有年轻的一代，还有摆脱因袭重担的老年农民。这就使作品的现实主义描写同鼓舞人心的革命理想相统一，具有更加强大的教育力量。虽然这些作品艺术上还不够细致，有时叙述多于描写，但比起同时代其他作家描写农村生活的作品，却具有更鲜明更感人的时代特色。因此鲁迅赞扬作者“尽了当前的任务，也是对于压迫者的答复：文学是战斗的!”

（录自中国人民大学出版社1980年版。该书第十一章标题为《左联时期的重要作家（一）》）

目录索引

叶紫著作系年目录

1933年

从这庞杂的文坛说到我们这刊物（发刊词）
载1933年2月5日《无名文艺旬刊》创刊号，署名叶子。

编后记
载《无名文艺旬刊》创刊号，署名编辑室。

编后记
载1933年2月15日《无名文艺旬刊》第2期，署名编辑室。

封面设计
用于1933年6月1日《无名文艺月刊》创刊号，目录中署名叶紫（以下凡署名叶紫者，均从略）。

丰收（短篇小说）
1933年5月2日脱稿于上海；
载《无名文艺月刊》创刊号；
初收短篇小说集《丰收》，上海容光书局1935年3月初版。

编辑日记（3月10日至5月4日）
载《无名文艺月刊》创刊号，署名编者。

紧要申明
5月7日作；载《无名文艺月刊》创刊号，署名紫。

火（短篇小说）
1933年6月10日作于上海，9月17日修正；
载1933年10月15日《文艺》创刊号；
初收《丰收》。

王伯伯（短篇小说）
1933年9月1日上午11时，脱稿于上海；

载1933年9月25日《文学新地》创刊号，署名杨镜清。收《丰收》时恢复原稿题名《电网外》。

朦胧中（短篇小说）

载1933年9月《长风》半月刊第1卷第1期，署名阿紫。

幽默的对

载1933年10月1日《论语》第3卷第26期，署名阿紫。

刀手费（短篇小说）

1933年9月，姨母逝世的第三周年作；载1933年10月6日《申报》副刊《自由谈》。

乡导（短篇小说）

1933年9月29日深夜在上海作；载1933年12月1日《现代》第4卷第2期；初收《丰收》。

夜哨线（短篇小说）

1933年除夕前五日，在上海作；
载1934年9月1日《当代文学》第1卷第3期；
初收《丰收》。

1934年

毕业论文（短篇小说）

载1934年1月24日《申报》副刊《自由谈》。

爱伦凯与柯伦泰

载1934年2月18日《申报》副刊《妇女园地》第1号和1934年2月25日《申报》副刊《妇女园地》第2号，署名紫。

懒捐（短篇小说）

1934年4月6日下午10时在上海作；载1934年5月《中华月报》第2卷第5期。

文坛登龙新术

载1934年4月12日《中华日报》副刊《动向》，署名阿芷。

忆家煌

载1934年4月12日《中华日报》副刊《动向》，署名柳七。

新作家草明女士

载1934年4月19日《中华日报》副刊《动向》，署名杨樱。

关于《天下太平》

载1934年4月30日《中华日报》副刊《动向》，署名杨樱。

洋形式的窃取与洋内容的借用——杨昌溪先生的小说是洋人做的

载1934年5月6日《中华日报》副刊《动向》，署名阿芷。

杨七公公过年（短篇小说）

1934年6月13日，脱稿于上海；
载1934年6月《中华月报》第2卷第6期和1934年7月《中华月报》第2卷第7期，署名柳七；
初收《丰收》。

“手续费”与“刀手费”——读《裤子掉下来了》以后

载1934年6月21日《中华日报》副刊《动向》，署名黄德。

我怎样与文学发生关系

载1934年7月《文学》一周年纪念特刊——《我与文学》；
1936年4月20日夜深改正；
编入《叶紫散文集》。

还乡杂记（散文）

载1934年7月27、28、30、31日《中华日报》副刊《动向》，署名黄德。

妇女经济独立与教育平等（《现代女子书信指导》中的一篇）

载1934年9月1日《女子月刊》第2卷第9期，署名汤咏兰。

行军掉队记（第一节　山行）（散文）

载1934年10月5日《新语林》半月刊第5期。本文第二至五节，原定在《新语林》第6期续完，《新语林》第5期封二“第6期秋季特大号要目”中已预告。但被国民党中央宣传委员会图书杂志审委会抽去，未能续载。《新语林》第6期“后记”中有所说明。后将第二至五节，以《山行记》为题，发表在1935年7月6日至12日《时事新报》副刊《青光》上。1936年，将第　至五节合在一起，恢复题名为《行军掉队记》，辑入《叶紫散文集》。

行军散记（散文）

载1934年11月1日《小说》第11期。目录中有，正文却缺（被国民党中央宣传委员会图书杂志审委会抽去），编者在“启事”中作了说明。
1936年，编入《叶紫散文集》。

读《丰饶的城塔什干》（书评）

1934年11月4日作；
载1934年12月10日《读书生活》第1卷第3期，署名黄德。

1935年

岳阳楼（散文）

载1935年1月1日《文学》第4卷第1期；
编入《叶紫散文集》。

古渡头（散文）
载1935年1月1日《小说》半月刊第15期（新年特大号）；
编入《叶紫散文集》。

《丰收》自序
1935年1月9日深夜，在上海作；
刊于上海容光书局1935年3月初版《丰收》卷首。

流亡（散文）
载1935年2月1日《生生》月刊创刊号，署名黄德；
编入《叶紫散文集》。

偷莲（短篇小说）
1935年2月20日；
载1935年3月1日《小说》半月刊第19期，署名杨樱；
初收上海良友图书印刷公司1937年4月15日初版短篇小说集《山村一夜》。

我们需要小品文和漫画
1935年2月28日作；
载1935年3月《太白》第一卷纪念特辑——《小品文和漫画》。

《丰收》后记
1935年3月2日在上海作；
刊于上海容光书局1935年3月初版短篇小说集《丰收》卷末。

星（中篇小说，缺第四章）
1935年3月作；
载1935年9月16日《文学季刊》第2卷第3期，署名陈芳。

盘湖（短篇小说）
载1935年4月10日《小文章》创刊号，署名黄德；
初收上海良友图书印刷公司1937年4月15日初版短篇小说集《山村一夜》，易题为《鱼》。

南行杂记（散文）
载1935年4月5、20日、5月5、20日《芒种》半月刊第3——6期，署名杨樱。

广告（短篇小说）
载1935年7月8日《申报》副刊《自由谈》，署名辛卓佳。

好消息（散文）
载1935年7月25日《申报》副刊《自由谈》。

插田——乡居回忆之一（散文）
载1935年7月31日《时事新报》副刊《青光》。

长江轮上（散文）
载1935年8月26日至28日《申报》

副刊《自由谈》;
编入《叶紫散文集》。

鬼(散文)
载 1935 年 8 月 29 日《时事新报》副刊《青光》。

奴隶社小启
刊上海容光书局 1935 年 8 月初版《八月的乡村》(肖军作)卷首。

夜的行进曲(散文)
载 1935 年 9 月 24 日《申报》副刊《自由谈》,署名辛卓佳;
编入《叶紫散文集》。

殇儿记(散文)
载 1935 年 10 月 1 日《申报》副刊《自由谈》。

玉衣(散文)
载 1935 年 10 月 28 日至 29 日《申报》副刊《自由谈》,署名辛卓佳。

卷首语
摘自《我们需要小品文和漫画》;
载 1935 年 12 月 20 日《漫画和生活》第 1 卷第 2 期。

我为什么不多写
1935 年除夕前十日在上海作;
载 1936 年 1 月 20 日《漫画和生活》第 1 卷第 3 期。

天心阁的小客栈里——夜雨飘流之一(散文)
载 1935 年 12 月 29 日《时事新报》副刊《青光》,署名陈芳。

奴隶社小启
刊上海容光书局 1935 年 12 月初版《生死场》(肖红作)卷首。

现代女子书信指导
上海女子书店 1935 年 2 月 1 日初版,列为姚名达主编的《女子文库·学术指导丛书》之一。署名汤咏兰女士。

丰收(短篇小说集)
上海容光书局 1935 年 3 月初版,列为奴隶社《奴隶丛书》之一。
收入:丰收、火、电网外、夜哨线、杨七公公过年、乡导。卷首有鲁迅所写《序言》、作者所写《自序》。扉页有作者题词:“纪念我的亡友卜息园”、封面、扉页、书中共有新波木刻插图十二幅。
上海容光书局 1936 年 3 月再版;1936 年 5 月三版;1936 年 9 月四版。
大连大众书店 1946 年重印;东北书店 1947 年重印。

1936年

飘流之夜（散文）
载1936年1月8日《时事新报》副刊《青光》，署名陈芳。
1936年，叶紫将《天心阁的小客栈里》和《飘流之夜》合为一篇，题名《夜雨飘流的回忆》，编入《叶紫散文集》。

作家的感想·意见·回忆（之八）
载1936年1月28日《时事新报》副刊《每周文学》第19期“一·二八”纪念特辑。

校长先生（短篇小说）
1936年5月19日作于病中；
载1936年6月1日《文学丛报》第3期，署名陈芳；
初收《山村一夜》。

商议（短篇小说）
节录自《火》；
收上海现实出版社1936年5月出版《新少年拔萃读本》第1集。

山村一夜（短篇小说）
1936年7月4日，大病之后作；
载1936年7月15日《作家》第1卷第4期；
初收上海良友图书印刷公司1937年4月15日初版短篇小说集《山村一夜》。

我们的唁词（之七）
载1936年7月10日《文学界》第1卷第2期“高尔基逝世纪念特辑”。

国防文学的随感二则
载1936年8月10日《文学界》第1卷第3期；收《现阶段的文学论战》（林淙选编，1936年10月15日文艺科学研究会出版）。

变动（《星》第四章）
1936年8月1日补作；
载1936年8月10日《文学界》第1卷第3期。

《星》后记
1936年8月18日，大病之后，记于上海；
刊上海文化生活出版社1936年12月初版《星》卷末。

《丰收》四版的话
1936年8月24日晨，在上海作；
刊上海容光书局1936年9月四版《丰收》卷末。

电车上（短篇小说）
1936年9月4日；
载1936年10月15日《作家》第2卷第1期，署名陈芳；
初收《山村一夜》。

痛苦的感想

载 1936 年 9 月 5 日《文学大众》第 1 卷第 1 期“九·一八”五周年纪念特辑“我们沉痛的纪念”专栏。

湖上（短篇小说）

1936 年 10 月 2 日；

载 1936 年 10 月 15 日《作家》第 2 卷第 1 期；

初收《山村一夜》。

哭鲁迅先生（诗）

1936 年 10 月 20 日，在病院作；

载 1936 年 10 月 30 日《申报》《文艺专刊》第 51 期；

收上海北新书局 1936 年 12 月 30 日初版《鲁迅纪念集》第 5 辑。

星（中篇小说）

1935 年 3 月，初稿；1936 年 8 月，增补，修正；

上海文化生活出版社 1936 年 12 月初版，列为巴金主编的《文学丛刊》第 3 集第 1 册。

1937 年

致许广平信

1937 年 4 月 15 日，现存鲁迅博物馆。

山村一夜（短篇小说集）

上海良友图书印刷公司 1937 年 4 月 15 日初版。

收入：偷莲、鱼、山村一夜、湖上、校长先生、电车上。

1938 年

回到乡村（通信）

载 1938 年 5 月 20 日《战地》第 1 卷第 5 期“病榻上的战士”栏。

1939 年

杂记、笔记、日记、感想、回忆

——一九三九年度日记（节录）

手稿由其子余雪驹在解放后寄张天翼，张转交冯雪峰，冯转交北京图书馆保存；

上海文艺出版社 1981 年 4 月出版《中国现代文艺资料丛刊》第 6 辑刊出郑赤节录、辑注的《叶紫日记》；

《湖南师范学院学报》1981 年第 3 期刊出叶雪芬、舒其惠摘选的《叶紫日记》。

致张天翼信

1939 年 2 月 8 日作；

载 1939 年 2 月 22 日《观察日报》副刊《观察台》。

致张天翼信

1939 年 3 月 27 ~ 29 日作；

载 1939 年 4 月邵阳《力报半月刊》创刊号“作家通信”栏。

致邝达芳信
1939年4月3日作；
载1939年4月19日《救亡日报》。

致邝达芳信
1939年5月1日作；
载1939年5月13日《救亡日报》“作家书简”栏；
1939年12月10日《文艺新闻》第6号以《叶紫遗书》为题转载。

致陈企霞信（断片）
1939年6月15日作；
转录自叶紫1939年度日记（手稿）。

致友人信（断片）
1939年6月26日作；
转录自夏明《叶紫之死》(载1939年12月1日《文艺阵地》第4卷第3号)。

诗，我觉得——与达芳先生书
载1939年7月10日《救亡日报》。

致邝君信（断片）
1939年8月7日作；
转录自夏明《叶紫之死》。

致刘君信（断片）
1939年9月5日作；
转录自夏明《叶紫之死》。

1940年

菱（中篇小说，未完）
载1940年3月20、22、25、27、29日、4月1、3、5、8日香港《大公报》副刊《文艺》第803~807、809~811、813期。

1955年

叶紫创作集
人民文学出版社1955年2月初版。
收入：丰收、火、电网外、夜哨线、杨七公公过年、乡导；星；偷莲、鱼、山村一夜、湖上、校长先生、电车上；行军散记、行军掉队记、夜的行进曲、流亡、古渡头、岳阳楼、长江轮上、夜雨飘流的回忆、我怎样与文学发生关系。卷首附人民文学出版社编辑部所写《作者小传》。

1959年

叶紫选集
人民文学出版社1959年3月出版。
收入篇目同上，但抽去《偷莲》和《鱼》两篇。卷首附人民文学出版社编辑部所写《前言》，卷末附鲁迅《叶紫作〈丰收〉序》。
人民文学出版社1978年7月再版，将鲁迅《叶紫作〈丰收〉序》移到正文之前。

1962年

丰收

人民文学出版社1962年8月初版，列为《文学小丛书》之一。

收入：丰收、火。卷首附编者所写《前言》。

1983年

叶紫文集（上下卷）

湖南人民出版社1983年11月初版，胡从经编。

收入：丰收、火、电网外、夜哨线、杨七公公过年、乡导、偷莲、鱼、山村一夜、湖上、校长先生、电车上、刀手费、毕业论文、懒捐、广告、星、菱；夜雨飘流的回忆、还乡杂记、南行杂记、岳阳楼、长江轮上、古渡头、行军散记、行军掉队记、流亡、夜的行进曲、好消息、殇儿记、玉衣、鬼、插田——乡居回忆之一；我怎样与文学发生关系、从这庞杂的文坛说到我们这刊物、《无名文艺旬刊》创刊号编后、《无名文艺旬刊》第二期编后记、《无名文艺月刊》创刊号编辑日记、文坛登龙新术、忆家煌、新作家草明女士、爱伦凯与柯仑泰、关于《天下太平》、洋形式的窃取与洋内容的借用——杨昌溪先生的小说是洋人做的、“手续费”与“刀手费”——读《裤子掉下来了》以后、读《丰饶的城塔什干》、《丰收》自序、《丰收》后记、《丰收》四版的话、《星》后记、我们需要小品文和漫画、我为什么不多写、感想·意见·回忆、悼高尔基、国防文学的随感二则、痛苦的感想、哭鲁迅先生；现代女子书信指导（节选）；回忆·感想·日记·笔记·杂记、回到乡村、致张天翼书、致张天翼书、致邝达芳书、致邝达芳书。正文之前有：鲁迅《叶紫作〈丰收〉序》、茅盾《几种纯文艺的刊物》（节选）、胡从经《血火淬炼的新星——叶紫》。正文后有：胡从经、唐学芳编《叶紫著作编目》、胡从经写《后记》。

叶紫未发表的著作目录

离叛（长篇小说）

叶紫在1933年6月1日《无名文艺月刊》创刊号的《编辑日记》中说：“将长篇创作《离叛》整理三天，准备另出单行本，编入丛书。”“丛书”当指无名文艺社拟编印的《无名文艺丛书》，此计划大约未能实现。

古渡头（散文集）

1936年4月5日《夜莺》第1卷第2号封底广告提及新钟书局出版《新钟创作丛刊》，其中第一辑第十六册为：“叶紫作《古渡头》，散文，三角半。”北新书局1937年7月出版杨晋豪编《1936年度中国文艺年鉴》第4辑《1936年的文艺产品》散文书目中列有：“《古渡头》，叶紫作，三角五分。新钟。”但未见此书，可能未出版。

奇闻集（短篇小说集）

1936年8月《丰收》四版本封三刊有“叶紫新著四种”广告，提到《奇闻集》即将出版。但未见此书，可能未出版。

叶紫散文集

作者在1936年编定，收散文16篇。《丰收》四版本封三“叶紫新著四种”广告，提到《叶紫散文集》正在“排印中”。不料上海商务印书馆打好纸型后，抗日战争爆发，该书未能出版。

报复欲（杂感）

叶紫1939年6月26日在给友人信中说：“最近，在1927年大革命失败时，杀掉我的父亲和姐姐以及一千个以上革命者的一个大仇人，反动的封建土劣巨魁，因为劫夺军队枪枝，企图扰乱后方的汉奸，在长沙枪毙了。情不自禁写了一篇论报复欲的杂感，寄到《力报》去了。”今在《力报半月刊》上未查到此文。

叶紫未完成的著作目录

菱（中篇小说）

太阳从西边出来（长篇小说）

叶紫1936年在《星·后记》中说："我还准备在最近一两年内，用自己亲人的血和眼泪，来对那时候写下一部大的，纪念碑似的东西的……"这指的是叶紫当时已开始构思并作材料准备的反映湖南农民运动的长篇小说《太阳从西边出来》。由于贫病交迫，这一写作计划迟迟未能实现。叶紫在兰溪养病期间，念念不忘长篇的创作，他在1939年2月2日的日记中写道："大长篇的材料，过去的都被毁掉了，以后我应当慢慢地，象修行似的，一个一个字地将它修筑起来。"2月7日的日记又写道："只有父亲和姐姐，不但血债未能讨还，坟墓不安，就连纪念他老人家的伟大作品，亦未能动笔。"3月24日的日记又提及此事："4月1日起，一定开始那巨大的长篇工作——《太阳从西边出来》，搜集、整理和追述材料。"从叶紫当时的病势来看，在他逝世之前的几个月中，写出的稿子当是极其有限的。可惜的是，这弥足珍贵的文稿随着作者的逝世而散失。

鲁迅先生的回忆（散文）

叶紫1939年2月3日日记记载："应当慢慢开始来写《鲁迅先生的回忆》，一个一个段片记起来，将来抄集拢来，便是一篇文章，既不费力伤脑，又完了一段几年来的大心事，一举两便。慢慢地，一天一天，脑子清醒，毫无烦恼的时候记。每段尾上都记上《鲁迅先生的回忆》字样。"

邂逅、十四个和一个、自卫团、寿、第六次入营、盐（均为短篇小说）

叶紫1939年2月2日日记记载："先写出这几个小说的腹稿的题目吧，免得放在脑子里挤得发疼，以后再去追忆内容事实的梗要好了。……"

兄弟（短篇小说）

叶紫1939年2月3日日记记载："第七个小说题目《兄弟》。富有时的兄弟，穷极时的兄弟，大难时的兄弟，逃难时的兄弟，病时的兄弟，分家时的兄弟，兄弟死的时候，兄弟受外侮的时候，包括妯娌，子侄……但不要为潘非洛夫的《梦的现实》所套住，应该有新的发现。《兄弟》，也可以参入大长篇中。"

寄兵、病、过年（均为短篇小说）

叶紫1939年2月11日日记记载："第八个小说题目《寄兵》，第九个小说题目《病》。不是自己病。一般乡下人生病。""今天过小年，据说这几天兰溪挤人不通。乡下人一年千辛万苦，只有过年能勉强自己忘记几天生存的痛苦。假如综合各种类型的农民来写一篇过年的小说，我想一定很有味的。那么，我就定第十篇小说题目为《过年》吧。"

治麻经验谈

叶紫1939年3月24日日记记载："以几天的功夫来追忆治麻经过，著一本《治麻经验谈》，通俗的写出理由和医案。限一万字。等有功夫再记。"

第七次入营（长篇小说）

叶紫1939年3月29日日记记载："桌上已经准备了一篇万余字的长篇小说材料《第七次入营》、近来才开始写，但什么时候写得起，还不能预定。"

倒车集（旧体诗词、对联等）

叶紫1939年3月24日日记记载："以一天的功夫，来追记我几个月中所做的旧诗、旧对子。这些东西，虽说无聊消遣，也可娱乐情绪，调剂生活（但无疑是开倒车的东西）。"他又在1939年3月29日致张天翼信中说："说起旧诗词，对子来，我近来是大开倒车了。……这里的几十位小学教师和冬烘先生们……他们看不起做白话文的人，有的甚至看不懂语体文章。这样，你要想提着他们的头发，把他们从坟墓中拔出来做一点点与政府和抗战有利的工作，就非取得他们中间的地位和信仰不可。这样，我就不得不大开倒车，从这些古董平平仄仄去着手。几个月来，居然也有些成绩，做得不少了。将来如果收成集子，就叫做《倒车集》、与老兄的《牛奶之路》，定可并驾齐驱，永垂千古而不朽了。"

战时农村诸问题材料和意见

叶紫1939年4月19日日记记载："……我将和久龄合作《战时农村诸问题材料和意见》，计准备写五篇，由我拟大纲，口述意思，由久龄执笔。题目是：（一）论滨湖各农村中的汉奸话；（二）改革农村兵役弊端的几个具体意见；（三）目前滨湖各县的耕种和食粮问题；（四）论战时农村的政治机构；（五）怎样着手战区农村的宣传工作。”

查仓（报告文学）

叶紫 1939 年 5 月 2 日日记记载：“今天，开始写一篇报告文学《查仓》，准备给《力报》半月刊去的。为了生活，也为了开始锻炼工作能力。”他又在 1939 年 5 月 27 日日记中记载：“早晨又续写《查仓》，约五百字。”

穷人肺病疗养法

叶紫在 1939 年 6 月 2 日日记中透露，他在写作此文。

叶紫参与编辑的报刊目录

无名文艺旬刊

叶紫主编，无名文艺社发行。32开本。创刊号于1933年2月5日出版，计20页。第2期于1933年2月15日出版，计18页。仅出两期。叶紫以叶子的笔名撰写了创刊号的发刊词——《从这庞杂的文坛说到我们这刊物》，以编辑室的名义撰写了两期的《编后记》。第3期为新诗专号，未出版。1、2期卷末均刊载了《本社章程》，条款有：定名、宗旨、组织、社友、经费、社务、集会、社友的义务与权利、社址、附则。并刊有《征稿简章》，共八条。两期共载有：文艺与大众（岛西）《三日间》（雨沫）、《梦里的挣扎》（陈企霞）、《吠声》（雪涠）《前夜》（陈亢摩）、《我是一只小羊》（萍生）、《声色依然》（惠月仙）、《给》（宗廉）；《复活》（巴比塞作，一之译）、《绝命书》（弗鲁达作，珍颖译）等。

无名文艺月刊

叶紫、陈企霞编辑，无名文艺社发行。16开本。创刊号于1933年6月1日出版，计120页。封面由叶紫设计，老宋体字，红黑白三色。叶紫在创刊号上发表了成名处女作《丰收》，引起文坛注意。并发表了自3月10日至5月4日的《编辑日记》。仅出一期。创刊号还载有：《没有爸爸》（黑婴）、《垃圾》（岛西）、巷战（刘锡公）、《雁》（汪雪涠）；《巴加》（巴尔干依斯特拉谛作，贺一之译）、赌（俄国柴霍甫作，真译）；《卖唱的》（宋琴心）、《我记着你》（后主）、《电影》（问津）、《夜的素描》（绿意）；《雪人》（白兮）；《积谷防饥》（陶涛）、《审问》（丁锦心）、《闯进人寰去》（宗廉）、《狗》（幸桂荣）；《评〈她是一个弱女子〉》（陈企霞）、《关于〈回忆〉》（君）等。封底刊有《本社启事》，共四条。

《中华日报》副刊《动向》

聂绀弩主编，叶紫助编。每天一期，周三停刊。起于 1934 年 4 月 11 日，止于同年 12 月 28 日，共出 215 期。基本撰稿人有：鲁迅、陈望道、艾思奇、胡绳、杜重远、梅雨、羊枣、蒲风、新波、张香山、徐懋庸、张锷、周谷城、陈子展、周木斋、张庚、蒋弼、杨刚、方之中、魏猛克、风子、白兮、苦手、田间、王淑明、于黑丁等。叶紫以阿芷、柳七、杨樱、黄德等笔名在《动向》上发表了数篇短文。

叶紫及其作品研究、评介资料目录

说明：本目录分为四个部分：（一）解放前的；（二）解放后的；（三）涉及叶紫的；（四）国外发表的。各部分均按发表时间先后顺序排列。

（一）解放前的

几种纯文艺的刊物（茅盾）
1933年9月1日《文学》第1卷第3期

读书琐记（小雪）
1933年11月8日《申报》副刊《自由谈》

《丰收》与《火》（凌冰）
1933年12月1日《现代》第4卷第2期

叶紫的《夜哨线》，李辉英的《动乱中》（何兰人）
1934年10月5日《新语林》第5期

叶紫作《丰收》序（鲁迅）
1935年1月16日作；刊上海容光书局1935年3月初版短篇小说集《丰收》

《丰收》——叶紫短篇小说集（唐琼）
1935年10月1日《第一线》第1卷第2号

《星》（黄照）
1935年11月24日天津《大公报》副刊《文艺》

鲁迅出版的《奴隶丛书》三种：作者叶紫、田军、肖红（阿芳）
载1935年12月13日《小晨报》

叶紫在病中——期待他的读者的鼓励（邝达芳）

1939年5月13日《救亡日报》

农民作家叶紫逝世
1939年10月24日《救亡日报》

为叶紫喜（立波）
1939年10月30日《救亡日报》

悼叶紫同志（奚如）
1939年10月30日《救亡日报》

一幕人间真实的戏剧——悼叶紫（新波）
1939年10月30日《救亡日报》

向文艺界的友人申诉——叶紫夫人的来信
1939年10月11日写；
1939年10月30日《救亡日报》；
1939年11月17日香港《星岛日报》副刊《星座》；
1940年1月20日《抗战文艺》第5卷第4、5合期“文艺简报”栏

为援助叶紫先生遗族募捐启事（夏衍、艾芜、新波、立波、沫沙、奚如、芦狄、达芳、叶灵凤、郁风、林林、黄苗子、杨刚、戴望舒、适夷）
1939年11月19日香港《大公报》；
1939年12月10日《文艺新闻》第6号

悼叶紫（适夷）
1939年12月1日《文艺阵地》第4卷第3号

叶紫之死（报导）（夏明）
1939年12月1日《文艺阵地》第4卷第3号

一个战士的死——叶紫（洛凡）
1939年12月10日《文艺新闻》第6号

悼叶紫（谷寒）
1939年12月10日《文艺新闻》第6号

记叶紫（林珏）
1939年12月14日《大美报》副刊《浅草》

援助叶紫先生遗族（编者）
1939年12月14日《大美报》副刊《浅草》

忆叶紫（苏苏）
1939年12月20日《上海周报》第1卷第8期

忆叶紫先生（景宋）
1939年12月22日《大美报》副刊《浅草》

太阳从西边出来——悼叶紫（诗）（荒牧）
1939年12月24日《文艺新闻》第8号

争取作家的生活保障——纪念叶紫先生和李希达先生（蓬子）
1940年1月20日《抗战文艺》第5卷第4、5合期

悼叶紫（诗）（碧野）
1940年元月作于洛阳上阳宫故址；
1940年3月27日香港《大公报》

悼《丰收》的作者——叶紫（满红）
1940年2月1日《长风》第1卷第2期

怀叶紫（铁弦）
1940年2月8日《救亡日报》
关于援助叶紫遗族募金——汤咏兰女士来信
1940年3月27日《大美报》副刊《浅草》

叶紫论（李健吾）
载1940年4月1日——4月5日香港《大公报》副刊《文艺》；后改题为《叶紫的小说》，收《文学丛刊·咀华二集》（1942年文化生活出版社出版）

怀叶紫（宋之）
1940年6月13日《国民公报》副刊《文群》

忆叶紫——略记他在上海时的一段生活（任钧）
1940年，“三·一八”，于重庆作；
1940年6月15日《文学月报》第1卷第6期；
1946年7月15日《文艺春秋》第3卷第1期

小说家叶紫（莫洛）
刊人间书屋1949年出版《陨落的星辰》

（二）解放后的

叶紫小传（人民文学出版社编辑部）
1954年12月作；
刊人民文学出版社1955年2月出版《叶紫创作集》

《叶紫选集》前言（人民文学出版社编辑部）
1958年10月作；
刊人民文学出版社1959年3月出版《叶紫选集》

文学是战斗的——革命作家叶紫逝世二十周年纪念（王以平）
《湖南文学》1959年8月号

左联时期文艺界烈士传略·叶紫（卢国庆、余起芬、张子淳、徐君华）
刊江苏文艺出版社1960年出版《左联时期无产阶级革命文学》

左联时期的小说（杨崇礼、董健、余

起芬、张子淳）
刊江苏文艺出版社 1960 年出版《左联时期无产阶级革命文学》

叶紫小说初探（曾祖荫）
《华中师范学院学报》1960 年第 2 期

叶紫小传
山东师院中文系 1961 年编印《中国现代作家小传》

革命作家叶紫的一生（周宏兴）
1962 年 11 月 18 日《文汇报》

叶紫与《无名文艺》（张又君）
1962 年 12 月 9 日《文汇报》

叶紫小说简论（刘增杰）
《开封师范学院学报》1963 年第 1 期

论叶紫（吴文輝）
《中山大学学报》1965 年第 3 期

鲁迅与《无名文艺》（陈企霞）
1977 年 4 月作；
刊上海师大鲁迅著作注释组编印《鲁迅研究资料》

叶紫与“无名文艺会”（刘以鬯）
1978 年 6 月《海洋文艺》第 5 卷第 6 期

叶紫
北京语言学院 1978 年 9 月编印《中国文学家辞典》现代第一分册

叶紫
徐州师范学院编印《中国现代作家传略》第一册（1978 年 10 月出版）

鲁迅与奴隶社（肖耘）
《文艺百家》1979 年第 1 期

叶紫年谱（胡从经）
《中国现代文学研究丛刊》1979 年第 1 期

怀念叶紫（余照望）
《资水》1979 年第 1 期

革命的人生　战斗的文学（曹日升）
《资水》1979 年第 1 期

叶紫
上海辞书出版社 1979 年 5 月出版《辞海》文学分册

鲁迅和叶紫（查国华、蒋心焕）
《破与立》1979 年第 3 期

关于叶紫（凌洋）
《开卷》1979 年第 5 期

叶紫与《无名文艺》（黑婴）

1979年8月《新文学史料》总第4期

叶紫生平琐记——访叶紫亲属和友人（陈若海）
1979年11月《新文学史料》总第5期

中国现代文学史上的一颗彗星（鲍霁）
——试论叶紫《丰收》等小说的成就
《河南师范大学学报》1979年第6期

叶紫传略（叶雪芬、王亚元、舒其惠）
1980年1月《芙蓉》创刊号

试论叶紫的小说创作（杜方智）
《零陵师专学报》1980年第1期

略论叶紫小说的现实主义成就（谈晓岚）
《南京师院学报》1980年第1期

鲁迅为初出茅庐的人写序跋（倪墨炎）
《文艺报》1980年第2期

叶紫（一九一二——一九三九）（林非）
百花文艺出版社1980年3月出版《现代散文六十家札记》中之一节

叶紫的诗（胡从经）
《战地》1980年第3期

“无名文艺社”的社址（韩尚义）
《战地》1980年第3期

试论叶紫短篇小说中的农民形象（蒋明玳）
《扬州师院学报》1980年第3期

鲁迅和《奴隶丛书》（王自立、陈子善）
1980年5月《鲁迅研究资料》第5辑

叶紫史料辨伪（彭树鑫）
《南开大学学报》1980年第3期

战斗的文学——论叶紫的创作（叶雪芬、舒其惠）
《湖南师范学院学报》1980年第3期

关于以“丰收成灾”为题材的短篇小说（钱林森）
南京大学学报编辑部1980年9月出版《左联时期文学论文集》

左联时期的短篇小说（任天石）
南京大学学报编辑部1980年9月出版《左联时期文学论文集》

叶紫的《日记》手稿（刘烜）
《北京大学学报》1980年第4期

三个奴隶得解放（伊之美）
《北方文学》1980年第6期

湖南农民运动的历史画卷——论叶紫的小说创作（康咏秋）

《湘潭师专学报》1981年第1期

鲁迅与叶紫（陈漱渝）
1981年2月22日《湖南日报》

旧中国农民生活画图——浅谈叶紫的《丰收》（汪昌松）
《黄冈师专学报》1981年第2期

叶紫创作简论（林植汉）
《黄石师院学报》1981年第2期

叶紫的小说创作（袁健）
《郑州师专学报》1981年第2期

辑注《叶紫日记》前言（郑赤）
1981年4月《中国现代文艺资料丛刊》第6辑

摘选《叶紫日记》按语（叶雪芬、舒其惠）
《湖南师范学院学报》1981年第3期

略论叶紫小说的创作特色（陈若海）
《湘江文艺》1981年6月号

叶紫（张大明）
刊天津人民出版社1981年8月出版《踏青归来》；原载《天津师院学报》1980年第1期，题为《踏青归来——中国现代散文读书笔记之二》。

一张照片（姜德明）
《艺术世界》1981年第4期

试论叶紫小说《星》（侯树钦）
《山东师院学报》1981年第4期

叶紫和《奴隶丛书》（王季深）
1981年11月5日《文学报》

切忌"一步一回头"（王季深）
1981年12月10日《文学报》

在摧残中更加坚实——试论叶紫的创作（韩公陶）
《牡丹江师院学报》1982年第1期

访叶紫的姐姐余裕春（本报专访）（曾瑞华）
1982年3月3日《湖南日报》

三十年代的一颗新星——叶紫（小全）
《书林》1982年第2期

"文学是战斗的"——叶紫、蒋牧良三十年代小说创作之比较（杜方智）
《文艺通讯》（湖南文联内部刊物）1982年第4期

《奴隶丛书》的停顿及其他（熊融）
1982年10月《鲁迅研究资料》第10辑

叶紫史实考（叶雪芬）
1982年11月《文学评论丛刊》第15辑

叶紫及其作品（陈若海）
《新创作》1982年9—10期

同中有异　各有千秋——论三十年代一组"丰收成灾"作品（郑富成）
《河北师大学报》1982年第4期

独特的感受　卓越的技巧——茅盾的《春蚕》、叶紫的《丰收》和叶圣陶的《多收了三五斗》比较分析（沉犇）
《福建师大学报》1982年第4期

论叶紫创作的现实主义成就（徐型）
《衡阳师专学报》1982年第4期

三十年代反映"丰收成灾"的文学作品评述（邝中秋）
《天津师大学报》1983年第1期

叶紫小说论（兼释鲁迅的《叶紫作〈丰收〉序》）（顾农）
《镇江师专·教学与进修》1983年第2期

论叶紫的小说创作（王东华、奚可）
《乌盟师专·文科教学》1983年第2期

简论叶紫小说中的农民形象（张衍芸）
《宁夏大学学报》1983年第2期

刚健质朴　悲壮冷峻——叶紫、蒋牧良三十年代小说创作艺术风格之比较（杜方智）
《求索》1983年第5期

另可参阅各种版本的《中国现代文学史》中有关部分

（三）涉及叶紫的

《活的中国》附录一：现代中国文学运动（厄姆·威尔士）
伦敦1936年出版《活的中国——现代中国短篇小说选》（斯诺编译）

《活的中国》附录二：参考书目
伦敦1936年出版《活的中国——现代中国短篇小说选》（斯诺编译）

抗战以来中华民族的新文化运动与今后任务——1940年1月5日在陕甘宁边区文化界救亡协会第一次代表大会上的报告大纲（洛甫）
1940年4月第10日《解放》103期

我们应邀第一次参加了鲁迅先生的宴会（肖军）
《人民文学》1979年5月号

不逝的记忆（黄新波）
上海文艺出版社1979年6月出版《鲁迅回忆录》二集

心中的铭碑（白兮）
上海文艺出版业1979年6月出版《鲁迅回忆录》二集

关于左联的一些回忆（魏猛克）
《湘江文艺》1978年10月号

鲁迅先生书简注释及其它——我们从青岛到了上海（肖军）
《北方文学》1979年第10期

记《当代文学》（王余杞）
1979年11月《新文学史料》总第5期

犷健和柔弱——又论肖军，再谈肖红（葛浩文著　郑继宗译）
1980年2月香港《明报月刊》第15卷第2期

伟大的历程和片断的回忆（荒煤）
《人民文学》1980年3月号

回忆左联（魏猛克）
《左联回忆录》（上）（中国社会科学出版社）

回忆伟大导师鲁迅（吴奚如）
1980年5月《鲁迅研究资料》第5辑

访问黄新波同志谈话记录（上海师大鲁迅著作注释组）
1980年5月《鲁迅研究资料》第5辑

一个左联盟员的回忆琐记（沙汀）
原载《中国现代文学研究丛刊》1980年第2辑；收入《左联回忆录》上册（中国社会科学出版社1982年5月出版）

《女子月刊》的情况（鲍祝宣）
《新文学史料》1980年第3辑

访问周钢鸣谈话记录（上海师大鲁迅著作注释组）
1980年10月《鲁迅研究资料》第6辑

任钧谈左联和中国诗歌会的一些情况（上海师大鲁迅著作注释组）
1980年10月《鲁迅研究资料》第6辑

《八月的乡村》重版前记（肖军）
1980年10月人民文学出版社出版《八月的乡村》

左联琐忆及其他（关露）
上海文艺出版社1981年4月出版《中国现代文艺资料丛刊》第6辑

左联盟员谈左联（续）·吴奚如谈左联
上海文艺出版社1981年4月出版《中国现代文艺资料丛刊》第6辑

梦里依稀忆故巢——上海拉都路的故址和三张照片（肖军）
上海文艺出版社 1981 年 4 月出版《中国现代文艺资料丛刊》第 6 辑

左联漫忆（任钧）
《上海师院学报》1981 年第 2 期

聂绀弩谈《动向》和《海燕》（季强）
《新文学史料》1981 年第 4 辑

周立波传略（上）（胡光凡、李华盛）
《新文学史料》1982 年第 1 辑

我从事文艺创作的一段经历（李辉英）
《新文学史料》1982 年第 2 辑

双手沾满人民鲜血的刽子手——曹明阵（林煦春）
《益阳师专学报》1982 年第 2 期

一个不该被遗忘的女作家关露（肖阳文）
《新文学史料》1983 年第 2 辑

且勿“十步九回头”——谈鲁迅的作文法（解洛成）
《延河》1983 年第 7 期

从《浅草》到《草原》（记“孤岛”时期上海两个文艺副刊）（何为）
《读书》1983 年 12 月

（四）国外发表的

《星》序（索洛金）
刊莫斯科 1961 年出版《星》

叶紫（彼得洛夫）
苏联大百科全书出版社 1966 年出版《简明文学百科全书》
（俄文·九卷本）

编后记

我从1978年始，教余致力搜集叶紫生平资料及其佚作，数次外出访问有关人士和查阅有关报刊，幸有所得，1981年基本编就此书，所谓“基本”，也就是说，尚有某些资料遍寻未得。后来，借出差之机，作进一步的搜寻，并投书友人求援，这样又陆续获得一些，遂将此书编成现在这个样子。还有少数线索未能查到。资料的匮乏、分散状况，以及查找之艰，非身历其境，难以尽知。中国社会科学院文学研究所现代文学研究室发起编印《中国现代文学史资料汇编》，确是做了一件功德无量、造福子孙的好事。

叶紫是20世纪30年代左翼文坛战斗的新一代。他的不凡身世和丰富经历，使他的笔底激荡着革命斗争的洪流，展现出阶级对立的图景，无论是主题的开掘，抑或人物的塑造，都给革命文学增添了新的成分。鲁迅在《叶紫作〈丰收〉序》中充分肯定了他的创作。但是，对于叶紫及其作品，若干年来，我们的研究太不够了。就作品的流传而言，没有出版以至湮没无闻的作品，与已经出版的作品字数大约相当；有关作品研究也欠系统；至于生平史实的著述则更为薄弱，长期来只有一个数百字的且有讹误的“小传”。叶紫研究园地的荒芜贫瘠确使我感慨系之，激发我为开垦这块园地略尽绵薄，我的《叶紫史实考》等文就是这样写出来的，这本《叶紫研究资料》也就是这样编出来的。然而，主观意愿并不能代替客观效果，我将这些东西呈献给广大读者时，心情是诚惶诚恐的，衷心希望得到批评指教。

本书所收资料，说法不一，请以编者《叶紫小传》、《叶紫生平与文学活动年表》为准。本书所收研究文章，褒贬不一，这是编者本着百家争鸣精神，如实反映历史情况，而有意为之的，希读者自己鉴别。

为我提供过叶紫有关情况的有：陈企霞、钟望阳（苏苏、白兮）、周钢鸣、吴奚如、聂绀弩、肖军、贺宜（朱箓园）、任钧、陈子展、魏猛克、邝明（邝达芳）、贺培真（贺永年）、曾三、高文华（廖剑藩）、李鳌（李文定）、杜修经（杜辉义）、盛定国、姚芷青（姚凌华）、余照望、汤咏兰、余裕春、彭维新等同志。

助我复印抄写过资料或提供过线索的有：吴子敏、蒙树宏、潘颂德、张伟、苏关鑫、郑择魁、李华盛、胡从经、陈梦熊等同志。

本书选用的照片、是请舒其惠、黄起衰、董家祥等同志代为摄制的。

还有张大明同志，为本书作了仔细的校勘。

以上同志均为本书的问世付出了辛劳，在此谨致谢忱！

编　者

1984年春于长沙